Cornelius Maschmann

Zur Not kann die Kiste auch segeln

PIPER

Zu diesem Buch

Der Flugkapitän sollte die Maschine nicht nur in die Luft und wieder heil auf den Boden bringen, sondern muss sowohl technisch als auch zwischenmenschlich alles im Griff haben. Doch was tun, wenn die Landebahn eingeschäumt ist, eine Passagierin vor dem Abflug noch ihren Tiger im Frachtraum besuchen will, ein Koffer versehentlich auf dem Rollfeld stehen bleibt oder die Maschine augenscheinlich auf falschem Kurs ist? Am besten Ruhe bewahren und erst mal einen Kaffee trinken.

Humorvolle bis abenteuerliche Geschichten aus dem Leben eines hauptberuflichen Vielfliegers.

Cornelius Maschmann ist Pilot bei einer großen deutschen Fluggesellschaft und lebt in seiner flugfreien Zeit mit seiner Familie in Nordrhein-Westfalen.

Cornelius Maschmann

Zur Not kann die Kiste auch segeln

Ein Flugkapitän erzählt

Piper München Zürich

Mehr über unsere Autoren und Bücher:
www.piper.de

Die Geschichten in diesem Buch haben sich alle wie geschildert zugetragen. Zum Schutz der Persönlichkeitsrechte wurden einzelne Namen und Orte geändert.

FSC
www.fsc.org
MIX
Papier aus verantwortungsvollen Quellen
FSC® C014496

Originalausgabe
1. Auflage Juni 2013
2. Auflage September 2013

Umschlaggestaltung: semper smile, München
Umschlagabbildung: shutterstock/Andresr, Blend Images
Satz: Kösel, Krugzell
Gesetzt aus der Trump Mediäval
Papier: Munken Print von Arctic Paper Munkedals AB, Schweden
Druck und Bindung: GGP Media GmbH, Pößneck
Printed in Germany ISBN 978-3-492-30347-7

Richte deinen Kurs nach den Sternen
und nicht nach den Lichtern vorbeifahrender Schiffe.

Inhalt

Prolog

Wie war das noch? Es kommt im Leben immer anders, als man denkt?

Trifft heute mal wieder absolut zu: Anstatt einen netten Grillabend mit meiner Frau Karoline und unseren vier Kindern im heimischen Garten zu verbringen, sitze ich in voller Uniform im Wagen und bin auf dem Weg zum Düsseldorfer Flughafen. Ein Kollege ist kurzfristig ausgefallen, vor einer Viertelstunde rief die nette Dame vom Crewkontakt an und teilte mir den spontanen Einsatz mit. Auf mich wartet urplötzlich ein Nachtflug nach Hurghada, ich soll 210 Urlauber mit einem A321 in viereinhalb Stunden nach Ägypten fliegen und das Gleiche nach einer kurzen Bodenzeit wieder retour.

Eigentlich hatte ich mir den Abend anders vorgestellt – und die Nacht natürlich auch. Mein Bereitschaftsdienst wäre in einer knappen Stunde zu Ende gewesen, und ich hatte gehofft, die Firma käme dieses Wochenende ohne mich aus. Aber dass man im Notfall gerufen werden kann, gehört nun mal zum Job eines Piloten, und Flexibilität ist eine unserer Grundvoraussetzungen. Was soll's? Kommt mein Steak halt zurück in den Kühlschrank, morgen Abend habe ich dafür frei. Noch genügend Zeit, die Holzkohle zum Glühen zu bringen.

Bis zum Airport habe ich noch eine gute halbe Stunde zu fahren. Ich schiebe eine CD von Santana in den Schlitz, ziehe den Schlips auf halb acht und versuche mich zu entspannen. Immerhin habe ich eine lange Nacht vor mir. Aber morgen früh um sechs Uhr werde ich wieder in Düsseldorf sein, und dann können wir unseren verpassten Grillabend nachholen. Wenn Karoline nicht morgen irgendwo hinreisen muss … Sie arbeitet als Kabinenchefin, genau wie ich bei German Transatlantic Airways, und hat ebenfalls Bereitschaft.

Eine Fliegerehe ist schon manchmal eine Herausforderung für die Planung des Alltags, aber weder sie noch ich würden auf unseren Job über den Wolken verzichten wollen!

Ich weiß es noch wie heute, wie ich an den Wochenenden mit meinem Großvater auf der Besucherterrasse des Düsseldorfer Flughafens stand und staunend die Flugzeuge beim Starten und Landen beobachtete. Damals muss ich sechs oder sieben Jahre alt gewesen sein. Mein Opa kannte alle verschiedenen Flugzeugtypen beim Namen, er identifizierte jede Airline an ihrer Lackierung, und gemeinsam überlegten wir uns Geschichten, wo die Maschinen wohl herkamen und wohin sie als Nächstes reisen würden.

Mein Opa hatte mit der Fliegerei eigentlich gar nichts zu tun, er war Bankangestellter, aber die Aviatik war seine große Leidenschaft, und das hat sich wohl irgendwie auf mich übertragen. Seit ich mich erinnern kann, wollte ich Pilot werden! Ich wollte in einem dieser blitzenden Donnervögel sitzen und Gas geben, die Triebwerke aufbrüllen lassen, rechtzeitig am Steuerhorn ziehen und dem Flugzeug dann den Weg nach oben weisen. Die Schwerkraft überwinden, die Welt von oben sehen, durch die Wolken brechen – das stellte ich mir phantastisch vor!

Dass man als Pilot auch so schnöde Dinge wie Bereitschaftsdienst am Wochenende erledigen muss, kam mir damals natürlich nicht in den Sinn. Auch über den Jetlag durch die Zeitverschiebungen, Schlafmangel, enge Cockpits, ständige Checks im Simulator, Stress und Hektik machte ich mir keine Gedanken. Es kam für mich nie etwas anderes infrage, als Pilot zu werden. Und voilà, heute bin ich genau da, wo ich schon als kleiner Knirps hinwollte: auf dem Kapitänssitz eines Langstreckenfliegers!

Seit über einem Vierteljahrhundert ist die Fliegerei mein Leben, und das Flugzeug ist mein zweites Zuhause. Ich habe unglaublich viele interessante Menschen getroffen, fremde Länder, Sitten und Gebräuche kennengelernt und spannende Abenteuer erlebt. Aber ich bin auch auf Probleme gestoßen, zwischenmenschliche Rangeleien, technische Schwierigkeiten, widriges Wetter, medizinische Notfälle, ausflippende Passagiere – die letzten Jahre waren wirklich bunt und aufregend. Doch wenn es streckenweise auch kein Zuckerschlecken war – ich möchte keinen Tag missen! Für Sie hat Fliegen auch etwas Faszinierendes? Sie wollten immer schon einmal Mäuschen im Cockpit spielen, wissen, was die Crew hinter der verschlossenen Cockpittür eigentlich so macht? In den ruhigen Flugphasen – in denen ja der Autopilot bekanntlich alles alleine regelt? Auf den Stopps im Ausland oder gar im Notfall in der Luft? Begleiten Sie mich ein Stück durch mein Leben an Bord – und vergessen Sie bitte nicht, sich anzuschnallen: Es könnte turbulent werden!

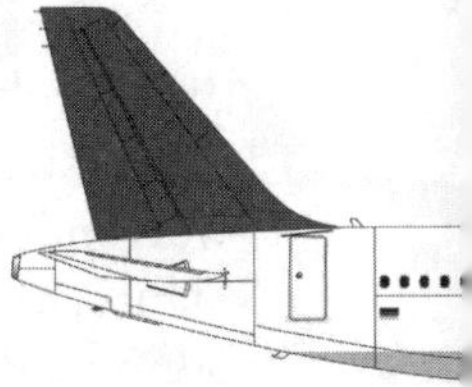

Fahrwerksprobleme

Früher, als ich noch ein kleiner Junge war und vom Fliegen träumte, schien mir das Starten und Landen der Flugzeuge immer der spannendste Moment. Der Augenblick, an dem sich das Fahrwerk vom Boden löste, hatte fast etwas Magisches: Schaffte der 250 Tonnen schwere, voll beladene Flieger es wirklich, sich vor dem Ende der Bahn rechtzeitig vom Boden zu trennen? Als ich größer wurde und mich für die Technik zu interessieren begann, tauchten Fragen auf. Wie lange hält so ein Fahrwerk eigentlich? Welchen Belastungen ist es bei der Landung ausgesetzt? Der rabenschwarze Abrieb auf der Landebahn und die kleinen dunklen Gummiwolken bei jeder Landung sprachen für sich. Die schwarzen Streifen auf der Landebahn von Düsseldorf, die ich bei meiner ersten Landung mit einem Großraumjet dort hinterlassen habe, hätte ich mir am liebsten eingerahmt!

So zuverlässig und stabil die »Füße« eines Flugzeugs auch sind, so hatte ich in meiner Karriere als Pilot doch schon diverse Probleme mit bockigen Stelzen. An ein Erlebnis erinnere ich mich besonders deutlich …

Ich war noch ziemlich frisch in der Firma und hatte als Copilot auf dem »Lockheed TriStar«, dem Vorgängermodell unseres Airbusses, gerade mal 1000 Stunden zusammengeflogen.

Der Dienstplan offenbarte einen sogenannten »Lumpensammler«: Die Reise sollte zunächst nach Punta

Cana in der Dominikanischen Republik gehen. Dort stiegen die meisten Gäste aus und einige wieder ein, um mit uns direkt im Anschluss nach Santo Domingo – drei Dörfer weiter – zu reisen. Da war für uns Feierabend; die wartenden Kollegen würden die Maschine zurück nach Deutschland bringen. Ich freute mich auf ein paar Tage Sonne auf der Kokosnussinsel, auch wenn ich das Gefühl hatte, dort so gut wie jeden Palmwedel zu kennen. Gern wäre ich mal in die Staaten oder nach Asien geflogen, aber offenbar musste man sich in meiner Firma erst einmal in der Karibik seine Lorbeeren verdienen.

Die erste Etappe des Fluges war angenehm ruhig, wir hatten weder mit Turbulenzen außerhalb noch innerhalb des Flugzeugs zu kämpfen. Im Cockpit saßen neben mir noch Siegbert Müller als Kapitän und unser Flugingenieur Bernie. Seine Frau Louise war die Kabinenchefin und ihre Crew ein Haufen hoch motivierter und kompetenter Kolleginnen. Sie hatten die Passagiere gnadenlos im Griff, und das war auch gut so, denn gerade auf Reisen in die Karibik entgleisten dem einen oder anderen Gast nach zu viel freiem Alkohol in der dünnen Kabinenluft die guten Manieren. An diesem Tag aber klappte alles wie am Schnürchen. Ich lehnte mich in meinem Sitz zurück und ließ den Blick zum Horizont schweifen. Herrlich, so konnte man sich das Fliegerleben gefallen lassen! Der Einsatz war mit dreizehn Stunden zwar lang, aber zum Dienstende winkten ein Hotel unter Palmen, ein kühles karibisches Bier und ein netter Abend mit der Crew. Beim gemeinsamen Schluck zum Feierabend, dem »Afterlanding«, ließ es sich herrlich klönen, alten Zeiten lauschen und auch mal ein bisschen flirten. Die blonde Stewardess, die nach dem Start den ersten Kaffee ins Cockpit gebracht hat, die war schon fesch. Vielleicht hatte sie nachher Lust auf einen Spaziergang am Strand? Ich nahm mir vor, später vorsichtig vorzufühlen, und griff mir in bester Stimmung die Zeitung, denn im Moment gab es nichts für mich zu tun. Der Job war einfach genial, mit dem schönsten Spielzeug der Welt einmal über den Atlantik düsen, dort ein paar Tage auf Firmenkosten Urlaub machen und dafür auch noch Geld bekommen! Ich konnte mir nichts Besseres vorstellen.

Als der letzte Urlauber in Santo Domingo das Flugzeug verlassen hatte, kam die übernehmende Crew an Bord. Wir tauschten uns kurz aus, der Flieger war in Topform, und dann verabschiedeten wir uns. Ein klappriger Bus brachte uns samt großem Gepäck zu unserem Hotel.

Es war nicht wirklich der Hit an Unterkunft; der Teppich, ein vier Zentimeter hoher Plüsch, schien ein merkwürdig knisterndes Eigenleben zu führen und war für karibische Verhältnisse – feucht und heiß – die absolut falsche Wahl zur Dekoration von Hotelzimmern. Wir ließen unsere Koffer nie länger als unbedingt nötig offen, und das aus gutem Grund. Die hiesigen *cucarachas*, die ohne Probleme die Länge einer Zigarettenschachtel erreichen konnten und unerhört laut in den Zimmern hin und her schraddelten, waren nämlich äußerst unbeliebte Souvenirs.

Zu unserem Afterlanding kamen leider nur Luise, Bernie, Siegbert und zwei Mädels aus der Kabine. Die anderen waren von der Rennerei an Bord wohl doch zu müde. Schade, aber wir hatten ja noch ein paar gemeinsame Tage vor uns.

Am nächsten Morgen konnten wir unsere Sachen schon wieder einpacken, denn wir reisten als Gäste mit einer Let-410 Turbolet, einer zweimotorigen Maschine, die von den Dominikanern gechartert worden war, nach Puerto Plata. Dort würden wir in zwei Tagen den Jet für unsere Heimreise übernehmen. Let-Aircraftindustries war ein tschechischer Flugzeughersteller, der sich auf kleine Passagier-, Transport- und Segelflugzeuge spezialisiert hatte. In der ehemaligen DDR wurden die Let-410 des Öfteren für VIP-Flüge von höheren Funktionären eingesetzt, unsere Bundeswehr stellte das letzte Modell im Jahr 2000 im Zuge der Flottenbereinigung außer Dienst. Heutzutage kann man es im Luftwaffenmuseum in Berlin besichtigen.

Unsere Mädchen bekamen beim Anblick der Propellerkiste feuchte Hände, manche richtige Schweißausbrüche, bei ihnen war der Brummer nicht gut gelitten. Die meisten von ihnen waren das Fliegen in diesen kleinen Mühlen nicht gewohnt und trauten ihnen nicht viel zu. Die schangelige Inneneinrichtung war ihnen suspekt, oder störte sie das fehlende WC? An dem Flieger war Anfang der Neunzigerjahre jedoch überhaupt nichts auszusetzen, außer dass er vielleicht durch die Propeller ein wenig laut war und aufgrund der fehlenden Druckkabine auch immer schön in Ameisenkniehöhe – unter 15 000 Fuß, also in etwa 5000 Metern – unterwegs war. Da musste man natürlich öfter durch die Wolken durch- anstatt darüber hinwegfliegen – und das schüttelte. Mir machten die Turbulenzen nichts aus, im Gegenteil: Hier war ich näher am Geschehen als auf den großen Schiffen, in denen vieles automatisiert ist. Nur 19 Passagiere hatten Platz, das Cockpit war durch eine schmale Trennwand etwas verdeckt, man konnte rechts und links vorbeisehen und den Jungs einen Besuch abstatten. Getränke für die durstige Crew gab es aus einer Kühlbox zur Selbstbedienung – inwieweit man da bei eineinhalb Stunden zulangte, blieb jedem selbst überlassen; wie gesagt, eine Toilette gab es nicht an Bord. Die Aussicht unterwegs war klasse, wir flogen relativ ruhig über den grünen Dschungel der Dominikanischen Republik hinweg, ein fast unberührtes Paradies. Zumindest sah es von oben so aus. In Küstennähe wechselten sich zerklüftete Felsen mit riesigen Feldern ab, auf denen Tabak und Zuckerrohr wuchsen, aber dann machte sich schnell wieder das grüne Dickicht breit, keine Straße, kein Dorf, nichts Zivilisiertes war mehr zu erkennen. Es gab einem das Gefühl, als wäre die Insel unbewohnt und nicht Herberge von Tausenden Touristen.

Die beiden dominikanischen Piloten waren mächtig stolz auf ihre kleine Maschine und ließen es sich nicht nehmen, uns in die Finessen der Let-410 einzuweihen. Ich fühlte mich an meine Ausbildung und meine ersten Flugversuche erinnert, schließlich hatte ich meine Karriere auf einem 19-sitzigen Turboprop-Flieger vom Typ Jetstream 31 begonnen.

Viel zu schnell war der Flug um, auch wenn wir mit 365 Stundenkilometern nun wirklich nicht flott unterwegs waren. Die Mädels seufzten erleichtert und krabbelten aus dem Flieger. Für mich hatten diese kleinen Kisten noch viel von Abenteuer und Freigeist, das Fliegen wurde auf das Wesentliche reduziert. Der Hersteller verzichtete auf jeglichen elektronischen Firlefanz. Jeder Steuerimpuls der Piloten wurde über Seilzüge auf die Steuerflächen übertragen – das war Fliegen wie zu den guten alten Zeiten. Alles, was das Flugzeug tat, jede Erschütterung, Vibration, das Zerren des Windes an den Steuerflächen, fühlten die Piloten in ihrer Steuersäule. Obwohl, bei einem tropischen Gewitter über der Insel saß ich dann doch lieber in meinem großen Vogel und flog über dem ganzen Wettergeschehen.

Wir verbrachten ein paar gemütliche Tage am Strand von Puerto Plata, bis es für uns wieder packen hieß, eine Flugzeugladung Kreuzfahrer begehrte eine Heimreise nach Düsseldorf.

Der Flug sollte abends starten und am frühen Morgen landen. Nachdem wir die Sicherheitskontrollen passiert hatten, nahm die gesamte Kabinencrew in der vorderen Kabine Platz und erhielt ein Briefing durch die Purserette, wie Louises Position als Kabinenchefin im Fachjargon genannt wird. Kapitän Müller und ich begaben uns ins Cockpit, wo der Rampagent schon die für die Reise benötigten Flugunterlagen für uns hinterlegt hatte. Rampagenten sind verantwortlich für den pünktlichen Abflug der Flugzeuge – sie kümmern sich um die korrekte Beladung, den Betankungsvorgang, das Boarden, die Entsorgung von Brauchwasser und Betankung von Frischwasser. Sie sind der lebende Kommunikationsknoten zwischen Bodenpersonal und Flugzeugbesatzung.

Zunächst verschafften Kapitän Müller und ich uns einen kurzen Überblick über die Flugstrecke und das Wettergeschehen, das uns diese Nacht auf dem Heimweg begleiten würde. Entsprechend legten wir die zu betankende Menge Kerosin fest. Es war Aufgabe des Flugingenieurs, den Tankvorgang zu überwachen, während Kapitän Müller mir das Kabinenbriefing zugedacht hatte; das war nicht so sein Ding, und er wälzte diese Aufgabe gern auf seinen Copiloten ab. Also begab ich mich zu unserer Crew, um den Kolleginnen Flugzeit und Flugweg vorzustellen. Ich nutzte dazu eine der Übersichtskarten, die die Wolkenbänder und Jetstreams über der westlichen Hemisphäre darstellten und wo der Flugweg durch die Dispatcher, die Flugplaner, eingezeichnet wurde. Es war eine einfache, aber plastische Darstellung, die gern angenommen wurde. So konnte ich das Interesse meiner Kollegen wecken und hatte ihre volle Aufmerksamkeit während des Briefings. Abschließend wünschte ich noch einen schönen Flug und nette Passagiere, dann verschwand ich wieder im Cockpit.

Der Flugingenieur war mit seinen Aufgaben bereits fertig und begab sich nach draußen auf das Vorfeld, um den sogenannten Walkaround, die visuelle Sicherheitsüberprüfung des Fliegers, und den Betankungsvorgang durchzuführen.

Ich stellte meine Arbeitstasche auf die vorgesehene Position rechts neben mich und überprüfte meine Sauerstoffmaske auf Funktion. Da ich den heutigen Flug durchführen sollte, gehörte es mit zu meinen Aufgaben, alle Schalttafeln über mir, vor mir und auf der Konsole zwischen den Piloten zu überprüfen. Die Philosophie des Ganzen lautete: Alle weißen Lichter müssen aus sein, sonst stimmt etwas nicht. Bei Fehlern leuchteten gelbe und rote Warnlampen; ansonsten hatten sämtliche Schalttafeln dunkel zu sein.

Den Flugplan musste ich per Hand in das Flugmanagementsystem eingeben. Dann gab ich die Gewichte der Passagiere, der Koffer und der Fracht sowie die Spritmenge ein. Wenn der Flugingenieur zurück im Cockpit war, musste er nur noch die Einstellwerte für die Triebwerksleistung und die Abhebegeschwindigkeit zum Start aus seinen Tabellen nehmen, dann waren wir startbereit. Für einen Außenstehenden mag das alles furchtbar technisch klingen, doch die Arbeiten werden sehr schnell zur Routine und gehören zu jeder Startvorbereitung einfach dazu.

Siegbert Müller und ich besprachen noch unsere Abflugroute und das Verhalten im Fall eines Triebwerkausfalls beim Start, auch das wurde regelmäßig besprochen, bevor es auf die Reise ging. Fertig, jetzt konnten die Gäste kommen.

Louise war so nett, uns mit einer Mülltüte als Abfalleimer auszustatten, die sie salopp an den Stellknopf meines Sitzes hängte. Die vorhandenen Mülleimer waren schräg hinter jedem Pilotensitz unter dem Fenster platziert und damit äußerst ungünstig zu erreichen. Außerdem spendierte sie uns eine Runde Kaffee. In Anbetracht der langen Nacht, die vor uns lag, war dieser herzlich willkommen.

Nach einer guten halben Stunde kam Louise erneut ins Cockpit:

»Boarding completed, Chef, alle Gäste an Bord.«

»Dann kannst du die Tür zumachen«, brummte Siegbert. »Wir haben schon alle Papiere und können dann los.«

»Geht klar. Braucht ihr noch was vor dem Start?« Louise schaute fragend in die Runde.

»Noch so 'n Tässchen von deinem prima Bohnenkaffee wär' fein«, proklamierte Bernie und kniepte grinsend ein Auge zu. »Natürlich nur, sofern du dazu noch Zeit hast, Süße.«

»Alter Charmeur!« Louise lachte und schüttelte dabei ihren blonden Zopf. Natürlich bekam Bernie noch seinen Kaffee, auch wenn wir schon dabei waren, in Richtung Startbahn zu rollen. Bernie war wirklich ein Unikat: markantes Gesicht, dominante Nase, Vollbart, mit seinen eins neunzig so groß wie ich, immer gut gelaunt und immer in Cowboystiefeln – selbst zur Uniform! Wahrscheinlich zog er sie noch nicht mal zum Schlafen aus. Ich nahm mir vor, Louise bei Gelegenheit mal danach zu fragen.

Kurz nachdem wir von der Startbahn abgehoben hatten und das Fahrwerk einfuhr, leuchtete eine gelbe Warnlampe auf. »Truck LVR« nannte sich die Warnmeldung, und sie besagte nichts Gutes: Anscheinend war das Fahrwerk nicht ordnungsgemäß eingefahren. Spätestens bei der Landung in Düsseldorf könnte das zu gravierenden Problemen führen, wenn das Fahrwerk beim Aufsetzen kollabierte. Die Meldung bezog sich auf die Hydraulik. Der Flugzeughersteller wollte sichergehen, dass das Flugzeug unter keinen Umständen steuerlos werden konnte, und baute daher aus Redundanzgründen vier verschiedene Hydrauliksysteme ein. Sie dienten der Steuerung der Flugrichtung und der Kontrolle über Steigen und Sinken und bewegten die Speedbrakes, die Bremsklappen, die auf den Tragflächen versteckt waren. Beim Ausfall von bis zu drei Systemen wäre der TriStar immer noch manövrierfähig geblieben, aber dies wäre klar ein Notfall gewesen.

Es galt nun zu eruieren, was genau für ein Problem vorlag. Von innen konnten wir schlecht überprüfen, ob das Fahrwerk korrekt eingefahren war. Bernie war ein ruhiger, lockerer Zeitgenosse, der sich eigentlich durch nichts aus der Fassung bringen ließ. Er probierte routiniert verschiedene Möglichkeiten durch, doch egal, was er an seinem Instrumentenbrett auch schaltete, der Fehler, der durch das gelbe Warnsignal moniert wurde, ließ sich nicht beseitigen.

Mir wurde langsam warm, und ich zog meinen Schlips vom Kragen. Wir hatten zwar noch die Ersatzsysteme, aber mit einem defekten Flugzeug fliegt man nicht über den Atlantik. Von der Firma hätte es dazu auch niemals eine Genehmigung gegeben. Da wir das Problem nicht isolieren konnten, entschieden wir nach gemeinsamem Kriegsrat und Rücksprache über Kurzwellenradio mit unserer Technik zu Hause, nach Miami zu fliegen und den Fehler beheben zu lassen. Dort gab es derzeit genug Wartungspersonal, welches sich mit einem TriStar bestens auskannte.

Kapitän Müller informierte die Gäste, dass wir wegen einer technischen Unregelmäßigkeit in Miami landen müssten. Mehr war es bis jetzt nicht, aber wir wollten und mussten auf Nummer sicher gehen!

Leider erreichten wir den Flughafen zur abendlichen Rushhour. Es dauerte eine Ewigkeit, bis wir eine Parkposition zugewiesen bekommen hatten. Unser Bodenpersonal kümmerte sich um die Fluggäste, sie mussten mit ihrer gesamten Habe den Flieger verlassen, das Gepäck wurde ausgeladen, und für alle wurden flott Hotelzimmer arrangiert. Wir stiegen auch mit aus und überließen die Maschine der hiesigen Technik. Die fand nach einer ausführlichen Prüfung in der Nacht ein Leck in einer Hydraulikleitung im Fahrwerksschacht. Dieses wurde mit einem neu angefertigten Ersatzstück repariert, die komplette Leitung sollte in Düsseldorf in der eigenen Werft ausgetauscht werden. Wir waren froh, mit diesem Missgeschick hier in Miami zu sein und nicht irgendwo über dem Großen Teich. Wir drei im Cockpit hatten alle möglichen Fehlerszenarien durchgespielt und letztendlich die richtige Entscheidung getroffen – darauf waren wir stolz. Solche Zwischenfälle passierten zwar extrem selten, aber ein verantwortungsvoller Pilot würde nie das Risiko einer Atlantiküberquerung eingehen, wenn auch nur der kleinste Zweifel an der Lufttüchtigkeit seines Fliegers bestünde. Später, bei einem kurzen Bier an der Hotelbar, merkte ich, wie die Last von meinen beiden Kollegen abfiel. Und ich hatte schon gedacht, dass ich mir zu viele Sorgen gemacht hatte, doch offensichtlich erging es ihnen auch nicht anders. In einer solchen Situation gilt es, ruhig zu bleiben und überlegt zu handeln. Auch dies war ein Teil meiner Ausbildung gewesen: Emotionen waren im Moment der Problembewältigung nicht angebracht, sie verhinderten nur ein klares, zielgerichtetes Denken. Aber wenn man dann sicher am Boden war, fiel die Last wie ein Felsbrocken von einem ab.

Wir verabschiedeten uns früh, denn wir hatten nur eine Mindestruhezeit von zehn Stunden – was nicht zehn Stunden Bettruhe bedeutete, sondern die Zeit vom Check-out bis zum Check-in, und da war die Transferzeit zum Hotel nicht mit eingerechnet.

Am nächsten Morgen checkten Kapitän Müller, Flugingenieur Bernie und ich wieder am Flughafen ein, um einen Testflug zu machen, auch bekannt als Werkstattabnahmeflug. Das war in diesem Fall notwendig, da es für unseren Flug nach Hause acht Stunden über den Atlantik gehen sollte – ohne jegliche Ausweich- oder Landemöglichkeit. Nach allen nötigen Checks mussten wir noch etwa 35 Minuten auf unsere Rollfreigabe warten, bis der Tower es endlich geschafft hatte, für uns ein Startfenster freizuschaufeln.

Auf einem der verkehrsreichsten Flugplätze Nordamerikas mal eben Platzrunden zu drehen, um die Funktionsfähigkeit unseres Fahrwerks zu testen – das wäre zu heutigen Zeiten unmöglich. Damals bemühten sich alle, damit wir unseren Vogel möglichst schnell wieder nach Hause fliegen konnten. Gegen zehn Uhr morgens war es dann so weit, Kapitän Müller drückte die Schubhebel der drei Triebwerke nach vorne, wir beschleunigten auf 135 Knoten und hoben nach nur 25 Sekunden ab. Ohne Passagiere und Gepäck war unsere Lady megaleicht und wäre wie ein junges Rennpferd in den blauen Himmel über Florida geschossen, hätten wir nicht rechtzeitig die Zügel angezogen. Aber unser freiheitversprühender, fröhlicher Ritt dauerte nicht lange. Kaum hatten wir den Bodenkontakt verloren, leuchtete wieder dieses verhasste kleine gelbe Warnlämpchen auf, und das Fahrwerk ließ sich nicht einfahren! Es bewegte sich kein bisschen, was unschwer zu hören war, und das war ein mieses Gefühl. Kein dumpfes Rumpeln, kein Klacken der Verriegelung, nur stumpfes Brausen unter uns, als hätten wir ein Loch im Rumpf.

Ich war heilfroh, dass wir so nahe an einem Flughafen waren. Wieder zog ich mir den Schlips vom Hals. Ein Seitenblick auf meine Kollegen bestätigte meine Vermutung: Die Stimmung im Cockpit war sekundenschnell von erwartungsfroh-gespannt über gedrückt zu niedergeschlagen-frustriert gefallen, denn so war die Nacht völlig umsonst gewesen und ein Rückflug über den Atlantik leider unmöglich. Wir landeten nach der Platzrunde, rollten auf die zugewiesene Position und nahmen erneut Kontakt mit der Firma in Deutschland auf.

Die Firma ordnete an, dass wir als Werkstattflug nach Atlanta im Bundesstaat Georgia fliegen sollten. Dort befand sich die Heimatbasis von Delta Airlines. Delta betrieb zu der Zeit die größte Flotte von TriStar L1011 und hatte den Auftrag erhalten, unser Flugzeug zu reparieren. In Miami hatten die Kollegen von der Technik keine Möglichkeit, den Flieger aufzubocken, in Atlanta schon. Das war aber die Voraussetzung, um das Ein- und Ausfahren des Fahrwerks am Boden zu testen.

Unsere Mädels waren inzwischen auch am Flughafen eingetroffen und kamen zu uns an Bord.

»Hey Jungs«, begrüßte uns Louise. »Habt ihr unseren Vogel jetzt endgültig flügellahm gekriegt?«, unkte sie. Ich konnte sie verstehen, in so einer Situation half wirklich nur Galgenhumor.

»Schätzeken, mit den Flügeln hat das nichts zu tun, eher mit den Füßen«, erklärte Bernie seiner Frau.

»Weiß ich doch«, antwortete sie. »Wir haben euch so die Daumen gedrückt, dass der Abnahmeflug in Ordnung ist. Was für ein Mist!«

»Das kannst du laut sagen«, mischte sich nun auch Siegbert ein. »Was glaubst du, was das unsere Firma kostet? Unsere Gäste werden mit Delta nach Hause geflogen. Sicher sind einige deswegen ganz schön sauer, vor allem wegen der verschenkten Zeit. Aber Sicherheit geht nun mal vor. Uns bleibt nur noch, das Baby hier heil nach Hause zu kriegen.« Liebevoll strich er mit der Hand über die Innenverkleidung der Tür.

»Wie geht es denn jetzt für uns weiter?«, wollte

Sabine wissen, die blonde Stewardess aus der vorderen Küche.

»Wir fliegen jetzt mit euch gemeinsam nach Atlanta. Wir haben allerdings die Auflage, dass wir nicht das Fahrwerk einfahren dürfen.«

»Wieso das? Das schluckt doch Unmengen von Sprit?!« Louise war immer so praktisch.

»Ja, das stimmt. Aber solange der Fehler nicht eruiert werden kann, gehen wir lieber auf Nummer sicher. Was, wenn das Fahrwerk ein-, aber nicht wieder ausfährt? Wir gehen kein Risiko ein«, erklärte Siegbert den Mädchen. »Der Flug nach Atlanta sollte etwa drei Stunden betragen. Durch das nicht eingefahrene Fahrwerk wird es an Bord viel lauter als sonst sein, und wir können weder so hoch noch so schnell wie normal fliegen. Mehr als 250 Knoten Fahrt sind nicht gestattet, um das Fahrwerk nicht zu beschädigen.«

»Also rund 450 Stundenkilometer statt 890«, seufzte Louise. »Das wird ja eine Ewigkeit dauern!«

»Durch die ausgefahrenen Füße ist unsere Aerodynamik etwa so schnittig wie die eines Albatros im Landesanflug mit ausgefahrenen Plattfüßen«, warf ich ein und machte mir Gedanken um den Kerosinverbrauch, der durch den ungewohnten Luftwiderstand drastisch steigen würde.

»Bernie, du tankst aber ein bisschen mehr, oder?« Claudia, eine dunkelhaarige Kollegin mit kunstvoller Steckfrisur, wirkte besorgt.

»Natürlich, was denkst du denn, Maus?« Bernie zeigte ein Panoramagrinsen und tätschelte Claudia beruhigend die Schulter.

»Neun Tonnen pro Flugstunde waren der normale Durst unseres roten Raumschiffs. Flugingenieur Bernie tankt 35 000 kg Jet A1, vorsichtshalber einiges mehr als nötig, da uns keiner mit Sicherheit sagen kann, wie viel wir tatsächlich verballern werden. Aus dem Himmel zu fallen wegen Spritmangel inklusive nicht korrekt verriegeltem Fahrwerk, das braucht nun wirklich kein Mensch!«

Mir grummelte es in der Magengegend, aber Angst hatte ich keine. Kann ich mir als Pilot auch nicht leisten. Ich vertraute der Technik unseres Flugzeugs und meinen beiden Kollegen. Gute Voraussetzungen, um unser fliegendes Büro sicher nach Atlanta zu bringen.

Die Stimmung war angespannt, als wir in Miami losflogen. Wir rechneten mit allem! Gewissenhaft kontrollierten wir unsere Instrumente, und das öfter als notwendig. Die Atmosphäre im Cockpit normalisierte sich, als sich ein Mehrverbrauch von 35 Prozent herauskristallisierte. Dafür hatte Bernie genug Sprit eingepackt. Louise kredenzte uns Kaffee, leider nur schwarz und süß, denn eine frische Beladung an Catering gab es nicht, und unsere Düsseldorfer Milch war schon längst zu Pudding mutiert. Aber es war einer der besten Kaffees meines Lebens, nicht der Qualität wegen, sondern weil er die Spannung nahm. Wir konnten wieder dumme Sprüche klopfen, frei nach dem Motto von Konsalik: »Hurra, wir leben noch!« – und hatten nicht die Bohne Ahnung, was uns alles noch so heimsuchen sollte.

Welcome home

Tags darauf zeigte sich bei allen die Müdigkeit. Ich hatte im Hotel in Atlanta nicht sonderlich gut geschlafen, das Erlebte geisterte durch meine Träume, und die Anspannung und der Stress der letzten Stunden trugen ein Übriges dazu bei.

Die Crew war inzwischen zusammengeschweißt wie eine Familie, Sorgen und Ängste verbanden sehr rasant. In Atlanta waren wir nach der Landung direkt vor die Werft gerollt, ein Schlepper wurde ans Bugrad montiert und zog die kranke Lady in die Halle. Wir gingen von Bord und wurden in ein nahe gelegenes Hotel gebracht. Auf ein Afterlanding hatte diesmal niemand große Lust, wir mussten unsere Familien informieren, dass wir einen Tag später heimkamen, mancher aus der Crew musste den Babysitter neu planen, und so hing jeder seinen eigenen Gedanken nach.

Von der Technik erfuhren wir am nächsten Morgen, dass mehrere Hydraulikleitungen ausgetauscht worden waren – der Fehler war behoben. Man hatte das Flugzeug extra auf die sogenannten »Jacks« aufgebockt, sodass man auch am Boden Fahrwerksfunktionen testen konnte. Alles war in bester Ordnung. Lediglich die Fixed-Door, die einen Teil des Fahrwerkschachtes abschloss, fehlte. Hinter dem Begriff Fixed-Door verbarg sich ein Teil der Fahrwerksverkleidung, die am Hauptfahrwerksbein fest angebracht war. Wegen der fehlenden Tür war das Flugzeug nun »restricted«, also eingeschränkt. Das bedeutete, wir durften nicht so hoch und nicht so schnell fliegen. Elf Stunden würde die Flugzeit über den Atlantik betragen.

Wir waren erleichtert, dass einer Heimreise nichts mehr im Weg stand. Das Catering an Bord war diesmal vom Feinsten. War das der Unterschied zu amerikanischen Airlines, oder wollte unsere Firma uns etwas Besonderes gönnen? Ich wusste es nicht, langte aber gern zu, die Verpflegung in den letzten Stunden war doch eher sparsam gewesen. Wie sollte man denn dabei denken?

Wir starteten am Morgen und waren froh, dass es endlich nach Hause ging. Die Kabinenbesatzung begleitete uns »deadhead«, sie hatten, da wir ja keine Gäste beförderten, keine besonderen Pflichten an Bord. Alle bis auf Louise, die als Purserette für das Scharfstellen der Rutschen in den Türen für den Fall einer Evakuierung verantwortlich war. Dass wir einer solchen nur knapp entgingen, ahnten derzeit weder die Mädchen noch wir.

Beim Start beschleunigte unser Flieger schnell auf seine Abhebegeschwindigkeit, da wir außer 70000 kg Kerosin und acht schlanken Flugbegleiterinnen nichts an Bord hatten. Beim Einfahren des Fahrwerks rumpelte es lauter als gewöhnlich, aber dann war das Fluggeräusch wieder normal. Wir schoben dies auf den leeren Flieger und machten uns keine weiteren Gedanken. Keine zickigen Warnlämpchen blinkten – alles war schön. Der Himmel war wolkenlos, und als wir Irland erreichten, beleuchtete der Mond das Meer. Weit und breit war kein anderes Flugzeug zu sehen oder im Funk zu hören. Auch das Kurzwellenradio schwieg. Ich musste in diesen fast kitschig romantischen Momenten oft an Antoine de Saint-Exupéry denken, den Autor des »Kleinen Prinzen«. Im

Zweiten Weltkrieg hatte er sich als Aufklärungsflieger betätigt und war eines Morgens nicht von einem seiner Flüge zurückgekehrt. Lange Zeit galt er als verschollen. Wie mochte er sich wohl gefühlt haben – so ganz allein an Bord? In diesem Moment war ich froh, dass wir zu dritt flogen. Einsame Entscheidungen zu fällen konnte auch mal ins Auge gehen. Es wurde gemunkelt, Antoine habe sich einfach verflogen, und ihm sei der Sprit ausgegangen. Nun, dies würde uns in dieser sternenklaren Nacht nicht passieren. Bernie hatte alles im Blick, unser TriStar lag wie ein geöltes Brett in der Luft und schob sich mit drei satt schnurrenden Motoren durch die beginnende Nacht.

Wir näherten uns gegen dreiundzwanzig Uhr deutscher Zeit Düsseldorf und bereiteten uns auf die Landung vor. Normalerweise herrschte dort von zweiundzwanzig Uhr abends bis sechs Uhr morgens weitgehend Flugverbot; da wir aber als technischer Überführungsflug galten, erhielten wir eine Sondergenehmigung. Wir befanden uns im Endanflug, das Wetter war immer noch klar, unsere Maschine schwebte brummend auf den Platz zu, und ich zog den Hebel für das Fahrwerk. Plötzlich blinkte uns das zickige Warnlämpchen »Truck Lever« wieder entgegen! Über dem Fahrwerkshebel leuchteten zwei grüne Lampen, die dritte blieb flammend rot.

Im nächsten Moment brummte Bernie hinter uns: »Wir verlieren ein Hydrauliksystem!«

Adrenalin schoss mir bis unter die Haarwurzeln; ich war mir sicher, Bernie und Siegbert ging es nicht anders. Was sollten wir tun? Sprit hatten wir Gott sei Dank noch genügend an Bord, also hatten wir wenigstens keinen Zeitdruck. Das Vertrackte an unserer Geschichte: Es war Nacht. Und über Düsseldorf war der Himmel nicht nur dunkel, sondern rabenschwarz! Niemand konnte sehen, was unter unserem Flugzeug passiert war. War das rechte

Hauptfahrwerk nun draußen oder nicht? Und wenn ja – war es verriegelt? Das würde sowieso keiner außer uns feststellen können, wenn wir mit unserem Schiff anlanden würden. Verdammt! Bei Tag hätte man leicht feststellen können, ob das Fahrwerk richtig ausgefahren war: Dann würde man auf den Tragflächen zwei Bolzen erkennen. Das Bugfahrwerk ließ sich über ein Periskop aus dem »Weinkeller« erkennen – dem kleinen Raum unter dem Cockpit, der unzählige Schaltanlagen und Sicherungen enthält. Aber bei Nacht war leider alles anders.

»Düsseldorf Tower, GTA 769, wir starten durch. Haben Fahrwerkprobleme, erbitten Radar-Vektoren für einen neuen Anflug.«

»Verstanden, GTA 769, fliegen Sie eine Rechtskurve Steuerkurs 060 Grad. Was sind Ihre Absichten?«, fragte der Fluglotse.

»GTA 769, wir erklären den Notfall. Unser rechtes Hauptfahrwerk verriegelt nicht in der ausgefahrenen Position.«

»OK 769, Ihr Notfall wurde um 23:35 Zulu protokolliert. Die Flughafenfeuerwehr ist informiert.«

»Roger Tower. Wir beabsichtigen einige tiefe Vorbeiflüge, damit Sie sich unser Fahrwerk ansehen können.«

»Einverstanden, 769, wir werden Sie beobachten, Sie sind freigegeben für jeden benötigten Kurs und Flughöhe.«

Wir brachen den Landeanflug ab, flogen über den Rhein, drehten nach Osten weg und starteten einen neuen Anflug in Richtung West. Zur gleichen Zeit fand in Düsseldorf ein großes Sommerfest unserer Firma statt. Die Party hatte offenbar schon weit vor Mitternacht einen feuchtfröhlichen Höhepunkt erreicht, und wie ich später erfuhr, dachten die Kolleginnen und Kollegen, wir würden ein bisschen Reklame für die Firma fliegen. Sie winkten ausgelassen zu uns herauf und konnten zum Glück nicht sehen, wie wir schwitzten. Beim nächsten Anflug düsten wir, wie mit den Lotsen vereinbart, direkt über den Tower in der Hoffnung, dass die Controller unser ausgefahrenes Fahrwerk würden bestätigen können. Das konnten sie dann auch, leider wussten wir jedoch nicht, ob es auch verriegelt war oder bei der Landung kollabieren würde. In diesem Fall würde die rechte Tragfläche mit dem Triebwerk auf die Bahn aufschlagen, es würde Funkenflug geben, im schlimmsten Fall würde das Flugzeug Feuer fangen. Ein Totalschaden wäre die Maschine in jedem Fall!

Was einem in einer solchen Situation durch den Kopf geht, ist sagenhaft – einerseits spult man automatisch einstudierte Handlungen ab, andererseits spielt der Kopf auch Kino: Was wäre, wenn?

Die Mädels in der Kabine mussten sich sehr verloren vorkommen. Keine von ihnen hatte je so eine Notlage erlebt. Aber wir konnten auch nicht viel Information weitergeben, wir wussten schließlich selbst noch nichts. Ich war sehr erleichtert, dass wir keine Passagiere mit an Bord hatten. So brauchten die Mädels wenigstens keine Evakuierung für 288 Menschen vorzubereiten. Dazu gehörte einiges an Nervenstärke, auch wenn dies jährlich in den Trainingsstunden geübt wurde. Man wusste jedoch nie, wie die Gäste reagieren würden. Blieben sie cool? Verloren sie die Nerven? Fingen sie an zu weinen, zu beten, laut zu werden? Im Prinzip galt das auch für die Stewardessen, besonders die ganz jungen, unerfahrenen. Trotz bester Schulungen ließ sich nie vorhersagen, wie sie in einer Notsituation wirklich reagieren bzw. agieren würden.

Unsere Mädels blieben relativ gelassen, was wohl zum großen Teil mit an Louise lag. Sie flog seit über zwanzig Jahren und hatte an Bord schon so einige Ausraster erlebt, sowohl von Gästen als auch im Kollegenkreis. Sie war wie ihr Mann Bernie die Ruhe selbst, und wenn sie doch aufgeregt war, ließ sie es sich zumindest nicht anmerken.

Nach dem vierten Vorbeiflug berieten wir uns im Cockpit nochmals. Die Kabine musste für eine mögliche Evakuierung informiert werden, und Kapitän Müller rief Louise zu sich. Sie erschien sofort, die Sorgenfalten auf ihrer Stirn sprachen Bände.

»Louise, wir haben ein Problem.«

»Ja, das habe ich mir schon gedacht, ein normaler Anflug auf Düsseldorf fühlt sich doch ein wenig anders an«, entgegnete sie trocken.

»Die Lage ist ernst, aber nicht hoffnungslos …« Kapitän Müller räusperte sich, doch sein Grinsen war etwas linkisch. »Mehrere Hydrauliksysteme sind ausgefallen, unser Schätzchen hat sich über dem Atlantik wohl offenbar etwas verkühlt.«

Louise zog mit beiden Händen energisch ihre Uniformweste glatt und blieb gefasst: »Das heißt …?«

Kapitän Müller räusperte sich erneut, fuhr sich mit den Fingern durch das Haar und schien nach den passenden Worten zu suchen.

»Das heißt, durch die Luftwirbel und Vibrationen sind mehrere Hydraulikleitungen unterbrochen worden, und es wurden auch noch elektrische Leitungen beschädigt. Den genauen Schaden können wir noch nicht beziffern, aber mit einer normalen Landung ist wohl nicht mehr zu rechnen. Wir wissen zwar nach Auskunft des Towers, dass das Fahrwerk draußen ist, aber ob es wirklich verriegelt ist, entzieht sich unserer Kenntnis. Leider verweigert die dazugehörige Anzeige ihren Dienst …«

Louise schluckte, zupfte sich nachdenklich am Ohrläppchen, aber hörte weiterhin aufmerksam zu.

»Louise, ich möchte, dass du die Mädels informierst. Wir müssen mit einer härteren Landung rechnen.«

Logisch, wenn das Fahrwerk kollabierte – das waren

sehr dezent gewählte Worte für eine uns möglicherweise bevorstehende Katastrophe. Aber Kapitän Müller bemühte sich, sachlich zu bleiben: »Es ist möglich, dass Reifen platzen, es könnte auch sein, dass das Flugzeug stark abbremst oder heftig hin und her schlingert ... Wir werden unser Bestes tun, aber versprechen kann ich leider nichts. Bereite deine Kolleginnen bitte auf eine Notlandung vor. Ich werde einen Schaumteppich für uns organisieren, damit das Baby hier im Fall eines Falles wenigstens nicht in Flammen aufgeht.«

Ich konnte den Kloß in Louises Hals förmlich sehen, als sie aus dem Cockpit verschwand.

Es gab nur noch eine sinnvolle Option für uns, eine Notlandung in Düsseldorf! Wir brauchten kein Mayday mehr zu rufen, der Flughafen war sowieso schon komplett gesperrt. Keine Postmaschine, kein weiterer Irrläufer wegen technischer Defekte durfte landen, der gesamte verbleibende Flugverkehr wurde nach Köln oder nach Münster umgeleitet.

Eine einzige Möglichkeit hatten wir noch, um zu kontrollieren, ob das Fahrwerk draußen war: Bernie musste auf den Tragflächen nach den beiden Pinnen suchen. Warum zum Teufel war es draußen so dunkel? Inzwischen hatte sicherlich auch die hiesige Presse von unserem Problem Wind bekommen. Es gab immer genügend Journalisten, die den Flughafenfunk illegal abhörten.

Louise kam noch einmal ins Cockpit, um die Kabine klar zu melden.

»Sag mal, Bernie, ich hab dich noch nie laufen sehen, was bist du denn gerade so durch die Kabine gerannt?«, wandte sie sich an ihren Mann.

»Ich hab nach dem Pin geguckt, der uns bestätigt, dass das Fahrwerk draußen ist«, murmelte er ziemlich leise. Das war sonst gar nicht so seine Art, weder leise zu reden, noch, sich schneller zu bewegen als unbedingt nötig. Ich musste schlucken und starrte konzentriert aus meinem Cockpitfenster.

»Und?« Louise wartete gespannt auf eine Antwort.

»Hab ihn gesehen, den Lümmel! Das Fahrwerk ist bestimmt draußen. Aber der Chef will auf Nummer sicher gehen.« Ich sah im Augenwinkel, wie Bernie die Hand seiner Frau drückte und fragte:

»Wie geht es euch? Wie haben die Mädels reagiert?«

»Ach, du, mach dir keinen Kopf, zwei haben zwar direkt angefangen zu heulen und wollen morgen kündigen, aber die anderen fünf haben es ziemlich cool weggesteckt. Inzwischen haben sich alle gefangen, nachdem ich das Wort zum Sonntag gepredigt habe – das passt schon.«

Louise klemmte sich energisch eine blonde Locke hinter das Ohr, so als wollte sie damit ihre Aussage noch einmal bekräftigen. Aber zitterte ihre Hand nicht ein wenig?

»Wie sagte der Chef so schön?«, fuhr Louise tapfer fort. »›Die Lage ist ernst, aber nicht hoffnungslos.‹ Ihr kriegt das hin, da bin ich ganz sicher!« Sie drückte Bernie einen Kuss auf die Wange, und mir wurde ganz flau im Magen. Hoffentlich würden wir sie nicht enttäuschen!

Zu dieser Zeit, anno 1990, als wir uns die Hemden durchschwitzten, gab es noch die Möglichkeit, einen Schaumteppich auf die Landebahn spritzen zu lassen. Das dauerte vierzig Minuten, aber wir hatten Sprit genug und beschlossen, die Zeit abzuwarten, weil Kapitän Müller jede Möglichkeit in Anspruch nehmen wollte, die wir hatten. Was für ein Chaos! Der Schaumteppich sollte eventuell entstehende Funken verhindern und damit die Gefahr von Funkenflug und Explosionen durch austretendes Kerosin drastisch mildern ... Der Glaube versetzte ja bekanntlich Berge.

Als die Feuerwehr endlich die Bereitstellung des Schaumteppichs meldete, starteten wir unseren finalen Anflug – diesmal aus Richtung Osten, der Wind hatte gedreht. Wir näherten uns der Landebahn, das Flugzeug war voll konfiguriert, das heißt eingestellt für die Landung: Klappen, Geschwindigkeit, Höhe – alles lief nach Plan. Kapitän Müller flog, Bernie und ich lasen die Checklisten und unterstützten ihn. Wir näherten uns der Landebahn, und dann war es so weit: In 300 Metern Höhe erkannten wir die Flughafenfeuerwehr mit ihrem gespenstisch blinkenden Blaulicht auf dem Vorfeld, immer im Abstand von wenigen Hundert Metern entlang der Landebahn, sodass nur Sekunden nach dem Stillstand des Flugzeugs ein Löschfahrzeug da sein und eingreifen konnte.

Im Moment des Aufsetzens waren wir noch 130 Knoten schnell – 240 km/h. Der Kapitän bremste den Flieger ab und war bemüht, das rechte Fahrwerk bis zum allerletzten Moment in der Luft zu halten. Die Spannung im Cockpit war zum Zerreißen gespannt, kein überflüssiges Wort, kein Handgriff, der nicht unbedingt nötig war. Kommunikation mit Gott? Ich wusste nicht mehr, was ich glauben sollte – zu sehr hatte der Flieger meine Erwartungen in den letzten 24 Stunden enttäuscht. Ich hatte zuvor blind an die Maschine und ihre Fähigkeiten geglaubt, und doch hatte sie uns drei Mal hintereinander ein Schnippchen geschlagen.

Wir setzten auf, komplett, auch mit dem rechten Fahrwerk. Und es hielt! Wir rutschten noch weiter durch den Schaumteppich, der nach rechts und links wegspritzte, aber unsere Lady blieb stabil. Nach einer gefühlten Ewigkeit brachte Kapitän Müller die Maschine endlich zum Stehen, und wir wurden augenblicklich eingekreist von blau blinkenden Feuerwehrautos.

Nach einem kurzen Moment der Stille knisterte unser Lautsprecher.

»Herzlichen Glückwunsch, Jungs. Das habt ihr super

hingekriegt!«, quäkte es aus der Box. Der Mann im Tower beglückwünschte uns, sicher war er froh, dass nichts Schlimmeres passiert war.

Uns ging buchstäblich die Luft aus, Kapitän Müller sank seufzend in seinem Sitz zusammen, und Bernie informierte sichtlich erleichtert die Kabinencrew, dass alles in Ordnung sei. Die Kollegen von der Technik sicherten das Fahrwerk, indem sie die »gearpins« in die dafür vorgesehenen Löcher des Fahrwerks steckten, um ein unbeabsichtigtes Einklappen zu verhindern. Dann kuppelten sie einen Schlepper vor unseren Vogel und zogen ihn in den Hangar.

Am nächsten Morgen stand in der Zeitung:

»Flugzeug landete in Düsseldorf auf Schaumteppich. Passagiere und Besatzung alle wohlauf.«

Hatte er wohl nicht richtig zugehört, der kleine Nachrichtendieb. Mit Gästen an Bord wäre die Situation sicher noch um einiges spektakulärer und aufregender vonstattengegangen. Aber ehrlich gesagt hatten wir auch so Aufregung genug!

Die Maschine wurde auf Herz und Nieren überprüft, der Schaden behoben, die fehlende Fixed-Door ersetzt, und schon bald ging unser Flieger wieder auf große Reise. Die Crew wurde von der Geschäftsleitung zu einem feudalen Essen eingeladen, und drei Tage später flogen auch wir weiter. Warum auch nicht? War ja nichts passiert.

Irrflug

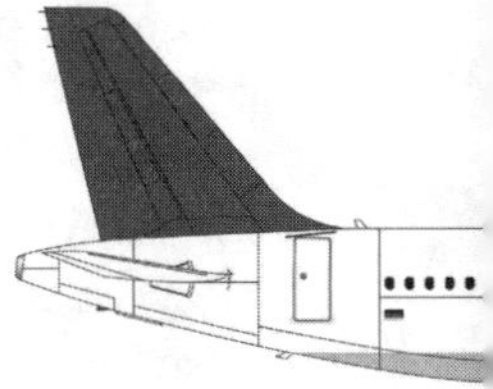

Seit den Achtzigerjahren geht kein Flugzeug mehr mal eben so verloren. Solange die Flüge über Kontinente führen, über denen eine Kontrolle durch das sogenannte SSR-Radar (Sekundär-Radar) durchgeführt wird, bekommen die Fluglotsen jeden Flieger auf ihrem Radarschirm als Symbol angezeigt. Zusätzlich stehen neben dem Symbol die Geschwindigkeit, Flugrichtung und Höhe und natürlich die Flugnummer. Das Verschwinden eines Fliegers vom Radarschirm kann zwei Gründe haben: Entweder haben die Piloten den Transponder, der das entsprechende Frage- und Antwortsignal an die Radarantenne sendet, ausgeschaltet, oder aber die Maschine fliegt so niedrig über dem Boden, dass sie vom Radar nicht erfasst werden kann. Letzteres wird gern von Militärpiloten praktiziert, um unerkannt zu bleiben. Anders ist das bei einem Flugzeugcrash – ohne Strom kein Signal vom Transponder. Dann heißt es in den Nachrichten: »Die Maschine war plötzlich vom Radar verschwunden.« Natürlich gibt es immer noch Gegenden auf unserem Globus, die nicht von Fluglotsen überwacht werden können. Dazu gehören vor allem die Wüstenzonen Afrikas, die Polarregionen und natürlich die großen Ozeane. Für uns Europäer hat der Atlantische Ozean hier eine besondere Stellung. Täglich fliegen Hunderte Verkehrsflugzeuge in beiden Richtungen über den Großen Teich. Dass man hier trotzdem vom Radar erkannt wird, hat in erster Linie militärische

Hintergründe, denn es geht schließlich auch darum, Freund und Feind zu unterscheiden.

Aufgabe der Piloten ist es, sich beim Überfliegen bestimmter geografischer Positionen zu melden und einen Report abzugeben. Das wird jeden zehnten Längengrad gemacht, den man überflogen hat, es sei denn, die Flugzeit zwischen zwei Punkten beträgt länger als 60 Minuten, dann melden sich die Piloten alle 30 Minuten über Kurzwellenradio. Bleibt diese Meldung aus und ist das Flugzeug nicht innerhalb der nächsten Stunde erreichbar, wird von den zuständigen Lotsen die Unsicherheitsphase ausgelöst, die bestimmte – nicht öffentliche – Maßnahmen einleitet.

Vor ein paar Jahren hat der Datenfunk in der Luftfahrt Einzug gehalten und erleichtert den Piloten so die Arbeit. Funksprüche werden nur noch beim Erstkontakt mit einer neuen Kontrollstelle ausgetauscht, danach geht alles über ein hochmodernes Fernschreibsystem mit Überwachungsfunktion, bekannt unter dem Namen FANS, Future Air Navigation System.

Vor zwanzig Jahren war das System noch nicht ganz so weit ausgefeilt, es konnte sogar vorkommen, dass man sich mit einem Flugzeug »verflog«, ohne dass es sofort bemerkt wurde, weder von der Besatzung noch vom Bodenpersonal. Das glauben Sie nicht? Ist mir aber passiert, Anfang der Neunzigerjahre. Ich war noch relativ neu auf der Langstrecke und nahm als Copilot an der Reise teil.

Wir waren mal wieder auf dem Weg nach Kuba. Dies schien fürs Erste mein Dauerabonnement zu sein, Greenhorns auf der Langstrecke wie ich mussten sich auf den Karibikstrecken anscheinend die Hörner abstoßen. Da in Deutschland bitterer Winter herrschte und Kuba mit sonnigen 30 Grad lockte, war ich nicht allzu traurig – auch wenn ich Havanna, Holguin, Varadero und Santiago de Cuba mittlerweile genauso gut kannte wie den Inhalt meines Alibert-Schranks.

Vor uns lagen elf Flugstunden, und wir freuten uns auf vier Tage firmenverordneten Urlaub in der Karibik. Im Cockpit saßen neben meiner Wenigkeit auch noch »Speedy« und »Kräcker«. Speedy war natürlich die Abkürzung von Speedy Gonzales, was aber nicht auf die Körpergröße unseres Kapitäns anspielen sollte, sondern auf seine Präferenz, so schnell zu fliegen wie die schnellste Maus von Mexiko. Kräcker war ein gutmütiger Flugingenieur aus Dänemark, der deutschen Sprache allerdings kaum mächtig. Uns mangelte es derzeit in Deutschland an Fachpersonal, und da waren Kollegen aus dem Ausland jederzeit herzlich willkommen.

Wir flogen also nach Holguin, in den Osten der Sozialistischen Republik Kuba. Der Flug selbst fand bei gutem Wetter statt und verlief recht bedeutungslos, wenn man mal davon absah, dass mein Kapitän einer von der Sorte »Ich weiß alles besser, und Sie sind ja nur da, weil das Gesetz es so will« war. Das machte die Kommunikation zuweilen sehr schwierig. Also beschränkte ich mich darauf, meine Positionsmeldungen pünktlich über Kurzwellenradio abzugeben und gewissenhaft das Flightlog zu führen. Weitere Gespräche waren offensichtlich nicht erwünscht. So beschäftigte ich mich mit der Beobachtung des Wettergeschehens und las einige Kapitel im Betriebshandbuch nach, die ich für den nächsten Simulatorcheck brauchte.

In Holguin verbrachten wir eine Nacht in einem Hotel, welches die ehemalige DDR den Kubanern spendiert hatte. Das Gebäude war ein original Plattenbau: laut, zugig, mit mengenweise Aluprofilen an den Wänden, was die Schallausbreitung noch förderte. Schlafen war hier kaum möglich, aber das hatten die anderen Gäste nachts anscheinend auch gar nicht im Sinn. Es war schon erstaunlich, was man als Geräuschkulisse alles geboten bekam: Von lärmender Musik aus der Lobby über geräuschvolle Diskussionen auf Spanisch und Russisch vom Hotelflur bis zum lustvollen Stöhnen aus den Nachbarzimmern war alles dabei. Ein dreifaches Halleluja für die Erfindung von Ohropax!

Das Essen war zu dieser Zeit auf Kuba grottenschlecht – zumindest das, was uns am Morgen angeboten wurde: blau gekochte Eier, weißer, schwitziger Labber-Käse, der in der Hitze fast allein vom Büfett krabbelte, knallrote Salami mit Mega-Fettaugen, knüppelhartes Weißbrot und zur Krönung Westernkaffee – Kaffee, der so stark war, dass ein Hufeisen problemlos darauf schwimmen konnte! An guten Tagen gab es auch noch Butter und lachsfarbene Kaktusmarmelade, aber nur an den wirklich guten. Ich vermisste meinen Brötchenmann daheim, der nicht nur phantastisches Kleingebäck fürs Frühstück feilbot, sondern auch Zeitungen, Marmelade und frisch gebrühten Kaffee im Sortiment hatte. Das Tageshoroskop gab es zudem noch bei jedem Einkauf kostenfrei dazu:

»Ei, Cornelius, fliegst du wieder nach Kuba? Dann nimm dich in Acht vor den kaffeebraunen Señoritas! Die Venus steht ab heute wieder günstig für romantische Abenteuer ...« Augenzwinkernd überreichte er mir die Brötchentüte. Für eine von seinen köstlich belegten Stullen würde ich hier auf Kuba mein letztes Hemd geben. Ich sehnte mich nach Hause, zu Frau und Kind. Meine Tochter war gerade ein Jahr alt geworden, und wo war ich? Auf einer Kokosnussinsel in der Karibik. Manchmal fiel mir der Job nicht leicht.

Am nächsten Tag durften wir uns einer abenteuerlichen Busfahrt stellen, einmal quer durchs Land, unser Abflug gen Heimat sollte nämlich von Havanna aus starten. So schön und abwechslungsreich die tropische Landschaft auch war, sie entschädigte nur spärlich das ständige Geschaukel und Geschleuder in dem völlig unterkühlten, klapperigen Reisebus. Stoßdämpfer waren an diesem Gefährt anscheinend überhaupt nicht vorhanden, und unser Busfahrer fuhr so sportiv, als wäre er ein naher Verwandter von Nelson Piquet. Gut, dass ich nicht unter Reisekrankheit litt. Einige unserer Mädels sahen schon seit Stunden ziemlich grün um die Nase aus, und die eine oder andere Tüte kam auch spontan zum Einsatz. Damit nicht nur in der Magengegend Abenteuer-Feeling aufkam, zog sich unser Vehikel auch noch einen Platten zu. Immerhin war der Reifen so freundlich, nicht mitten in einer der steilen Kurven zu platzen, sondern klammheimlich während einer kurzen Rast an einer Cantina sein Leben auszuhauchen, will sagen, seine Luft zu verlieren. Es dauerte nur eine knappe halbe Stunde, bis wir entsprechendes Werkzeug organisieren konnten, einen Reservereifen hatte die alte Karre zum Glück dabei – sogar mit Luft! Wir waren schwer beeindruckt. Nach insgesamt siebeneinhalb Stunden Geschipper über die karibische Insel hatten wir dann endlich unser Ziel erreicht: Havanna, die Hauptstadt der Republik.

In den Sechziger- und Siebzigerjahren war die Stadt eine Perle der Karibik, heute ist sie gnadenlos verfallen. Gegründet 1519, hat sie heute fast 2,2 Millionen Einwohner aller karibischer Couleur. Erhaschte man einen Blick in einen der Hauskorridore, so sah man farbenprächtige und detailreiche Kacheln bis an die Decke der Räume. Die Häuser waren ebenso bunt wie die zumeist amerikanischen Oldtimer, die unüberhörbar durch die Straßen der Stadt knatterten. Im Laufe der Jahre hatte die hohe Luftfeuchtigkeit allerdings sowohl den Vehikeln als auch den Gebäuden sehr zugesetzt. Geld für Renovierungen war nicht da, erst spät erkannten die Verantwortlichen, dass sie ihr Kulturgut retten mussten, und begannen zaghaft mit der Renovierung – allerdings auf kubanische Art, nämlich: mañana, mañana. (Morgen, morgen.)

Unser dortiges Hotel war schon ein ganz anderer Schnack als der Plattenbau aus Holguin, es lag gut zehn Kilometer vom hiesigen Flughafen entfernt, befand sich im Diplomatenviertel der Stadt und hieß hochtrabend El Commodoro. Um die flachen, schneeweiß getünchten Bauten herum zog sich durch das komplette Areal eine etwa 1,20 Meter tiefe, vielarmige Poollandschaft. Das war schön anzusehen, doch in diesem Etablissement waren die Gäste zumeist wichtige Herrschaften aus Russland und der ehemaligen DDR, die sich gern und ausgiebig mit einheimischen Damen vergnügten. Im Pool wurden so ausschweifende Gelage gefeiert, dass unsere Mädels sich weigerten, darin schwimmen zu gehen. Schon beim bloßen Anblick des Wassers und der dort müde dümpelnden Lümmeltüten fürchteten sie wohl, schwanger werden zu können. Bei uns Piloten kam es öfter vor, dass zur Ankunft eine dunkle Maid im Hotelzimmer auf einen wartete – zumeist nackig, im Bett in eindeutiger Pose und mit laszivem Augenklimpern. Aber meine Kollegen und ich waren uns einig: Auf diese Art fremdländischer Bespaßung konnten wir gut verzichten, und nach einigen Beschwerden an der Rezeption hörte dieses »besondere Airline-Angebot« auf. Die Rezeption mussten wir dennoch öfter aufsuchen. Obwohl das Hotel einen sauberen Gesamteindruck machte, warteten einige Zimmer mit erstaunlich viel Krabbelzeug auf. An einem Morgen legte einer unserer Flugingenieure nicht weniger als 17 (!) erschlagene Kakerlaken der Rezeptionistin fein säuberlich in einer Reihe auf den polierten Marmortresen.

»Buenos dias, Señor. Wie kann ich Ihnen helfen?«, fragte die charmante Señorita daraufhin den Kollegen.

»Muchas cucarachas in my room!«, beschwerte sich der Kollege und zeigte energisch auf die erlegten gepanzerten Sechsfüßler. So richtig beeindruckt war sie von dem Jagderfolg wohl nicht, aber der Flugingenieur bekam anstandslos ein anderes Zimmer.

Als Mitglied des Cockpits war man hier auf Kuba noch richtig was, die dunkelblaue Uniform vermittelte Autorität und fast unterwürfigen Respekt. Der Kollege Kapitän wurde grundsätzlich nur mit »Mon Capitan« angesprochen und bekam neben einer netten Suite auch noch einen imposanten Obstkorb und eine 0,7-Liter-Flasche »Anjecho« geschenkt – besten braunen Rum aus hiesiger Herstellung. Obwohl ich damals als Copilot nur drei goldene Streifen auf dem Ärmel trug, kamen sowohl ich als auch der Flugingenieur ebenfalls in den Genuss eines größeren Zimmers und eines Pülleken Rums – da war das Afterlanding doch schon mal gerettet: Drei Flaschen Rum durch elf Leute versprachen einen lustigen Abend unter kubanischen Palmen. Der Rum kostete damals für »touristas« gerade mal 5 US-Dollar, und die Zigarren waren auch spottbillig. In Deutschland blätterte man gut und gerne 35 DM für den vergorenen Zuckerrohrsaft hin, hier hätten wir ein grandioses Geschäft machen können – wenn, ja wenn der Deutsche Zoll nicht ein besonderes Auge auf die Crews gehabt hätte. Wir durften Alkohol überhaupt nicht einführen und nur 5 Zigarren – oder zwei Schachteln Zigaretten – pro Nase. Also waren wir quasi gezwungen, den Rum an Ort und Stelle zu vernichten …

Nachdem wir unsere Zimmer bezogen und uns den Reisestaub heruntergeduscht hatten, fuhr fast die gesamte Crew erst einmal mit dem Taxi zurück in die Altstadt. Hier in den verwinkelten schmalen Gassen reihte sich eine Bodega an die nächste, das Leben fand quasi auf der

Straße statt. Die Menschen waren freundlich, neugierig und sprachen uns oft an. Wenn sie doch nicht immer so schnell geredet und noch dazu ständig die Endsilben der Worte verschluckt hätten! Ich musste oft grübeln, und bis ich endlich heraushatte, was man von mir wollte, und noch bevor ich antworten konnte, überfiel mich schon der nächste verbale Wasserfall.

Unser Ziel war an diesem Abend die Bodeguita del Medio, um dort den einen oder anderen Mojito zu trinken. Ich liebte diesen Longdrink aus Rum, Minze, Zucker, Zitronensaft und Club Soda, den ich in keiner anderen Bar auf dieser Welt jemals als so lecker empfunden hatte. In der schwülen kubanischen Hitze war er herrlich erfrischend! Vielleicht schmeckte er hier auch besonders gut, weil er in dieser Bar erfunden worden sein soll? Hemingway sah das offenbar ähnlich, er war zu Lebzeiten Stammgast in der Bodeguita und ebenfalls Mojito-Genießer.

Das Essen war typisch kubanisch: Es gab Reis, gebackene schwarze Bohnen, frittierte Kochbananen, Maniokknollen und Schweinerippchen oder -schnitzel. Einfach, aber lecker. Während wir auf unsere Bestellung warteten, betrachteten wir die Wände dieses Etablissements: Sie waren gepflastert mit zahlreichen Bildern und Autogrammen von prominenten und nicht so prominenten Gästen, Schauspielern, Künstlern, Schriftstellern, Komponisten, aber der mir bekannteste war Ernest Hemingway. In einem der Rahmen steckte ein handschriftlicher Zettel von ihm:

»My mojitos in la Bodeguita, my dairquiris in el Floridita!«

Nun, um die Daiquiris in El Floridita konnten wir uns am nächsten Abend kümmern, die Busfahrt steckte uns doch ziemlich in den Knochen, und wir hatten ja noch ein paar Tage Zeit.

Nach dem Essen gab es in der Bar Live-Musik, lockere

Salsa und klassische Chansons aus der Region. Wie ich da saß, eine dicke Zigarre in der einen und ein noch halb volles Glas in der anderen Hand – da kam ich mir wirklich vor wie im Urlaub.

Aber auch der schönste Kurzurlaub ging einmal zu Ende, drei Tage später steckten wir schon wieder in der Uniform und fuhren zum Flughafen José Martí. Bevor wir auf unseren Flieger konnten, der tapfer auf dem kochenden Vorfeld vor sich hin glühte, mussten wir uns umfangreichen Passkontrollen stellen. Zu groß war die Gefahr, dass wir verkleidete Kubaner waren und die gebeutelte Insel heimlich verlassen wollten! Damals passierte es oft genug, dass verzweifelte Seelen sich im Flugzeug versteckten, in der Hoffnung auf ein besseres Leben im Westen. Und oft ging diese Flucht tragisch aus – etwa in einem Frachtraum, der während des Fluges weder ausreichend temperiert noch mit genügend Sauerstoff versorgt wurde, oder sogar im Schacht des Fahrwerks – nach dessen Einfahren kein Platz mehr für den Flüchtling blieb. Einen Flug, der fast zehn Stunden von Kuba nach Düsseldorf gedauert hatte, werde ich daher nie vergessen. Beim anschließenden Check durch die Technik fanden die Kollegen die gefrorene Leiche eines Kubaners im hinteren Teil des Hauptfahrwerkschachts. Dort musste sich der arme Mensch vor dem Abflug versteckt haben in der irrsinnigen Annahme, auf diesem Weg in die Freiheit zu gelangen. Noch heute läuft mir ein eiskalter Schauer den Rücken runter, wenn ich an diese Geschichte denke. Die sofort alarmierte Bundespolizei konnte den Toten, steif gefroren wie er war, nur mithilfe unserer Techniker aus dem Schacht ziehen. Es dauerte Stunden, bis die Leiche von minus 65 Grad Celsius auf die herrschenden 25 Grad Außentemperatur erwärmt werden konnte. Wahrhaftig kein schöner Tod.

Unsere Flugzeit war geplant mit 9 Stunden 30 Minuten, recht lang für einen Rückflug nach Deutschland, da die Winde über dem Atlantik im Allgemeinen in Richtung Osten wehen, je nach Jahreszeit mit bis zu 315 km/h. Ab 111 km/h nennt man diese Winde bereits Jetstreams. In ihren Randbereichen kam es immer zu Turbulenzen, aber war man einmal im Zentrum, konnte man sich den Wind wunderbar zunutze machen und phantastische Geschwindigkeiten erreichen – einmal erreichte ich sage und schreibe 1145 km/h über Grund! Das war nahezu Schallgeschwindigkeit! Es war ein berauschendes Gefühl, auch wenn ich keine Referenzen außerhalb des Flugzeugs hatte, an denen ich die Geschwindigkeit festmachen konnte. Aber ich hatte die ganze Zeit fasziniert den Geschwindigkeitsmesser im Blick und zählte jeden einzelnen Knoten auf der Skala nach oben mit.

Unser vorliegender Flugplan konnte anscheinend keinen dieser praktischen Jetstreams mit berücksichtigen, sehr schade. Stattdessen führte uns der Weg durch die Nacht entlang der Ostküste der USA über die Atlantikroute Nummer 6, vorbei an Bermuda und Neufundland. Dort würden wir den Atlantik überqueren und Europa auf der Höhe von Shannon in Irland erreichen.

Nachdem wir im Cockpit unsere Vorflugbesprechung abgeschlossen hatten, bei der wir die Wetterkarten und den Flugplan durchgingen, und die zu tankende Kerosinmenge inklusive einiger Reserven festgelegt war, verließ ich das Flugzeug, um nach unserem Crewgepäck zu sehen. Zu gern vergaßen die Lademannschaften, diese Koffer in den extra dafür vorgesehenen, separaten Frachtraum zu laden. Dann gab es zu Hause eine böse Überraschung und viel Rennerei, bis die Koffer hoffentlich wieder auftauchten. Das konnte mehrere Tage dauern, und hatte man in der Zwischenzeit schon wieder eine Langstrecke auf dem Plan, musste man dann entweder schnell einen Ersatzkoffer besorgen oder mit einer modischen Plastiktüte fliegen. Da schaute ich doch lieber vorsorglich mal in das Crewbaggage Compartment. Als ich mich von der ordnungsgemäßen Verladung unseres Gepäcks überzeugt hatte und es an der Sichtkontrolle unserer Maschine auch nichts auszusetzen gab, kehrte ich zurück ins Cockpit und wollte die Flugroute in das Flugmanagementsystem eingeben. Man stelle sich dazu einen kleinen Computer mit Bildschirm und Tastatur vor. Dabei wurden die geografischen Koordinaten in Länge und Breite über die kleine Tastatur eingegeben, auf dem Bildschirm überprüft und der Reihe nach abgespeichert, bis die komplette Strecke bis zur Landung in Düsseldorf in der Box war.

Ungeduldig, wie Speedy war, hatte er die Navigationsanlage bereits in Betrieb genommen. Normalerweise gab ein Pilot die Position des Flughafens ein, startete das Navigationssystem und dann die Wegpunkte entlang der Flugstrecke. Der andere Pilot – oder aber der Flugingenieur – bestätigte hinterher die Richtigkeit der eingegebenen Daten. So war man sicher, später keinen Navigationsfehler zu machen, der einen von der geplanten Flugroute wegführte. Bei diesen alten Navigationsanlagen musste man sehr aufpassen, dass nördlich und südlich des Äquators nicht verwechselt wurde, denn die Anlage konnte Nord und Süd nicht unterscheiden. So passierte es häufiger, dass Piloten zum Beispiel statt 10 Grad Süd 10 Grad Nord in den Computer eingaben, weil sie sich im Allgemeinen nur auf der nördlichen Halbkugel aufhielten und damit mal eben einen Fehler von 1200 Nautischen Meilen zwischen der tatsächlichen Position und der Position des Navigationsgerätes programmierten. Es gab dabei auch keine Fehlermeldung oder Warnung für den Piloten. Waren die Daten einmal falsch eingegeben, die Flugzeugposition gespeichert und der Flieger in der Luft, konnte man den Fehler nicht mehr beheben, da der Rechner das nicht zuließ. Dies hätte zu einer immer größer werdenden Abweichung von der Flugstrecke geführt mit der Folge, nie ans gewünschte Ziel zu kommen.

Auf meine Frage nach der Bestätigung der Daten nuschelte sich Speedy etwas in den Bart, was sich anhörte wie: »Haben wir alles schon gemacht.«

Ich gab mich damit zufrieden, schließlich war er der erfahrene Langstreckenflieger und ich das Greenhorn, also sollte ich ihm vertrauen. Eine Stunde später hoben wir ab in Richtung Bahamas. Speedy übernahm die Funkgespräche, ich flog den TriStar durch die Nacht. Von Kräcker hörten wir nicht viel – lebte der alte Flugdinosaurier eigentlich noch? Nach einer kurzen Frage in die rechte Ecke hinter mir bestätigte er:

»Oh yes, everthing's fine here«, und gähnte laut.

Na, dann. Es wurde ziemlich schnell dunkel, trotzdem hatten wir noch gute Sichten, und es versprach die nächsten Stunden entlang der Ostküste ruhig zu bleiben. Gleichmäßig brummten unsere drei Motoren vor sich hin, ein angenehmer Sound, der mir stets das Gefühl von Sicherheit gab.

Unser Rückflug führte wie üblich über sogenannte »Fixe«. Dies waren bestimmte geografische Positionen auf der Flugkarte, die im Flugplan abgeflogen werden mussten und mit deren Hilfe überprüft wurde, ob man zeitlich richtig lag und wie viel Kerosin man mehr oder weniger verbraucht hatte. Nachdem wir die ersten Fixe auf dem Flugplan passiert hatten, stellte ich erstaunt fest, dass die Berechnungen nicht mit den aktuellen Daten übereinstimmten. Ich nahm mir vor, beim nächsten Fix in einer halben Stunde noch einmal genau hinzusehen und zu kontrollieren, ob unser Kurs wirklich korrekt war. Wenig später hatte ich Klarheit: Der Navigationsfehler wurde immer größer, inzwischen waren wir schon gut 35 Kilometer östlich von unserer vorgesehenen Route, und ich zerbrach mir den Kopf, wie das hatte passieren können. Die meisten Navigationsfehler konnte ich ausschließen, und zum Schluss blieb nur noch eine plausible Erklärung: Falscheingabe der Startposition in Havanna! Verdammt, hatte Speedy nicht gesagt, er hätte sich die Daten von Kräcker bestätigen lassen? Oder war es das, was ich hatte hören wollen? Klarer Fall von mangelhafter Kommunikation. Wie auch immer, Fakt war, dass die Daten anscheinend die verkehrten waren, und damit nahm das Chaos seinen Lauf.

Bevor wir in den Luftraum über dem Atlantik einflogen, musste alles wieder stimmen. Die gesetzlichen Bestimmungen verlangten zu dieser Zeit, dass ein Verkehrsflugzeug, das in diesen speziellen Luftraum ohne erdgebundene Navigationshilfen einflog, mit speziellen Navigationsgeräten ausgerüstet war. In unserem Fall waren das zwei Trägheitsnavigationsanlagen und ein sogenanntes Omega. Bei der ersten Anlage wurden Kreisel zur Navigation eingesetzt und Beschleunigungswerte und Drehraten in ein mathematisches Verhältnis gesetzt, bei der letzteren Anlage waren weltweit acht Sendestationen verteilt, die eine sogenannte Hyperbelnavigation ermöglichten. Beide Verfahren deckten sich aus Sicherheitsgründen gegenseitig ab und ermöglichten eine Navigation mit der benötigten Genauigkeit.

Der MNPS (minimum navigation performance system)-Luftraum war speziell für das Überfliegen des Atlantischen Ozeans geschaffen. Hier wurden je nach herrschenden Winden täglich Ost- und Westflugrouten neu festgelegt, immer so, dass die Flieger möglichst schnell ihr Ziel erreichen konnten. Man konnte maximal einen Navigationsfehler von 6,3 Nautischen Meilen oder 11,7 Kilometern links und rechts vom Flugweg haben, sonst durfte man nicht einfliegen oder musste den Raum zum Schutz der anderen Flugzeuge verlassen. Also, was konnten wir tun?

Speedy wurde auf einmal unruhig, offenbar kämpfte auch er um eine Lösung. Als Erstes nahm er mir das Flugzeug weg und steuerte selbst. Den Grund dafür verstand ich nicht, denn einen Lösungsansatz hatte der Chef offenbar auch nicht. Das war sicher peinlich. Eigentlich war das mein Flug, denn er war nach Holguin geflogen, und auf dem Rückweg flog dann normalerweise der andere Pilot. Was sollte das jetzt bedeuten? Anscheinend sollte ich seinen Fehler finden. Obwohl ich ihn mehrfach darauf ansprach, kam keine Antwort. Kommunikation war nicht Speedys Leidenschaft, dabei war Zusammenarbeit im Cockpit ein Gesetz. Teile dein Wissen, aber auch dein Nichtwissen – nur so waren Fehler einzugrenzen und zu beheben.

Inzwischen waren wir nördlich von Bermuda, und ich rief New York Radio auf Kurzwelle, schilderte unser Problem und bat um die Übermittlung eines sogenannten Radarplots, die auf dem Küstenradar ablesbare ungefähre Position unseres Flugzeugs. Damit konnten wir die Navigationsanlage füttern und ein Update versuchen, wenn der Navigationsfehler noch relativ klein war – und dann wäre das Problem gelöst.

Aber ich hatte mich zu früh gefreut, das Update scheiterte nämlich, der Rechner nahm die Position gar nicht mehr an. Der Fehler war inzwischen zu groß für eine Korrektur, und die Tastatur wurde vom System nicht für eine Eingabe freigegeben. Unser Flieger wurde zwar vom Autopiloten gesteuert, so wie es bei Verkehrsflugzeugen vom Hersteller und von der Zulassungsbehörde vorgeschrieben ist, und unsere Kurse erhielten wir normalerweise auch vom Navigationsrechner, der auf den Autopiloten aufgeschaltet war und den wir am Boden mit der Flugroute gefüttert hatten. In unserem akuten Fall aber führten wir die Navigation mithilfe der Bodenfunkfeuer durch, da die Trägheitsnavigation ja versagt hatte. So konnten wir unseren weiteren Flug nach Gander sicher durchführen.

Bermuda lag mittlerweile weit hinter uns, und ich hatte uns einen bodenradargeführten Kurs nach Bangor im Bundesstaat Maine geben lassen, den der Autopilot nun stur verfolgte, solange ich ihm den Kurs über das entsprechende Bedienpanel vorgab. Die Trägheitsnavigationsanlage war zur Steuerung des Autopiloten nicht mehr zu gebrauchen.

Während ich funkte, hackte Speedy wie irre auf der Tastatur des Computers herum, wohl immer noch in dem hoffnungsvollen Glauben, seinen Fehler beheben zu können. Aber es funktionierte nicht, er machte es nur noch schlimmer, und so blieb uns nur noch eine einzige Option: am nächsten für uns günstigen Airport zu landen und die Anlage neu zu programmieren, denn eine Atlantiküberquerung war mit diesem Fehler nicht erlaubt. Ich versuchte meinen beiden Kollegen zu vermitteln, was zu tun war, aber ich stieß zunächst auf taube Ohren. Speedy wurde sich der Tragweite seiner Fehlentscheidung offenbar immer mehr bewusst, hatte aber noch keine Idee, wie er den Flieger wieder auf Kurs kriegen konnte. Er wollte nach Bermuda zurückfliegen in der Hoffnung, dort doch noch die richtige Position eingeben zu können. Ein weiterer Fehler, den ich ihm aber mit keinem vernünftigen Mittel ausreden konnte. Wertvolle Zeit und vor allem Kerosin wurden verbraucht, ohne dass uns das weiterbrachte. Irgendwann reichte es mir, ich wollte Ordnung in das Chaos bringen. Ich sah Speedy eindringlich an und fragte ihn frech:

»Wer fliegt denn hier eigentlich das Flugzeug – Sie oder ich?« Er stutzte einen Moment, antwortete dann: »You have control«, und gab mir damit das Flugzeug zurück. Aha, offenbar war er inzwischen doch zu einer Zusammenarbeit mit mir bereit. Zu diesem Zeitpunkt wusste ich schon, dass es mächtig Ärger seitens der Firma geben würde, immerhin würde eine Zwischenlandung an der amerikanischen Ostküste einen fünfstelligen Betrag kosten. Wie auch immer, wir mussten zuerst einmal aus dem Schlamassel rauskommen. In der Zwischenzeit hatte ich mir überlegt, wie dies zu bewerkstelligen war. Es war an der Zeit, eine Ansage zu machen. Mit diesem Gedanken war ich wohl nicht allein, denn die Cockpittür öffnete sich, und Frauke, unsere Purserette, kam herein.

»Sag mal, Cornelius, wir haben gerade so eine lang gezogene Kurve geflogen, stimmt irgendwas nicht? Fliegen wir woanders hin? Einige unserer Gäste haben mich gefragt, ob es richtig sei, dass der Mond plötzlich auf der anderen Flugzeugseite zu sehen ist? Ich kann das leider nicht erklären, da seid ihr gefragt.«

Noch bevor ich etwas erklären konnte, beantwortete schon der Chef ihre Frage: »Also, das ist so: Wir haben ein Problem mit unserer Navigationsanlage und müssen die jetzt überprüfen. Das geht aber nur, wenn wir Bermuda nochmals überfliegen, deshalb die Kurve.«

Frauke schluckte, und es dauerte einen Moment, bis sie erwiderte: »Dann wäre ich Ihnen sehr dankbar, wenn Sie den Gästen etwas dazu sagen, die glauben sonst noch, wir wären entführt worden!«

Frauke schaute abwechselnd Speedy und mich an und wartete auf eine Antwort. Speedy rang mit sich, dann sagte er: »Wir versuchen jetzt, den Fehler über Bermuda zu klären, dann werde ich den Gästen dazu eine Erklärung geben. Reicht Ihnen das?«

Er schaute ziemlich giftig drein, und jeder von uns hatte das Gefühl, dass es besser war, fürs Erste nichts mehr zu sagen.

»Selbstverständlich, Sie sind der Boss.« Frauke schüttelte kaum merklich den Kopf, Sekunden später flog die Cockpittür mit Schwung ins Schloss.

Der Versuch, die Navigationsanlage über Bermuda auf die richtige Position zu programmieren, scheiterte, wie ich befürchtet hatte. Es wurde Zeit, dass ich etwas unternahm, und so begann ich dem Kapitän meinen Plan zu erklären:

»Wir fliegen jetzt nach Gander in Kanada. Dort gibt es Vertragstechniker, die sich mit unserer alten Dame hier bestens auskennen und notfalls helfen können, falls wir sie brauchen.« Ich war mir sicher, dass dies nicht der Fall sein würde, aber das behielt ich vorerst für mich. Wenn der Fehler von meinen beiden Cockpitkollegen verursacht worden war, konnte ich ihn am Boden ohne Hilfe von Technikern beseitigen.

Kräcker erhielt von Speedy den Auftrag, über Kurzwellenradio die Firma zu informieren. So konnte Gander vorgewarnt werden, und die Firma wusste, wo wir steckten. Mit Sicherheit würden die Fluglotsen, nachdem sie unsere neue Destination erfahren hatten, ein Telex an alle betroffenen Stellen senden, damit wir nicht als verschollen galten.

Es war ein Leichtes, mithilfe von Radarkursen der Lotsen und den Funkfeuern an der Ostküste am Boden den Flieger nach Gander zu bringen. Dafür benötigten wir die defekten Geräte nicht. Der Kapitän nickte, Kräcker brummte nur vor sich hin. In Ermangelung eines besseren Vorschlags setzten wir meinen Plan in die Tat um. Der Flugingenieur holte routinemäßig die Wetterdaten der auf dem Weg liegenden Flughäfen ein, denn sollte eine Landung aus wettertechnischen Gründen in Gander nicht möglich sein, brauchten wir Plan B als Ausweichflughafen in der Tasche. Speedy informierte sodann die Flugsicherung über unser Vorhaben, eine technische Zwischenlandung in Gander machen zu wollen. Schön war leider etwas anderes – wir hatten Winter, es war Nacht, die Temperaturen gingen immer weiter in den Minusbereich, und dazu fiel Schnee. Die Airports an der Ostküste der USA und Kanadas meldeten starken Schneefall und schlechte Sichten. Auch das noch! Ein Problem kam ja bekanntlich selten allein. Noch während Kräcker das Wetter der einzelnen Flughäfen abfragte, machten die ersten Flugplätze aufgrund von dichtem Schneetreiben dicht – Landung unmöglich. Gander hatte noch die besten Wetterbedingungen, genauso wie der von uns ausgewählte Ausweichflughafen Boston, beide waren anfliegbar. Das Schneetreiben nahm weiter zu, und Gander meldete ein paar Zentimeter Schnee auf der Landebahn. Ich war noch nicht oft auf diesem fluffigen weißen Zeug gelandet, aber sofern die Sichten gut blieben, gab es keinen Grund, dort nicht runterzugehen. Speedy sah immer noch ziemlich mitgenommen aus. Ich war gerade dabei, mich für die Landung innerlich zu sammeln, da quäkte folgender Funkspruch aus unserem Lautsprecher:

»Gander, Gander – dies ist Cubana 156, wir erklären Luftnotlage, ein Triebwerk ist ausgefallen, erbitten Radarführung direkt nach Gander Airport. Befinden uns in einem Schlechtwettergebiet!«

Ach, du dicker Hund, der andere Flieger war ja ganz in der Nähe! Ich drehte den Lautstärkeregler höher und lauschte gebannt. Sekunden später knisterte eine Reihe von Fragen vom Lotsen aus dem Äther:

»Was für ein Flugzeugtyp sind Sie, und wie viele Passagiere haben Sie an Bord? Wo kommen Sie her, und was ist Ihr Ziel?«

Der kubanische Pilot antwortete kurz und knapp: »Iljushin 62, 168 Passagiere an Bord, von Havanna nach Berlin-Schönefeld.«

Es britzelte wieder theatralisch in der Leitung, ich

konnte mit den Jungs in der Cubana-Maschine gut mitfühlen. Die IL62 hatte vier Triebwerke am Heck, leider waren sie nicht sehr zuverlässig, und gern fiel mal das eine oder andere bei diesen Maschinen aus russischer Produktion aus. Geld für Wartung und Reparatur war bei den Kubanern damals schon Mangelware. Mit nur drei Viertel der Leistung sich durch so ein mieses Wetter zu manövrieren war schon sportlich. Das derzeitige Adrenalin-Potenzial der Cubana-Crew konnte sicher aus einer müden Hauskatze einen fauchenden Tiger werden lassen.

Wenig später meldete sich der Fluglotse in Gander wieder:

»Okay, Cubana 156, Notruf um 23.45 UTC bestätigt. Fliegen Sie Steuerkurs 335 Grad, die Flughafenfeuerwehr ist informiert. Sie sind noch acht Minuten vom Platz entfernt.«

Da kam an diesem Abend wirklich einiges zusammen. Während wir unsere eigene Landung vorbereiteten, hörten wir über Funk die Kubaner mit ihrer schlechten Ausrüstung trotz Schneesturms sicher landen. Na, wenn die es schafften, sollte es doch für unseren dicken TriStar ein Klacks sein. Ich redete mir selbst Mut zu, obwohl ich immer noch ein Kribbeln im Bauch und vor der Landung allergrößten Respekt hatte. Speedy wurde im Anflug immer kleinlauter, keine frotzelnden Sprüche, keine Ironie – er sagte eigentlich gar nichts mehr. Kräcker war zum Glück wieder voll bei der Sache, er war ganz der Herr der Knöpfe an seinem Flugingenieurs-Panel und kümmerte sich um die Triebwerksleistung.

Wir hatten noch knapp dreißig Minuten bis zum Platz und die Freigabe von Gander Control für den Sinkflug erhalten. Der Autopilot steuerte wie üblich den Flieger, ich musste ihm nur Kurs, Höhe und Geschwindigkeit vorgeben. 18 Kilometer vor dem Flugplatz erhielten wir die

Freigabe zum Anflug für Landebahn 03. Ich drehte das Minimum für die Entscheidungshöhe in den Radarhöhenmesser, schaltete das Instrumentenlandesystem auf den Autopiloten und begann den Anflug. Auf mein Kommando setzte Speedy die Landeklappen immer eine Stufe weiter, und ich reduzierte die Fluggeschwindigkeit entsprechend. Sauber sank unser Flieger auf dem Gleitstrahl hinab.

Erst kurz vor dem Minimum von 200 Fuß oder 60 Metern, bei dem ich bei fehlendem Kontakt zum Boden hätte durchstarten müssen, sah ich endlich die Anflugbefeuerung und kurz darauf die Landebahn! Sie war weiß – komplett schneebedeckt, aber der Wind war in diesem Moment zum Glück nur schwach und kam von vorn. Ich schaffte es tatsächlich, den Flieger einigermaßen sanft auf die Bahn zu setzen. Die Geschwindigkeit baute zügig durch den Umkehrschub ab, und nach 1800 Metern waren wir bereits so langsam, dass der Kapitän das Flugzeug übernehmen konnte – der TriStar verfügte nur über eine einzige Steuerung für das Bugrad, und die befand sich auf der Kapitänsseite –, um die Maschine zur angewiesenen Parkposition zu rollen.

Kaum hatte das Flughafenpersonal eine Treppe an der vorderen Tür positioniert, kamen auch schon zwei Techniker unseres Vertragspartners in Kanada und ein kanadischer Grenzbeamter an Bord. Man wollte vor Ort die Möglichkeit ausschließen, dass 288 Kubaner um Asyl in Kanada baten – gut, dass wir nur deutsche Touristen an Bord hatten. Niemand durfte in der Bodenzeit den Flieger verlassen. Unsere Navigationsanlage zeigte inzwischen einen Fehler von 180 Kilometern an.

Noch bevor die Techniker die Erlaubnis des Kapitäns erhielten, etwas zu reparieren, hatte ich die Trägheitsnavigationsanlage neu gestartet, und siehe da – nach zwanzig Minuten war alles in Ordnung, und die geografischen Koordinaten des Flughafens stimmten mit unserem System überein. Eine teure und vor allem überflüssige Zwischenlandung hatten meine beiden Spezis da provoziert – nur weil sie es so eilig hatten, nach Hause zu kommen. Mit einem neuen Flugplan versehen und frisch aufgetankt, reisten wir eine Stunde später endlich gen Düsseldorf. Unser anderthalbstündiger Irrflug wäre nicht nötig gewesen, wenn der Kapitän sich an die geltenden Verfahren gehalten hätte.

Die Gäste schienen Speedy verziehen zu haben, jedenfalls bedankten sich die meisten beim Aussteigen in Düsseldorf bei unserer Besatzung für den netten Flug. Ich bin mir sicher, wären wir nicht in Gander gelandet, die meisten hätten nichts von alledem mitbekommen. Speedy würde dem Flugbetriebsleiter einiges erklären müssen, und ich wollte nicht in seiner Haut stecken. Ich persönlich zog aus diesem Vorfall eine wichtige Lehre für die Zukunft: Halte dich immer an die Betriebsverfahren, und wenn du noch so erfahrene Kollegen dabeihast, glaube nur, was du mit eigenen Augen gesehen und überprüft hast.

German Transatlantic Airways war also nicht »verschollen«, sondern nur mal kurz ein bisschen »Off-track« unterwegs. Alles halb so wild.

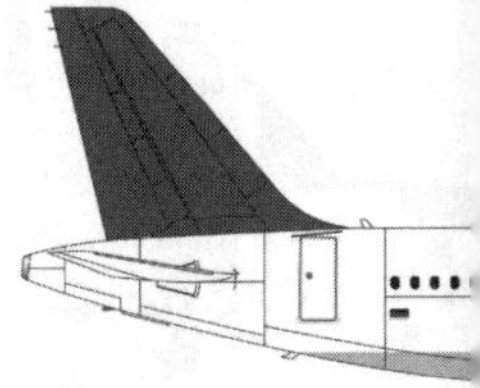

Der Fall aus den Wolken

Einen Copilotenplatz auf dem Lockheed-TriStar – kurz: L-1011 – zu bekommen war seinerzeit, Ende der Achtzigerjahre, alles andere als einfach. Der TriStar war im Vergleich zu meinem vorherigen Arbeitsplatz auf der Douglas MD 80 eine imposante Langstreckenmaschine mit Platz für 288 Passagiere, er war 50 Meter lang, die Spannweite erstreckte sich ebenfalls über 50 Meter, und er war ausgestattet mit drei kräftigen Rolls-Royce-Triebwerken, die beim Start sympathisch brummten wie ein alter Rasenmäher. Jeder Pilot wollte ihn fliegen!

Im Cockpit arbeiteten damals drei Mann: Neben dem Kapitän und dem Copiloten befand sich noch ein Flugingenieur mit an Bord, dessen Arbeitsbereich die Kontrollinstrumente und Anzeigetafeln im hinteren Bereich des Cockpits waren. Hier konnten die verschiedenen Systeme des Flugzeugs überwacht werden. Die zahlreichen Lämpchen, Schalter und Anzeigeinstrumente informierten nicht nur über die Hydraulik, die Klimaanlage und die Stromversorgung, sie zeigten auch die genaue Kerosinverteilung in den verschiedenen Tanks an. Eine besondere Aufgabe des Flugingenieurs war es, dafür zu sorgen, dass beim Start und im Steigflug alle drei Triebwerke synchron liefen und sie die notwendige Leistung erbrachten, um die Lady nach oben zu schrauben. Gern aber war er auch in der Kabine gefragt, etwa um aus dem Stand kleinere Wehwehchen zu reparieren oder den Flugbegleitern störrische Trolleys von hinterlistigen Verriegelungspilzen zu holen.

Der TriStar war ein ehrliches und absolut sicheres Flugzeug, technisch ein Leckerbissen und seiner Zeit um Jahre voraus. Konstruiert von Lockheed Aerospace und gebaut in Palmdale, Kalifornien, hatte diese Maschine ihren ganz eigenen Charme. In Fachkreisen hieß sie »pilots aircraft« oder »Lucky ten eleven«: Kein anderes Flugzeug mit drei Triebwerken war so einfach zu fliegen, hatte solch ein geräumiges Cockpit und war bei aller Gutmütigkeit auch noch so zuverlässig.

1995 begann die Firma, die L-1011 auszuflotten. Sie war in die Jahre gekommen, unsere silber-rote Cola-Dose, wie sie der Tower in Düsseldorf wegen ihrer knallroten Lackierung liebevoll genannt hatte. Sie war ein leuchtender Stern der Siebziger, was nicht zuletzt die poppig bunte Kabinenausstattung in Orange und Lila sofort verriet. Die Maschine verbrauchte inzwischen jedoch viel zu viel Kerosin und war einfach nicht mehr zeitgemäß. Der Airbus A330 konnte höher und damit kerosinsparender fliegen, besaß mehr Leistung und benötigte knapp 3,4 Liter Kerosin je Sitzplatz auf 100 km. Aufgrund dieser Wirtschaftlichkeit war er weit effizienter und moderner. Ein neuer »Hightech-Flieger«.

Ich jedoch liebte den TriStar, er war technisch vollkommen ausgereift, ja nahezu perfekt: Er flog sehr schnell, war trotz seiner imposanten Größe so wendig wie eine kleine Cessna, aber dennoch kaum anfällig für Turbulenzen. Er flog elegant, verzieh auch kleine Fehler und war schon damals ausgestattet mit so luxuriösen Dingen wie einer Scheibenwaschanlage, beleuchteten Fahrwerksschächten und den größten Cockpitscheiben, die je in ein Verkehrsflugzeug gebaut wurden. Wenn ich in seinem Cockpit saß, hatte ich absolutes Vertrauen. Mit der alten Dame fühlte ich mich quasi verheiratet, aber nach sechs

Jahren »Ehe« bewarb ich mich dennoch auf ihren Nachfolger. Schweren Herzens. Doch der Fortschritt war nicht aufzuhalten, und ich wollte einfach vom ersten Tag an auf dem neuen Flieger dabei sein. Mit »Oldtimern« war das aktuelle Geschäft wirtschaftlich nicht zu bewältigen.

Einige Unverbesserliche sagen dem TriStar nahezu ein Eigenleben nach – ein Flugzeug mit Seele. Gibt es so etwas? Bevor ich meine Pilotenlizenzen machte, hatte ich Maschinenbau studiert. Schon damals war mir klar, dass ich es dabei nicht belassen und irgendwann selbst eines dieser Wunderwerke der Technik steuern wollte. Somit bin ich als Ingenieur tendenziell wenig abergläubisch, aber dass mir genau einen Flug vor der endgültigen Umschulung auf den Airbus die folgende Geschichte passierte, stimmte mich damals schon nachdenklich – und vergessen werde ich es nie!

Es war irgendwann im Januar 1995. Wir hatten einen Umlauf nach Südamerika gewonnen, der uns sechs sonnige Tage dem deutschen Winter entkommen ließ. Ich war froh über die Abwechslung, zumal es zwischen meiner ersten Frau Sibille und mir gewaltig kriselte. Irgendwie war die Langstreckenfliegerei nicht kompatibel mit dem, was wir uns unter einem Eheleben vorgestellt hatten. Sie war froh, wenn ich zu Hause war, und hatte dann tausend Sachen auf dem Zettel, was ich tun sollte, wo wir hingehen mussten und was sonst noch zu erledigen war. Dass ich nach einer Langstrecke vor allem eines war – nämlich müde und kaputt –, ließ sie völlig außer Acht. Schade, ich hätte mir da etwas mehr Verständnis erhofft.

Ehrlich gesagt hatte ich mir die Fliegerei auch nicht so anstrengend vorgestellt. Heute hier, morgen da, mal neun Stunden vor, mal sechs Stunden zurück in der Zeit – ob man sich an Jetlag wohl gewöhnte? Während wir in 11 000 Metern Höhe völlig entspannt über den Atlantik flogen, brodelte es in mir. Der Job hatte anscheinend nicht nur Sonnenseiten, und das wurde mir langsam bewusst.

Wir flogen zuerst nach Barcelona in Venezuela, brachten den Flieger einen kleinen Hopser weiter auf die Isla Marguerita, hatten dort vier Tage frei und flogen in umgekehrter Reihenfolge wieder nach Hause.

Auf der Isla Marguerita, einer geradezu winzigen Insel der Kleinen Antillen vor der Küste Venezuelas, herrschten konträr zu unserem Frostwetter daheim hochsommerliche Temperaturen, und so schwitzten wir bei über 35 Grad im Schatten am herrlich weißen Sandstrand. Ich genoss die Tage mit süßem Nichtstun und Dösen unter Palmwedeln. Bei der kommenden Umschulung auf den neuen Airbus würde mir noch früh genug der Kopf rauchen.

Viel zu schnell war der Aufenthalt vorbei. Unser Check-in fand am späten Nachmittag statt, und wir fuhren durch die immer noch drückende Hitze zum Airport. Der TriStar erwartete uns schon auf dem glühenden Vorfeld. Die Luft flirrte; die Temperaturen auf dem heißen Asphalt ließen den Schweiß in Strömen fließen, als wir unser Gepäck zum Frachtraum zogen, und mir klebte das weiße Uniformhemd bereits unangenehm im Kreuz. Ein rohes Ei würde hier zweifelsfrei auf dem schwarzen Teer in kürzester Zeit zum Spiegelei mutieren.

Unser Flugingenieur Smitti machte sich sogleich an der Aircondition zu schaffen, und binnen Kurzem quoll kalte Luft als weißer Nebel aus den Lüftungsschlitzen an der Kabinendecke. Unsere Vorflugbesprechung hielten wir im Cockpit ab, ein eigenes Büro gab es für uns auf diesem kleinen Flugplatz nicht. Zusammen mit Wilbert, dem Kapitän, und Smitti studierte ich die Wetterkarten, und wir verglichen die Informationen mit der von der Firma vorausgeplanten Flugroute.

Smitti musste noch einmal hinaus in die Hitze, um wie vor jedem Abflug den Outside-Check zu machen. Seine Sichtkontrolle begann an der linken Seite des Fliegers. Die wichtigsten Checkpunkte führten ihn zum Bugrad, welches er auf Verschleiß, tiefe Schnitte und durchgescheuerte Stellen kontrollieren musste. Nicht zu vergessen den Taxi-Scheinwerfer, der beim Rollen am Boden den Taxi-Weg beleuchtete und keine Risse im Glas haben durfte. Eindringende Feuchtigkeit würde ihn in kürzester Zeit unbrauchbar machen. Mit einem Blick unter das Radom, die Radarnase, vergewisserte er sich, dass die beiden Verriegelungen eben mit der Flugzeughaut waren, ein sicheres Zeichen dafür, dass der Mechanismus korrekt verriegelt war. An den beiden Hauptfahrwerken prüfte er zusätzlich die Stärke der Bremsbeläge und die Fahrwerksbeine auf Ölverluste. An den Tragflächenspitzen und am Heck mussten die Positionslampen für den Nachtbetrieb einwandfrei funktionieren. Rot rechts, grün links und weiß am Heck, wie in der Seefahrt. Die Triebwerkseinlässe mussten frei von Beulen sein, vor allem durften sie keine Beschädigung aufweisen. Smittis Blick galt natürlich auch der gesamten Außenhaut, den Türen und den Frachtraumklappen. Hier galt ebenso: Keine Beule oder andere Verletzungen der Außenhaut waren erlaubt.

Unterdessen fütterten der Kapitän und ich den Bordcomputer mit den aktuellen Flugdaten und trafen uns kurz zum Briefing mit der Kabinencrew. Die Purserette Sophia und ihre Mädels sahen so aus, als wären sie gern noch länger geblieben. Sie waren braun gebrannt, und nach den gemeinsamen Tagen am Meer hatte sich ein lustiges Trüppchen zusammengefunden, welches sich leider nach der Heimkehr wieder auflösen würde. Für jeden Flug ging eine neue Crew an den Start, und man verstand sich durchaus nicht immer so glänzend wie auf dieser Reise. Aber das Ende unserer amüsanten Gemeinschaft war abzusehen, in der Halle des Inselflughafens warteten 288 Passagiere auf uns, die zurück in die Heimat wollten – oder eben leider mussten.

Das Boarden verlief problemlos, und eine knappe Stunde später hoben wir ab in Richtung Südost. Wir drehten eine große Schleife und nahmen direkten Kurs auf den Atlantik. Das Streckenwetter war schön, es sah nach einem ruhigen Flug aus, die vorausberechnete Flugzeit sollte etwa zehn Stunden betragen. Lediglich im karibischen Bereich – meteorologisch spricht man von der »intertropischen Konvergenzzone« – waren vereinzelt Gewitter angesagt. Diese drangen hier in Höhen von bis zu 45 000 Fuß, also 13 700 Metern – so hoch flog keine Verkehrsmaschine außer der kleinen Concorde, die damals in der Regel in 65 000 Fuß oder 20 000 Metern über jeglichem Wetter zu ihrem Ziel sauste.

Gewitterfeldern wie diesen weicht man besser mit großem Abstand aus, ihre Kraft ist verheerend, ein 230 Tonnen schweres Flugzeug mutiert hier zu einem Wattebausch im Wind. Die Blitze, die Passagiere oftmals ängstigen, wenn sie diese bizarren Lichtgestalten rechts oder links vom Flugzeug durch ihre Fenster sehen können, stellen nicht die eigentliche Gefahr des Gewitters dar. Ein Flugzeug fungiert genauso wie ein PKW weitgehend als Faraday'scher Käfig: Die Blitze treffen das Flugzeug zwar, treten aber aufgrund der fehlenden Erdung wieder aus. Für Crew und Passagiere besteht in der Regel keine Gefahr. Ein Passagier wird einen Blitzschlag sehr selten erleben, ein Flugzeug in seiner Dienstphase sicherlich ein paar Mal.

Blitzeinschläge werden von uns immer dokumentiert – sie äußern sich als dumpfer Schlag oder als lauter Knall, und oft flackert das Kabinenlicht einmal kurz. Die Flugzeuge werden danach besonders gründlich auf irgendwelche Ein- und Austrittslöcher des Blitzes durch unsere

Techniker geprüft. Danach steht dem Weiterflug nichts mehr im Wege.

Wirklich gefährlich an einem Gewitter sind die unberechenbaren Auf- und Abwinde und Windscherungen. Zu Beginn der Düsenfliegerei hatten einige sorglose Piloten sich blind auf ihre Instrumente und die Performance ihrer neuen Flugzeuge verlassen. Mutig flogen sie sogar in gewaltige Gewitterfronten hinein – und nicht wenige bezahlten diese Leichtsinnigkeit teuer. Flugzeuge werden durch die extremen Auf- und Abwinde wie ein Ball durch die Gegend katapultiert. In der Vergangenheit, als die Wetterradaranlagen an Bord noch nicht so gut waren wie heute, konnte es schon mal passieren, dass Piloten unbeabsichtigt in eine größere Wolke einflogen, die sich dann am anderen Ende als Monstrum erwies. Auch die zu erwartenden Regen- und Hagelschauer sind nicht zu verachten. Sie führen dazu, dass in kürzester Zeit Vereisung auftritt, die irgendwann nicht mehr zu beherrschen ist.

Heutzutage meiden Piloten Gewitter wie der Teufel das Weihwasser! Im günstigsten Fall fliegt man über sie hinweg; ist das nicht möglich, weicht man mit respektvollem Abstand seitlich aus. Leider ist dies oft mit großen Umwegen und zusätzlichem Spritverbrauch verbunden. Aber die Sicherheit geht absolut vor. Ein verantwortungsvoller Pilot würde auch nie bei einem Gewitter über dem Flugplatz starten oder landen – übrigens ein häufiger Grund von Verspätungen und Umleitungen auf Alternativflughäfen. Aber auch hier gilt: nichts riskieren! Ein Flugzeug ist kein Auto, mit dem man mal eben rechts ranfahren kann, wenn es einem zu brenzlig wird.

Wir waren noch im Steigflug, kaum zwanzig Minuten nach dem Start, als wir einen riesigen Kumulonimbus direkt vor uns stehen sahen, eine Gewitterwolke vom Feinsten. Unsere Flughöhe betrug gerade mal 25 000 Fuß, wir mussten noch viel höher hinauf, doch die fette Wolke versperrte uns den Weg. Auf diesem Flug war ich der »Pilot flying«, und mein Kollege Weinberg übernahm den dafür notwendigen Funkverkehr.

Sophia war gerade ins Cockpit gekommen, um unsere Getränkewünsche abzufragen. Kapitän Weinfeld zeigte nach vorn links auf die riesige Gewitterwolke, die an ihrer Oberfläche mittlerweile aussah wie eine Linse.

»Schau mal, Sophia, ist das nicht ein imposantes Stück Wetter?«, griente er gönnerisch und strich sich das gegelte Haar hinter das Ohr. »Sieht beeindruckend aus, oder?«

Mir ging das Gegockel meines Chefs auf die Nerven, aber wir wollten ja sachlich bleiben.

Sophia war die rabenschwarze Wolke nicht geheuer: »Da fliegt ihr doch sicher nicht drüber, Jungs, oder?«

»Nein, das ist zu gefährlich«, antwortete ich. »Wir werden den Kurs um 30 Grad nach rechts korrigieren und dann mit einem gepflegten Abstand von etwa 20 Nautischen Meilen daran vorbeisegeln …«

»Oh, gut.« Die Purserette schien zufrieden. »Wir stecken mitten im Aperitif-Service, auf Gewackel können wir gerade wirklich gut verzichten …«

Kapitän Weinfeld winkte ab. »Umschiffen ist völlig unnötig. So viel Energie ist da gar nicht mehr drin. Wir fliegen seitlich über den Schirm.«

Sophia schluckte trocken und murmelte: »Na, denn, gutes Gelingen …«, und verschwand mit grübelndem Gesicht aus dem Cockpit.

Mir war nicht wohl bei der Geschichte. Ich wollte gerade protestieren und unseren Kurs ändern – doch da passierte es auch schon!

Wie von einem Vorschlaghammer ins Gesicht getroffen, bäumte sich das Flugzeug auf. Sein Anstellwinkel, der im normalen Reiseflug circa plus zwei Grad betrug, etwa wie eine leicht schräge Hand nach oben, bäumte sich auf 45 Grad, und die seitliche Schräglage schoss auf fast 60 Grad – so konnte kein Verkehrsflugzeug auf Dauer sicher fliegen! Es war zwar so konstruiert, dass es derartige Belastungen aushielt, aber für den normalen Linienbetrieb waren diese Manöver natürlich nicht zugelassen. Innerhalb von Sekundenbruchteilen hatte uns ein seitlicher Fallwind, der mit exorbitanter Geschwindigkeit direkt neben einem Gewitter steigen oder sinken kann, erwischt und aus unserer Flugbahn katapultiert. Alle Alarmanlagen im Cockpit schlugen an. Es blinkte unübersehbar, der »Stickshaker«, das Warnsystem in der Steuersäule, ließ meine Hände wild vibrieren, ein klares Zeichen für drohenden Strömungsabriss an den Tragflächen. Die automatische Audiowarnung des Flugzeugs plärrte aus den Lautsprechern eindringlich und unüberhörbar: »Stall! Stall! Stall!« – Strömungsabriss!, und mir rutschte das Herz in die Hose. Geistesgegenwärtig drehte ich die Steuersäule nach links und drückte sie nach vorn, um das Flugzeug wieder in die Waagerechte zu bringen und den rasanten Steigflug zu beenden. Gegenwärtig schleuderte uns dieser mit fast 31 Metern pro Sekunde in den Himmel. In wenigen Momenten würde die Strömung an den Tragflächen reißen, die Maschine abkippen und dann mit 288 Passagieren und elf Crewmitgliedern wie ein Stein vom Himmel fallen! Das musste unbedingt verhindert werden!

Mit der linken Hand schob ich die drei Gashebel für die Triebwerksleistung bis zum Anschlag nach vorne und brüllte Smitti an: »Volle Leistung!« Durch meine Adrenalinüberdosis und die Gedanken, die durch meinen Kopf schossen, merkte ich zunächst nicht, dass Weinfeld und Smitti wie versteinert in den Sitzen hingen, unfähig, etwas zu tun. Viel Zeit blieb mir nicht. Noch während meiner wahnwitzigen Korrekturmanöver, in denen der Flieger einige Kilometer weiterschoss, erwischte uns der nächste Fallwind. Diesmal zog er uns aber nach unten, in die entgegengesetzte Richtung. Zeigte mein Geschwindigkeitsmesser eben noch knapp 120 Knoten Fahrt an, weiter abnehmend bei einer Steigrate von 6000 Fuß die Minute, so wurde unsere gutmütige alte Dame durch die enormen Fallwinde nun in einen Sturzflug gezwungen, die Nase steil nach unten! Die Geschwindigkeit explodierte auf fast 86 Prozent der Schallgeschwindigkeit (Mach 0,86 das entspricht 915 km/h) und warf den TriStar gleichzeitig auf die andere Seite. Nun hatten wir eine Schräglage von 45 Grad nach links. Mir drohten die Sinne zu schwinden, immerhin wurde mein Körper innerhalb von Sekunden um ein Mehrfaches der Erdbeschleunigung herumgewirbelt. Gut, dass wir alle wie vorgeschrieben im Cockpit angeschnallt waren. Wie mochte es hinten in der Kabine aussehen? Gab es Verletzte? Panik? Ich hatte in diesem Moment keine Zeit, weiter darüber nachzudenken, hier ging es schlicht darum, nicht aus dem Himmel zu fallen! Ich korrigierte die Querlage nach rechts und zog an der Steuersäule, um weitere Geschwindigkeitszunahmen zu stoppen und die Overspeed-Warnung, ein ununterbrochener, eindringlicher Klackerton, zum Schweigen zu bringen. Gleichzeitig zog ich die Triebwerksleistungshebel in Richtung Leerlauf, das beschleunigte den Bremsvorgang in der Luft, da sich die Fanblätter der Turbine bremsend auf die Luftströmung auswirkten.

Inzwischen waren auch meine beiden Mitstreiter im Cockpit aus ihrer Starre erwacht und halfen mir, das Problem in den Griff zu bekommen. Die gefühlte Zeit im Kampf mit den Fallwinden war endlos – tatsächlich verging vom Auftreten des Problems bis zum Abarbeiten der letzten Checkliste, in der der Zustand des Flugzeugs und seiner Systeme nach solch einem Zwischenfall verifiziert wird, nur eine knappe Viertelstunde. Zweifellos die längste in meinem bisherigen Leben!

Tatsächlich hatte es sich wieder einmal bewiesen, dass wir Piloten für derartige Situationen hervorragend ausgebildet waren. Solche extremen Situationen werden im Simulator ständig durchgespielt und gemeistert. Obwohl ich zugeben muss: Im erdverbundenen Simulator sind solche Aufgaben sicher schweißtreibend; erlebt man derartige Aktionen dann aber live und in Farbe – ohne doppelten Boden –, ist eine Sauna nichts dagegen!

Nachdem die Systeme einwandfrei funktionierten, konnten wir endlich durchatmen. Die Uniform klebte uns am Leib, was diesmal rein gar nichts mit der tropischen Hitze Venezuelas zu tun hatte. Insgeheim wünschte ich mir ein Hemd zum Wechseln, hatte aber leider keines dabei. Smitti stand etwas wacklig auf und ging in die Kabine, um dort die Lage zu sondieren. Komplette Trolleys waren an die Kabinendecke gerauscht, einige Teile der Innenverkleidung waren abgebrochen, überall lag, tropfte oder klebte Verschüttetes. Wie durch ein Wunder war niemand großartig verletzt worden. Smitti verbrachte einen Großteil des Fluges in der Kabine, um die Schäden dort in den Griff zu bekommen, wir berichteten über Funk dem Hauptquartier von dem Zwischenfall. Da keine Schäden an wichtigen Teilen des Flugzeugs entstanden waren, entschlossen wir uns in Absprache mit der Technik, weiter in Richtung Heimat zu fliegen.

Kapitän Weinberg kam nun die pikante Aufgabe zu, den Gästen eine plausible Erklärung für den Vorfall zu präsentieren. Er brauchte eine ganze Zeit lang, um sich zu sammeln, und probierte es in etwa so:

»Meine Damen und Herren, hier spricht Ihr Kapitän, wir sind gerade in die Ausläufer eines Gewitters geraten, dies war leider nicht vorhersehbar. Für die entstandenen Unannehmlichkeiten möchte ich mich bei Ihnen entschuldigen, ich hoffe, Sie haben sich nicht verletzt. Sicher haben Sie sich sehr erschreckt, ich kann Ihnen aber versichern, dass unsere Maschine keinen strukturellen Schaden davongetragen hat. In Gewittern und in ihrer Nähe gibt es energische Auf- und Abwinde, die zu diesen Turbulenzen führen können. Wir werden unseren Kurs jetzt leicht verändern und den Abstand zu dem Gewitter noch mehr vergrößern. Der weitere Flugverlauf sollte dann ruhig bleiben. Ich möchte Sie dennoch bitten, den Sicherheitsgurt zu nutzen, wann immer Sie sich an Ihrem Platz befinden. Turbulenzen treten manchmal eben ganz plötzlich auf. Wir im Cockpit sind an unserem Platz übrigens immer angeschnallt. Sollten Sie darüber hinaus noch Fragen haben, wenden Sie sich doch bitte an unser charmantes Kabinenpersonal. Ich werde mich kurz vor Düsseldorf wieder bei Ihnen mit den aktuellen Wetterdaten melden und wünsche Ihnen vorerst eine angenehme Nachtruhe!«

Kaum hatte Kapitän Weinberg das Mikrofon eingehängt, stürmte Sophia ins Cockpit.

»Das war ja eine ganz tolle Ansage!«, rief sie.

»Ja, nicht? Finde ich auch.« Weinberg fühlte sich geschmeichelt und strich sich zufrieden über sein Hemd.

Aber Sophia holte ihn schnell aus den Wolken. Offenbar hatte Weinberg ihren Sarkasmus nicht bemerkt.

»Das soll ja wohl ein schlechter Witz sein? Die Kabine sieht aus, als hätte eine Bombe eingeschlagen, die Passagiere sind total geschockt und verängstigt, und du wünschst ihnen mal eben so eine gute Nachtruhe?«

»Ich …«, begann Weinberg, aber Sophia war noch lange nicht fertig.

»Und das ›charmante Kabinenpersonal beantwortet all Ihre Fragen‹? Natürlich, total gerne, wenn wir den ganzen Mist aufgewischt und den verstreuten Müll und die herumkullernden Flaschen wieder eingesammelt haben! Warum seid ihr denn nicht, wie Cornelius gesagt hatte, drum herum geflogen?«

Aus Sophias Augen sprühten kleine Blitze, und sie sah Weinberg fordernd an.

»So dicht sind wir überhaupt nicht dran gewesen, meine Liebe«, antwortete er. »Und im Übrigen, was muss ich mir denn von so einem Greenhorn sagen lassen? Wer sitzt denn hier seit zehn Jahren auf dem Kapitänsstuhl?«

Sophia holte tief Luft, um etwas zu erwidern, doch Weinberg kam ihr zuvor.

»Die Diskussion ist beendet, kümmere dich lieber um die Gäste.«

Er kramte eine Zeitung aus seinem Seitenfach hervor und tat so, als ob er lesen würde.

Sophia schaute mich an, sah zu Smitti und verließ dann kopfschüttelnd das Cockpit.

Diese Geschichte ist etwa zwei Jahrzehnte her, und heute frage ich mich, wie sie überhaupt passieren konnte. Hatten wir alle Regeln der Aviatik über den Haufen geworfen, Vorschriften und unsere innere Warnglocke missachtet, nur um eine interessante Gewitterwolke über dem Atlantik zu bestaunen? Im Nachhinein betrachtet und mit den Erfahrungen von heute sage ich Nein. Der Kapitän war ein erfahrener Flieger. Trotz meiner Bedenken entschied er sich, den Kurs nicht zu ändern. Der Flugingenieur hatte unser Gespräch über die Kursänderung nicht mitbekommen und konnte die Gewitterwolke von seinem Platz aus auch gar nicht sehen. Meine Vorsicht war berechtigt, und ich hatte die richtigen Maßnahmen eingeleitet. Jedoch hätte ich auf diese schweißtreibende und grenzwertige Erfahrung problemlos verzichten können! Unsere Maschine musste nach dem Vorfall in einen mehrtägigen kostenintensiven Check. Für uns Cockpitkollegen gab es eine umfangreiche Nachbesprechung beim Flugbetriebsleiter; der Kapitän musste sich einiges anhören. Durch meine geäußerte Warnung und meine untergeordnete Position als Copilot war ich nicht in der Verantwortung. Obwohl das für mich überhaupt keine Rolle spielte. Wichtig war, dass wir alle heil nach Hause gekommen waren.

Das Gefühl von damals kann ich auch heute noch per Gedankenschlag abrufen. Ich habe daraus viel gelernt: Vertrauen in das Flugzeug, Beachtung aller möglichen Vorsichtsmaßnahmen und noch viel mehr Respekt vor der Natur, denn mit Gewitterwolken ist definitiv nicht zu spaßen! In der Zukunft würde ich ihnen noch achtsamer entgegentreten. Ich habe aber auch gelernt, dass es wichtig ist, den Mut zu haben, einem Vorgesetzten zu widersprechen, obwohl er Tausende von Stunden mehr Erfahrung hat, denn das schützt ihn nicht vor Leichtsinn und Selbstüberschätzung. Heutzutage wird auf CRM – Crew Resource Management – sehr viel Wert gelegt. CRM beinhaltet auch die Kommunikation miteinander. Sicher war unser Flug dafür alles andere als ein leuchtendes Beispiel. Für meine kommende Umschulung auf den neuen Airbus A330, der ja nur noch ein Zwei-Mann-Cockpit hat, ohne den Flugingenieur, bedeutete das für mich, in der Zukunft noch mehr Aufmerksamkeit walten zu lassen. Dort mussten im Gegensatz zum TriStar vier Augen und vier Ohren die Verantwortung tragen. Wollte mir die alte Lady das mit diesem Exkurs noch mit auf den Weg geben? Ich war gespannt!

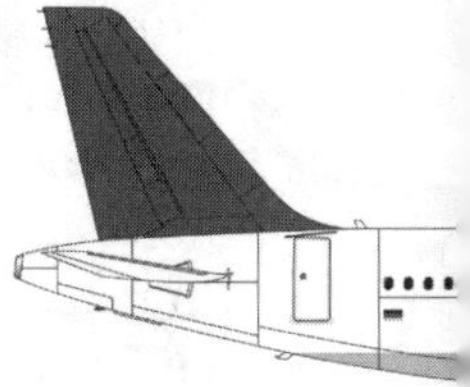

Vom Beifahrer zum Ansager

In der Kabine gibt es zahlreiche Begrifflichkeiten für die Stewards und Stewardessen. Neudeutsch bezeichnet man sie als Flugbegleiter, böse Zungen degradieren sie gern als »Saftschubsen«, »Trolleydolleys« und »Luftkellner«. Im Cockpit ergeht es uns nicht besser, aus Piloten werden bevorzugt »Streifenhörnchen« und »Pommesträger«. Damit ist unverkennbar das Lametta gemeint, mit welchem unsere Uniform bestückt ist und das den Rang optisch ausweist: Drei Streifen am Ärmel beziehungsweise auf der Schulter trägt der Copilot, auch Erster Offizier genannt, vier Streifen prangen auf der Kapitänsuniform. Inzwischen ziert mein vierter goldener »Pommes« meine dunkelblaue Uniformjacke schon seit über fünfzehn Jahren, aber ich kann mich noch wie heute an den Tag erinnern, an dem ich ihn überreicht bekam. Damals gab es das begehrte Abzeichen übrigens als güldene Litze vom Meter – keine neue Kapitäns-Jacke, wie man vielleicht glauben mochte. Ich war nur ein kleines bisschen enttäuscht, doch meine Mutter – natürlich stolz wie Oskar – rettete mich damals: Mit virtuosen Stichen heftete sie das Lametta an den Ärmel! Bei den Schulterklappen gestaltete sich die Beförderung viel einfacher, die alten Dreier-Streifen kamen ab, das Quartett drauf, und schon war das Kapitänshemd fertig. Sah gut aus – und fühlte sich auch verdammt gut an.

Fast zehn Jahre war ich im Cockpit auf der rechten Seite als Erster Offizier geflogen – wir nennen ihn auch salopp Beifahrer, Steuerberater oder Adjutanten –, zuerst auf dem Lockheed TriStar, dann auf dem Airbus. Ich sammelte in diesem Jahrzehnt einen riesigen Sack an Erfahrungen, gute wie schlechte. Sosehr mich der Job des Piloten auch faszinierte – und es auch heute immer noch tut –, an manchen Tagen und mit manchen Kollegen war er eine Qual. Ganz besonders betraf dies die Langstrecke, wenn der Flug mal wieder kein Ende nehmen wollte. Über elf, zwölf Stunden in der engen Dose mit all den wichtigen Knöpfen und Schaltern eingesperrt zu sein konnte einem eine Menge Toleranz abverlangen. Sich strecken war nur zu kurzen Pinkelpausen möglich, und das natürlich auch nur in der vorderen Galley. Solche Pausen währten jedes Mal nur kurz, dann hieß es zurück ins Cockpit. Dort gab es Chefs, die rauchten eine nach der anderen, am schlimmsten waren dabei die mit den Zigarren. Mitunter war die Luft im Cockpit so blau, dass man Schwierigkeiten hatte, die Instrumente richtig zu lesen. Da musste ich aus Protest schon mal kurzfristig die Sauerstoffmaske aufsetzen, das ging gar nicht! Fast genauso schlimm waren die Knoblauchfreaks, und davon gab es einige. Ich rede hier nicht von Gesundheitsliebhabern und Fans von vitaminreicher Ernährung, sondern von wahren Knoboholics! Eine ganze Knolle oder auch zwei waren für Käpt'n Schmidkte zum Beispiel gar kein Problem – er aß die Knollen wie andere einen Apfel! Den anschließenden Ausdünstungen war man dann spätestens auf dem Rückflug schutzlos ausgesetzt. Aber es gab noch andere olfaktorische Highlights in meinem fliegenden Büro, Kollegen mit permanenten Verdauungsstörungen zum Beispiel. Durch die Druckkabine dehnen sich die Gase im Körper während des Fluges aus; so mancher entlüftet dezent nach unten, kann ja mal passieren. Aber es gibt auch permanente Sesselfurzer im Kollegenkreis, da würde ich mir die Ohrstöpsel am liebsten in die Nase stecken! Und ein Entfliehen ist im engen Cockpit unmöglich.

Besonders eindrucksvoll waren auch die Flüge mit sogenannten Priestern. Nein, sie waren keine wirklichen Geistlichen, aber sie benahmen sich so, belehrten einen permanent vom Check-in bis zum Check-out. Nur sie allein wussten, was richtig war, was zu tun war und wie man es machte. Horror! An selbstständiges Arbeiten war mit diesen Kollegen nicht zu denken. Und dann gab es noch zwei Extreme: die Dauerquasseler, die sämtliche Punkte und Kommata aus ihrem persönlichen Mitteilungsbedürfnis gestrichen hatten und ununterbrochen redeten – selbst wenn man dem Funk lauschen oder sich anderwärtig konzentrieren musste. Das blanke Gegenteil waren die Kollegen, die überhaupt nicht sprachen und außer dem absoluten Minimum an Kommunikation stur aus dem Fenster schauten, ein Buch oder die Zeitung lasen, um sich wach zu halten, oder vor sich hin dösten.

Was man vielleicht gar nicht glauben würde: Wir hatten sogar einige Kollegen mit Flugangst! Die gingen mir am allermeisten auf den Keks. Immer dann, wenn es Probleme gab, Entscheidungen anstanden oder auch nur moderate Turbulenzen auftraten, hieß es einfach: »Machen Sie mal!« Oder sie warteten stoisch, bis ich ihnen die Entscheidung abnahm, weil ein weiteres Zögern nicht angebracht war.

Natürlich waren nicht alle Kollegen so extrem, es gab auch viele nette Kapitäne, die sich um kollegiale Zusammenarbeit bemühten und sich engagierten, ihr Wissen weiterzuvermitteln. Im Cockpit war man immer Teil eines Teams, und dieses Team war schlussendlich nur so gut wie das schwächste Glied der Kette, auch wenn der Kapitän die Verantwortung für alles trug.

Genau das wollte ich auch: die Verantwortung übernehmen! Ich sehnte mich nach einer neuen Herausforderung. Statt nur Befehlsempfänger zu sein, wollte ich neue Grenzen ausloten, Erfahrungen an die jungen Kollegen weitergeben und vor allem einen guten Job machen. Wer von uns im Cockpit hatte nicht die Ambition, eines Tages Kapitän zu werden? Die allerwenigsten.

Im Juli 1999 konnte ich endlich meine Chance nutzen: Die Firma hatte zwei neue Stellen als Kapitän auf dem Airbus A320 ausgeschrieben. Da dieser Arbeitsplatz in unserem Unternehmen nach Seniorität beziehungsweise der Dauer der Betriebszugehörigkeit vergeben wurde, war klar, dass ich gemeinsam mit einem zur gleichen Zeit eingestellten Kollegen nun endlich an der Reihe war. Diese Regelung war eigentlich praktisch: Man durfte bei der anstehenden Umschulung nur nicht durchfallen, und schon war einem die Beförderung sicher. Die Jungs und Mädels in der Kabine hatten es da mit der Beförderung nicht so leicht. Sie mussten sich mit 80 bis 100 anderen auf einen Job als Chefsteward oder -stewardess bewerben, wenn es neue Ausschreibungen gab. Dann galt es mehrere Tests zu absolvieren und an sogenannten »Assessment-Centern« teilzunehmen. Hier wurden die Bewerber von allen Seiten beleuchtet, befragt und in Rollenspielen ausgetestet. Im Endeffekt bekam dann derjenige die Stelle, der im Auswahltest am meisten überzeugte. Das musste nicht zwingend der sein, der aufgrund seiner Betriebszugehörigkeit als Nächstes dran wäre. Ich hatte praktischerweise nicht mit Konkurrenten zu kämpfen, sondern nur mit mir selbst – ein Durchfallen durch den finalen Check hätte einen massiven Knick in meinem Ego hinterlassen und war daher absolut nicht drin!

Aber vor den Ruhm hat der liebe Gott leider die Arbeit gesetzt: Es galt, mehrere Zentimeter dicke Bücher über Betriebsvorschriften, Flugzeugdokumentationen, nationale und internationale Bestimmungen und die vielen Verfahren, die es beim Betrieb eines Flugzeugs zu beachten gibt, in kürzester Zeit zu inhalieren oder wieder aufzufrischen. Als Kapitän hat man oft weitreichende Entscheidungen zu treffen, da wollen die Verantwortlichen schon genau wissen, wen sie auf die Menschheit loslassen und wem sie die Verantwortung für ein 250 Millionen Dollar teures Flugzeug wie den A330 übertragen – inklusive Passagiere, Crew und Fracht, wie exotisch sie auch sein mochte. Wochenlang saß ich zwischen Büchern, dem Computer und der Kaffeemaschine. Aber vor mir hatten das schon ganz andere geschafft, und ich wusste, in mir schlummerte das Potenzial zum Kapitän. Nichtsdestotrotz beschlichen mich ab und zu Zweifel, besonders morgens zwischen ein und zwei Uhr, bei staubtrockenen Verordnungen, Erlassen und Vorschriften und leerem Rotweinglas. Ich wollte doch schließlich nicht Anwalt werden! Musste all der dröge Kram wirklich sein? Vorschriften über internationales Luftrecht und Verkehrsabkommen, Gefahrguttransporte und natürlich unsere Bibel, das wichtigste Buch überhaupt – 1365 Seiten detaillierte Betriebsvorschriften –, suchten einen Platz in meinem Hirn. Für jede Kleinigkeit gab es eine Anweisung, mit dem Sinn, dass alle Piloten hundertprozentig das Gleiche wussten und taten. Natürlich muss man diese Vorschriften auch schon als Copilot wissen, als Kapitän aber muss man jede einzelne mit einem Fingerschnippen abrufen und anwenden können. Viele Situationen an Bord verlangen sofortiges Handeln – zum Beispiel ein Startabbruch, bei dem es um Sekunden geht, ein plötzlicher Druckverlust in der Kabine oder ein ausrastender Passagier. Da bleibt keine Zeit, großartig irgendwelche Bücher zu wälzen, Entscheidungen müssen sofort getroffen werden. Das muss sitzen!

Nach wochenlangem Lernen stand endlich der Termin

für die siebentägige Simulator-Einweisung auf den linken Sitz mit abschließender Prüfung fest. Auch für diese Performance gab es kiloweise Unterlagen, die gewissenhaft durchgearbeitet werden wollten, aber irgendwann hatte ich den Punkt erreicht: In mein Gehirn ging nichts, absolut nichts mehr hinein, noch nicht mal mehr ein Fussel oder ein Hauch von einer Vorschrift!

Mein Kollege, der mit mir zusammen zum Kapitän ausgebildet wurde, und ich flogen nach Zürich in die Schweiz, denn dort stand der von uns benutzte Simulator für den Airbus A320. Die nächsten Tage waren geladen mit Action, Adrenalin und jeder Menge Schweiß. Nicht nötig in einem Simulator? Wenn man einmal bei der Sache war, vergaß man den Unterschied zwischen Simulation und Wirklichkeit ziemlich schnell. Diese Geräte, die in Montreal bei Canadian Aviation Electronics (CAE) gebaut werden, wiegen einige Tonnen und sehen von außen ganz sicher nicht wie ein Flugzeug aus. Innen aber sind es Original-Flugzeugcockpits, die wie ein echtes funktionieren. Acht Millionen Euro kostet so ein Teil, das auf drei Beinen steht und elektrohydraulisch angetrieben wird. Das Original-Flugzeug dazu kostet das Achtfache. Maximal vier Personen finden darin Platz, allerdings sind es in der Regel immer nur drei – Copilot, Kapitän und Checker. Die dazugehörigen Geräte wie Steuerungselektronik, Rechner, Klimaanlage, Hydraulikreservoir und Brandlöschanlage nehmen mehrere Räume ein, wahrlich kein Spielzeug und auch nicht mit Microsofts Flugsimulator vergleichbar.

Heutzutage wird für flugbesessene Laien im Internet eine Simulatorflugstunde mit Lehrer und zwei weiteren Probanden für drei- bis vierhundert Euro als Freizeiterlebnis angeboten. Ich möchte niemanden desillusionieren, aber als Hobbypilot von »PC-International Airways« ist man noch ganz weit weg vom wirklichen Fliegen. Auch wenn Hollywood uns oft etwas ganz anders weismachen will, wo jeder PC-Heimpilot im Notfall in der Lage ist, einen echten Jet zu landen.

Unser Training begann mit einem normalen Linienflug von Düsseldorf nach Palma. Ich ahnte schon im Vorfeld, dass wir nie unbeschadet in Palma eintreffen würden, aber was genau alles auf mich zukommen würde, ahnte ich natürlich nicht. Der Prüfer ließ sich nicht lumpen und begann direkt mit einem Startabbruch. Plötzlich ertönte Feueralarm, die roten Warnlampen für den Masteralarm leuchteten auf, und ich drückte schnellstens auf die Stummschaltung. Na klasse, die fackelten ja nicht lange! Beim Beschleunigen auf der Bahn gab es einen Triebwerksausfall kurz vor der Entscheidungsgeschwindigkeit V1, also dem Zeitpunkt, zu dem man zu entscheiden hat, ob man bremst und noch sicher auf der Bahn zum Stillstand kommt oder abheben muss, weil danach ein Startabbruch ohne Kollateralschaden nicht mehr möglich wäre.

»Stopp«, rief ich laut und riss die Schubumkehrhebel auf, die den Bremsvorgang massiv unterstützen. Mein Copilot, in diesem Fall der andere Kapitänsanwärter, der diese Rolle übernahm, informierte den Tower über Funk: »German Transatlantic Airways 9188, Startabbruch, halten auf der Bahn!« In wenigen Sekunden hatte das automatische Bremssystem das Flugzeug zum Stehen gebracht. Ich setzte die Parkbremse und rief über das Bordmikrofon in die Kabine: »Attention Crew On Station, Attention Crew On Station«, damit die Kabinencrew, die im wirklichen Leben mit dabei sein würde, sich mental auf eine mögliche Notevakuierung der Fluggäste vorbereiten konnte.

»Stopp, alles schön gemacht, neue Übung. Ich setz den Simulator wieder zurück auf die Startbahn, wieder an den Bahnanfang«, brummte der Ausbilder mit sonorer

Stimme, drückte ein paar Knöpfe, und schon waren wir bereit zu einem weiteren Abflug. Die erste Spannung war kurzfristig genommen.

Aber das Spiel ging nahtlos weiter. Wir beschleunigten erneut, mein Kollege rief diesmal »V1, rotate«, und wir hoben tatsächlich ab. Weit kamen wir nicht, nach einer halben Minute knallte es ohrenbetäubend, und das linke Triebwerk verabschiedete sich vom Dienst. Na, wunderbar. Wir hatten noch nicht einmal das Fahrwerk eingefahren, und dieses stellte natürlich einen massiven Luftwiderstand dar. Schade, es hätte so ein schöner Simulatorflug nach Palma werden können. In diesem Fall mussten wir natürlich sofort zurückfliegen. Nachdem wir die Sicherheitshöhe von 400 Fuß über Grund – 130 Meter – passiert hatten, rief ich: »Ecam Action!« Das war die Aufforderung an meinen Copiloten, mit der Abarbeitung der Checklisten für diesen Notfall auf dem vor ihm befindlichen Monitor zu beginnen. Während er die Fehlercheckliste durchging, auf der die einzelnen Anweisungen für das Abschalten des Triebwerks standen, versuchte ich, das Flugzeug mit nur einem Triebwerk auf der Abflugroute zu halten. Dazu musste ich mit den Füßen die Seitenruderpedale treten, und zwar in Richtung des noch laufenden Triebwerks. Gleichzeitig kommunizierte ich mit dem Towerlotsen und informierte ihn über Funk über unsere Luftnotlage mittels: »Mayday Mayday Mayday!«

Nun, auch diesen Abflug hatten wir gemeistert, wir waren sicher mit einem Triebwerk wieder in Düsseldorf gelandet. Dies war aber noch lange nicht der letzte »Takeoff«. Zur Ausbildung gehörte, dass möglichst viele dieser Startsituationen simuliert wurden, denn die meisten Flugunfälle passieren nun mal während Start und Landung.

Aber natürlich gab es auch noch andere Szenarien. Jeder, der schon einmal Gast an Bord eines Flugzeugs war, kann sich sicherlich an die Demonstration der Sauerstoffmasken erinnern, entweder per Videoclip oder auf den älteren Maschinen durch die nette Vorführung der Mädels in der Kabine. In unserer Ausbildung gestaltete sich ein Druckverlust im Passagierraum etwa folgendermaßen:

Wir bekamen eine Flughöhe von 35 000 Fuß, also etwa 11 300 Meter, zugewiesen. Damit die Zeit im Simulator effektiv genutzt wurde – immerhin kostete eine Stunde für unser Unternehmen um die 300 Euro –, beförderte uns der Ausbilder mittels Zoomknopf am Bedienpanel des Simulators in schlappen zwei Minuten auf diese Höhe. Ein realer Flug hätte dazu mindestens fünfundzwanzig Minuten gebraucht. Kaum fühlte ich mich einigermaßen wohl und dachte noch an den zuvor erlebten Startabbruch, gab es wieder einen lauten Knall: »Peng!« – »Rapid Decompression!« Verlust der Druckkabine! Ein Loch im Flugzeug? Ein kaputtes Fenster? Eine defekte Tür? Ein größerer Strukturschaden? Jetzt war keine Zeit, darüber nachzudenken, wir mussten runter, und zwar sofort! Das Flugzeug musste in kürzester Zeit aus der Höhe von 11 300 Metern auf unter 4200 Meter gebracht werden. Das ging normalerweise in weniger als zweieinhalb Minuten. Diese Höhe war zwingend notwendig, weil erst dort Atmen ohne eine zusätzliche Gabe von Sauerstoff möglich ist. Je nachdem, ob die Struktur des Flugzeugs beschädigt ist oder nicht, muss man unterschiedliche Verfahren anwenden, um zügig runterzukommen. Ich zog mir im Cockpit sofort meine Sauerstoffmaske über und stellte die Kommunikation mit dem Kollegen sicher, dann informierte ich über Funk: »German Transatlantic Airways 9188, Emergency Descent to FL 140« – Notsinkflug auf Flugfläche 140.

Vier Dinge musste man als sogenannte »Memory items« sofort tun: den Sinkflug einleiten, den Kurs ändern, um nicht mit tiefer fliegenden Flugzeugen zu kollidieren, die Schubhebel auf Leerlauf ziehen und das Flugzeug fast auf den Kopf stellen, um die größte Sinkrate zu erreichen. Dabei wurde man bis zu 700 km/h schnell. Für die Gäste und die Kabinencrew würde es sich anfühlen wie in einer Achterbahn, allerdings ohne dieses angenehme Kribbeln im Bauch. Für uns Piloten bedeutete diese Situation höchste Konzentration und Stress pur, bis wir unten angekommen waren.

Das Coole an einem Simulator: So real und mitreißend die Bedingungen in unseren gespielten Katastrophen auch waren, man konnte jederzeit rechts ranfahren und für eine kurze Pause den SIM verlassen. Nach einem Käsebrötchen und einem Cappuccino ging es munter weiter. Neuer Flug, neues Glück.

Das folgende Szenario war Bestandteil meines Prüfungsfluges. Ich war diesmal von München nach Düsseldorf unterwegs. Das Wetter wurde immer schlechter, nach München konnte ich daher nicht mehr zurück, Düsseldorf lag auch schon unter den gesetzlichen Anflugminima. Das Kerosin wurde immer knapper, und ich musste mir einen Flugplatz suchen, auf dem ich unter diesen Bedingungen noch landen konnte. Es verstand sich quasi von selbst, dass ich seit geraumer Zeit nur noch mit einem Triebwerk flog und die Sichten auf allen deutschen Flughäfen in Reichweite plötzlich auf null zurückgingen – wäre ja sonst auch zu einfach gewesen. Es war eine dieser Situationen, wo die Leistungsgrenzen des Kapitänsanwärters bis aufs Mark getestet wurden und wo ich zeigen musste, dass ich in der Lage war, ruhig zu bleiben und selbst unter derartigen Bedingungen logisch-sinnvolle Entscheidungen zu treffen. Der Grat, auf dem man hier wanderte, war extrem schmal; selbst wenn man jahrelang als Copilot die Entscheidungen mit getroffen hatte, weil der »alte Hase« auf dem linken Sitz einen immer mit eingebunden hatte und förderte – hier kam einfach jeder ins Schwitzen! Auf einmal saß man selbst auf dem Kapitänssitz, und plötzlich wog das, was vorher noch so einfach aussah – Entscheidungen zu treffen –, bleischwer. Ich flog schon lange genug, die fliegerische Erfahrung war nicht das Problem. Wer nach zehn Jahren als Pilot keine Entscheidungen treffen kann, ist fehl am Platz, denn das ist unser Grundhandwerkszeug. Jeder Pilot, ob als Erster Offizier oder aber als Kapitän eingesetzt, kann das Gleiche. Da der Kapitän aber die letzte Instanz an Bord ist, die notfalls über »Sein oder Nichtsein« zu entscheiden hat und die Verantwortung gegenüber den Behörden und der Firma für alles tragen muss, versteht es sich, dass der Arbeitgeber seinen zukünftigen Kapitänen intensiv auf die Finger schaut. Fehler wurden und werden nicht toleriert. Kein Check-Kapitän sagte zu einem während des Checkfluges: »Gute Entscheidung, das sehe ich auch so.« Lob und Tadel kamen erst nach dem vierstündigen Simulatorflug in der Abschlussbesprechnung. Obwohl ich all meine Entscheidungen logisch und nach Einbeziehen aller Faktoren getroffen hatte, blieb immer noch ein Rest Zweifel. Hatte ich an alles gedacht? Wenn ich jetzt Mist baute, dann war es das – in diesem Fall würde meine Stelle an jemand anderen gehen, und ich durfte erst in zwei Jahren einen neuen Versuch wagen.

Zurück zu meinem Simulatorflug: Wenn sich das verbleibende Kerosin einem bestimmten Niveau näherte, gab es »Fuelalarm«, und die Crew war genötigt, eine Luftnotlage zu erklären. Spätestens an diesem Punkt merkte man, dass irgendwo im Vorfeld eine Fehlentscheidung getroffen worden war. Je nach Prüfer war es an dieser Stelle vorbei mit dem Checkflug: leider wochenlang umsonst gelernt, Checkflug gepatzt und vier Stunden umsonst geschwitzt. Aber in unserem Fall hatten mein

Kapitänsmitbewerber und ich gemeinsam allen Widrigkeiten getrotzt, alles richtig gemacht – wir landeten sicher in Köln, unserem Alternativflugplatz, und hatten damit den finalen Checkflug bestanden!

An diesen Tag erinnere ich mich gerne. Endlich war es geschafft: Nach vier Stunden höchster Konzentration war ich durchgeschwitzt, aber glücklich. Ich hatte an diesem Tag sechs virtuelle Flüge hinter mich gebracht – zweimal Palma de Mallorca hin und zurück sowie einen Flug von München nach Düsseldorf, der leider in Köln endete – und hatte dabei diverse Triebwerksausfälle, Hydraulikprobleme, Notsinkflüge, nicht funktionierende Landeklappen und geplatzte Reifen bei der Landung erlebt. Stoff für ein ganzes Fliegerleben! Aber alles lief zur vollsten Zufriedenheit des Prüfers. Na bitte, ging doch.

Nach der Simulator-Einweisung erhielten wir eine neue Lizenz vom Luftfahrtbundesamt, die uns erlaubte, auf dem linken Sitz statt auf dem rechten im Cockpit Platz zu nehmen und unsere Einweisungsflüge durchzuführen. 100 Flugstunden – knapp fünf Wochen – standen für mich noch auf dem Programm. Ich erinnere mich gern an diese Flüge, waren sie doch für mich die letzte Möglichkeit, mit einem altgedienten Check-Kapitän als Copiloten Erfahrungen zu sammeln, noch offene Fragen zu bestimmten Verfahren zu stellen oder letzte Unsicherheiten im laufenden Flugbetrieb zu klären. Nach 50 Flugstunden flog ich bereits mit einem normalen Liniencopiloten, und der Einweiser saß zwischen uns auf dem Beobachtersitz. Schnell würde auch diese Supervision zu Ende gehen. Und danach wäre ich der Chef an Bord – endlich!

Endlich Kapitän

Der Wecker rasselte um 3.20 Uhr, aber er konnte mich diesmal überhaupt nicht ärgern, denn ich hatte sowieso die ganze Nacht kaum ein Auge zugetan. Voller Elan sprang ich aus dem Bett und drehte das heiße Wasser in der Dusche auf. Heute würde es sich entscheiden, zwei Flüge nach Ibiza und Palma standen auf dem Plan, und dann würde es endlich so weit sein: Ich war Kapitän! Als ich die Schulterklappen an mein Hemd fummelte, dachte ich: Dies ist das letzte Mal ein Trio! Morgen seid ihr ein Quartett!

Die Autobahn war um diese nachtschlafende Zeit menschenleer, und ich erreichte Düsseldorf überpünktlich. Um kurz vor sechs Uhr begann mein Dienst offiziell, zusammen mit meinen Kollegen Walter und Holger. Wir waren für diesen Flug zu dritt im Cockpit, Holger war als Check-Kapitän zusätzlich dabei und sollte mich am Ende unseres gemeinsamen Fluges »Ready for Final Check« schreiben, womit ich zur Abnahme der fliegerischen Abschlussprüfung zugelassen wäre. Wenn ich den ersten Hin- und Rückflug problemlos hinter mich gebracht hätte, würde dem »Final Check Out«, der eigentlichen Abschlussprüfung durch einen anderen Check-Kapitän, nichts mehr im Wege stehen. Dies war der normale Ablauf, um die letzte Hürde zur Kapitänsbeförderung zu meistern.

Nachdem ich mit Walter, meinem First Officer, den ersten Flug nach Ibiza vorbereitet hatte, wir die erforderliche Spritmenge berechnet und alle wichtigen Flugdaten an das Flightoperations Center (OPS) weitergegeben hatten, begrüßte ich meine Kabinencrew, und wir hielten gemeinsam ein Briefing ab. Ich teilte ihnen den Flugablauf mit, die Flugdauer und das Streckenwetter sowie eventuelle Besonderheiten auf dem Flug und ob in der Maschine kabinenseitig etwas defekt war. Kleinere Probleme, wie eine nicht funktionierende Leselampe, eine tropfende Kaffeemaschine oder schwergängige Verriegelungshebel, werden – natürlich nur, sofern sie die Flugsicherheit nicht beeinträchtigen – schon mal von der Technik aus Zeitgründen zurückgestellt, bis die Maschine ihren nächsten geplanten Check hat oder nachts im Hangar steht. Das ist normales Prozedere und bei den knappen Bodenzeiten der Flugzeuge auch nachvollziehbar. Jeder Defekt wird akribisch in den Büchern für Kabinen- bzw. Cockpit-relevante Probleme festgehalten und von der Technik entsprechend abgearbeitet. Unser heutiger Flieger hatte keine technischen Zurückstellungen in den Papieren stehen, auf die ich die Kolleginnen in der Kabine hätte aufmerksam machen müssen.

Dass heute mein Checkflug war, hatte sich irgendwie rumgesprochen – obwohl ich nichts erzählt hatte. Für die Verbreitung von Neuigkeiten aller Art besaß unsere Firma ganz spezielle Buschtrommeln. Wollte man wirklich etwas geheim halten, pinnte man am besten einen großen Zettel an das Schwarze Brett, rot umrandet mit Schlagworten wie »Wichtig!«, »Dringend!« und »Sofort lesen!«. Keiner würde dem je Beachtung schenken. Solche Dinge wie der Checkflug eines neuen Kapitäns aber sprachen sich herum wie ein Lauffeuer. Außerdem war es für die Kolleginnen und Kollegen ja auch leicht erkennbar – ein Check-Kapitän im Cockpit auf dem Observersitz mit zwei Copiloten auf einer Kurzstrecke – das konnte ja nur ein Checkflug sein.

An diesem Tag war es meiner.

Der Hin- und Rückflug nach Ibiza verliefen recht ereignislos, ganz anders als im Simulator. Das Wetter war allerbest, das Boarden der Gäste ging problemlos in der dafür vorgesehenen Zeit vonstatten, die Lader erledigten ihren Job ohne Beanstandung, die Zusammenarbeit mit der Kabine und dem Rampagenten passte auch, und Holger gab mir für mein zukünftiges Dasein als Kapitän noch viele wertvolle Tipps mit auf den Weg. Nachdem wir an der Homebase Düsseldorf wieder angekommen und die Gäste an der Parkposition ausgestiegen waren, reichte er mir die Hand und sagte: »Ich wünsche dir gleich viel Erfolg bei deinem letzten Check«, und verschwand wie ein Dschinn aus der Flasche aus dem Flieger.

Walter und ich bereiteten alles für einen Flug nach Palma de Mallorca vor, und wenige Minuten später erschien Prüfer und Check-Kapitän Theo Hauser. Ich freute mich sehr, denn Theo war für seine Ruhe und Gelassenheit bekannt. Eigenschaften, die mir nicht immer eigen waren, die ich aber gerade in einer Situation wie dieser hier besonders schätzte.

Theo nahm auf dem Observer-Sitz hinter Walter und mir Platz und tat so, als ob er gar nicht da wäre. Bei wunderschönem Wetter reisten wir nun gen Palma. Seit Wochen waren die Flüge heute die ersten, auf denen mich keiner nach Vorschriften fragte und neben der eigentlichen Fliegerei mit Informationen zutextete. Theo saß nur da, machte seine üblichen Scherze und gab mir das Gefühl, alles im Griff zu haben. Als wir auf der Insel der Deutschen angekommen und alle Abschlussarbeiten erledigt waren, nahm er mich beiseite und ging mit mir in die Fluggastbrücke. Oh, was kommt jetzt? Für einen

Moment dachte ich: Verflixt, doch gepatzt? Aber nein, er reichte mir die Hand und gratulierte mir.

»Prima, Herr Maschmann, Sie haben mir heute ein Bild von einem Kapitän abgeliefert, wie wir ihn gern in der Firma haben. Machen Sie weiter so! Kommen Sie, wir werden Ihrer Kabinencrew die freudige Mitteilung machen, dass German Transatlantic einen neuen Kapitän hat.«

Ich war ergriffen, hatte ich doch gerade noch gedacht, ich hätte wichtige Dinge übersehen.

Bevor wir ins Flugzeug zurückgingen, meinte Theo leise: »Darf ich Sie mal was Persönliches fragen?«, fragte er leise.

»Natürlich, warum nicht?« Ich war erstaunt, was wollte er wohl wissen?

»Stimmt das, dass Sie sich von Ihrer Frau getrennt haben? Man munkelt da so einiges ... ich gebe aber eigentlich nichts auf Munkeleien.« Theo sah mich unverhohlen neugierig an.

Ich war platt! Ja, er hatte recht, meine Ehe mit Sibille war am Ende, und die Trennung hatte mich verdammt viel Nerven gekostet. Ich hatte Schwierigkeiten, meine beiden Kinder regelmäßig zu sehen, da die Flugdienste selten ein komplett freies Wochenende hergaben, an dem ich mich um sie kümmern konnte. Hier waren Kompromisse nötig, für die meine Kinder noch zu klein waren, um sie ganz verstehen zu können, und das tat weh. Eigentlich hatte ich gedacht, man würde es mir nicht anmerken, aber das war offenbar ein Trugschluss gewesen.

»Das stimmt. Meine Frau und ich haben uns getrennt, vor drei Monaten schon.«

»Und dann hast du das hier alles so eiskalt durchgezogen? Respekt, mein Freund!«

Ich stolperte kurz über das vertrauliche »Du«, aber dann begriff ich, dass es seine persönliche Art war, mir ein Kompliment zu machen. Ein wahrer Felsbrocken fiel mir vom Herzen, auf einmal fühlte ich mich ganz leicht, unbeschwert – ich hätte die Welt umarmen können! Der Einfachheit halber begann ich gleich mit Theo. Etwas verdutzt ließ er sich die Umarmung gefallen, dann nahm er mich kurzerhand beim Arm und zog mich zurück in den Flieger. Genug der Gefühlsduselei, auf uns warteten 174 Gäste für den Flug nach Hause.

Über das Bordmikrofon rief er die Besatzung zusammen:

»Hört mal alle her, die Firma hat seit heute einen neuen Kapitän!«

Während die Kolleginnen und Kollegen klatschten und mir gratulierten, zog er aus seiner Hosentasche die etwas verknautschten und so begehrten vier goldenen Pommes. Er stellte sich vor mich und streifte sie mir statt der alten Rangabzeichen über die Schulterklappen meines Hemdes.

»Ich wünsche dir für die Zukunft gute Flüge und dass du immer die richtigen Entscheidungen treffen wirst!«

Ich war den Tränen nahe. Einerseits freute ich mich, endlich den begehrten vierten Streifen verdient zu haben, andererseits fiel in diesem Moment eine Riesenlast von mir ab. Die vergangenen Monate waren rückblickend gewaltig anstrengend gewesen, die tägliche Büffelei, vom privaten Chaos um mich herum und dem fehlenden Schlaf ganz zu schweigen.

Mein Prüfer nickte wohlwollend, kniepte ein Auge zu und schlug mir freundschaftlich auf die Schulter – genau dorthin, wo nun die vier goldenen Streifen leuchteten. Er konnte es sich natürlich nicht verkneifen, mir noch ein paar gut gemeinte Ratschläge mit auf den Weg zu geben, aber das war völlig okay. Theo war äußerst beliebt, ein Mann der Praxis und stand fast am Ende einer langen fliegerischen Karriere. Sein Rat war immer sehr väterlich, aber nie belehrend. Ich war stolz darauf, gerade von diesem Mann, der mich nicht nur vor vielen Jahren eingestellt, sondern auch meine Ausbildung auf dem TriStar begleitet hatte, den »goldenen Ritterschlag« zu erhalten. Selten habe ich jemanden getroffen, der seinen Job so souverän machte, dabei zutiefst menschlich war und immer einen Vorgesetzten darstellte, zu dem man aufsehen konnte – ein absolutes Vorbild für mich und meine neue Herausforderung.

Noch bevor wir bereit waren, die neuen Gäste für den Rückflug an Bord zu nehmen, geriet sich der Purser Mike mit Angie, einer altgedienten Flugbegleiterin, in die Wolle. Irgendwann kam Angie zu mir ins Cockpit und bat mich um Hilfe bei ihrem Problem.

»Cornelius! Ich halt das nicht mehr aus! Mike geht mir so was von auf den Senkel! Muss der mir nach 20 Jahren Flugdienst sagen, wie ich meine Getränkekarre aufzubauen habe? Hatte der letzte Nacht schlechten Sex oder was? Der ist den ganzen Flug über schon so was von bissig, ich würde am liebsten aussteigen!«

Ich drehte mich zu Angie um, die wutschnaubend neben Theo stand. Unser kleines Cockpit quoll mit diesem Energiebündel nun aus allen Nähten.

»Was ist denn genau das Problem mit Mike? So ganz verstehe ich das noch nicht …«

Ich war erstaunt, dass Angie sich überhaupt an mich wandte. Seit Jahren sprach sie nur noch das Notwendigste mit mir, nachdem ich ihr geraten hatte, die Finger von meinem verheirateten Freund und Kapitänskollegen Magnus zu lassen. Ich schaute hilfesuchend Theo an, der grinste und sagte:

»Dann klär das mal, du bist der Kapitän. Auch diese Probleme gehören in deinen Aufgabenbereich. Finde eine Lösung.« Gut gesprochen – doch was tun?

Ich bat beide zu mir, Angie und Mike, drehte mich in

meinem Sitz um, so gut es ging, und wandte mich an die Streithähne.

»Ich weiß nicht genau, worum es in eurem Disput geht, aber es wäre schön, wenn ihr an Bord professionell miteinander umgehen könntet. Man muss ja nicht jeden lieben, aber streiten vor den Gästen kommt nie gut an. Wenn ihr möchtet, können wir uns nach dem Flug gemeinsam unterhalten, im Moment scheint mir wenig Zeit für Gezanke an Bord – oder ist es etwas Lebensbedrohliches?« Angie guckte zu Mike, Mike guckte zu Angie. Sie sagten beide nichts, aber nickten und verschwanden zusammen in der Kabine. Mit so einem klanglosen Abgang hatte ich nicht gerechnet, zumal beide als ziemliche Dickköpfe bekannt waren.

Ich wandte mich an meinen Copiloten: »War das jetzt so etwas wie ein Test?«

Er grinste wie ein Schelm über das ganze Gesicht und sagte:

»Nö, die kabbeln sich schon seit heute Morgen wie die Kesselflicker, aber ich hab ihnen gesagt, sie sollen dir mit ihren Animositäten ja nicht den Check versauen. Hat ja bis jetzt gehalten.« Er lachte schallend, als er mein verdutztes Gesicht sah.

»Ist schon gut, Cornelius. Alles in ›normal operation‹ …«

Immer noch glucksend schaute er aus seinem Fenster. Unglaublich, und ich hatte davon nichts mitbekommen! Unter normalen Umständen wäre mir ein solcher Zwist ganz sicher nicht entgangen.

Noch während des Fluges kam Angie ein weiteres Mal zu mir.

»Ich hab jetzt mit Mike gesprochen, wir haben unser Kriegsbeil begraben. Danke für deinen Tipp. Im Übrigen möchte ich mich mit dir auch wieder vertragen. Irgendwie ist das damals alles ziemlich doof gelaufen.«

Hmmh, interessant, das ging ja schnell.

»Na ja«, sagte ich, »ich habe nie ein Problem mit dir gehabt, du hast mich gemieden. Aber wenn's hilft – alles vergessen.«

»Prima!«, grinste sie, schlug mir mit der Hand auf die Schulter und verschwand wieder in die Kabine. Woher kam denn der Sinneswandel auf einmal? Das lag doch jetzt wohl nicht am vierten Streifen, oder doch? Ich begriff, dass meine neue Position weitaus mehr Facetten barg, als ich mir ausgemalt hatte. Es versprach spannend zu werden …

Während des restlichen Fluges passierte nichts wirklich Aufregendes mehr, Theo ward im Cockpit nicht mehr gesehen. Er stand lieber in der Galley und unterhielt sich in den Pausen mit dem Kabinenchef oder flirtete mit den Girls. Im Cockpit war er nicht mehr vonnöten – ich durfte jetzt ohne Aufpasser fliegen. Ein gutes Gefühl!

Fast hätte ich doch etwas Wichtiges vergessen:

»Sehr geehrte Fluggäste, hier spricht Ihr Kapitän. Mein Name ist Cornelius Maschmann, und ich begrüße Sie recht herzlich an Bord unseres Airbus A320 auf Ihrem Flug von Palma nach Düsseldorf …«

Meine erste Ansage, in der ich meine Gäste als Kapitän begrüßen durfte. Auch das fühlte sich gut an – richtig gut!

Im Allgemeinen wird die Beförderung eines Crewmitglieds natürlich gefeiert. Am Ende des langen, aber erfolgreichen Tages überreichte mir meine Crew, noch bevor wir das Flugzeug verließen, ein Präsent. Es war ein kleiner Teddy im roten Strickpullover aus dem Bordshop-Sortiment, dem die Mädels aus weißem Pflaster vier Streifen auf die Schulter gepfriemelt hatten. Ich war schon wieder ganz gerührt. Während ich mich noch bei der Crew bedankte, verschwand Theo bereits zu seinem Auto.

Wir trafen uns wenig später alle in der Crewlounge in

der Firma, und als Theo dazukam, hatte er zwei Flaschen Sekt unter dem Arm. Ich wusste, dass sie von ihm persönlich stammten, denn die Geschäftsleitung vergaß grundsätzlich, ihren neuen leitenden Angestellten nach einer Beförderung zu gratulieren. Umso mehr freute ich mich über seine Geste der Wertschätzung.

Wie war das noch, kein Alkohol, wenn du noch fahren musst? In diesem Fall machten wir alle eine Ausnahme – ein Gläschen war akzeptabel, und Kapitän wurde man nur einmal im Leben. Wir saßen noch eine Weile zusammen, obwohl der Tag mit den Doppellegs Ibiza/Palma sicherlich kein Zuckerschlecken war. Mike und Angie redeten noch immer miteinander – da schau her –, und ich bedankte mich bei Theo für den Sekt und den angenehmen Checkflug. Er hatte es wirklich drauf, jemandem die Nervosität zu nehmen und dabei eine Ruhe auszustrahlen, sodass man an sich selbst glauben konnte, ohne sich in Stress und Hektik zu verzetteln.

Es war schön, mal wieder zusammen den Dienst ausklingen zu lassen – früher hatte es »Afterlandings« standardmäßig nach fast jedem Einsatz gegeben. Klatsch und Tratsch fanden dankbare Abnehmer, man ließ den Flugtag noch einmal Revue passieren und tauschte sich aus: Das Cockpit erfuhr, welcher »Punk« in der Kabine abgegangen war, und die Kabine lauschte unseren Schoten von »da vorne«. Diese Treffen verbanden uns zu einer großen Familie und waren mehr wert als jedes »Mitarbeitermeeting«. Heute gibt es diese Afterlandings außer auf der Langstrecke kaum noch. Unsere gemütliche Crewlounge musste nüchternen Stühlen weichen, und aufgrund der inzwischen vierfachen Mitarbeiterzahl wurde aus dem familiären Kreis, in dem jeder jeden kannte, ein Großkonzern. Alte Bekannte traf man nur noch selten. So freute ich mich, dass sich an diesem Abend alle die Zeit nahmen, mit mir anzustoßen.

Überglücklich fuhr ich heim und traf mich am Abend noch zu einer kleinen Feier mit meinen besten Freunden. Diese währte aber nur kurz, denn bereits am nächsten Vormittag wartete ein Flugzeug in Düsseldorf auf mich – auf Kapitän Maschmann!

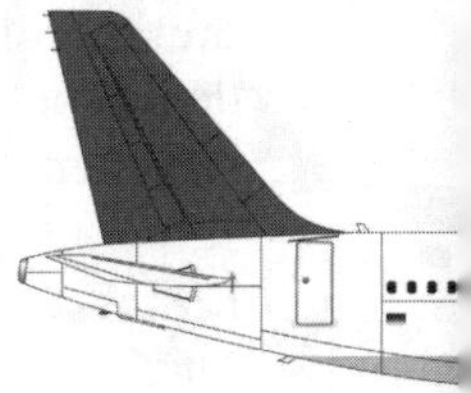

Souvenir aus Afrika

An einem kalten Mittwochabend Ende September 1999 checkte ich für einen Flug ein, auf den ich mich schon lange gefreut hatte: Wir flogen von Düsseldorf nach Mombasa in Kenia. Dieses Ziel wurde zu dieser Zeit von unserer Airline nur einmal in sieben Tagen angeflogen, und so erwartete uns eine komplette Woche »Zwangsurlaub« vor Ort, bis der nächste Flieger für die Heimreise landen würde.

Ich hatte meinen Freund Raimund im Schlepptau. Raimund war groß, schlank, trug sein Haar als grauen Bürstenhaarschnitt und war von Beruf Rechtsanwalt. Er war noch nie in Afrika gewesen und brannte darauf, eine Safari in einen der dortigen Nationalparks zu machen. Ich schlug ihm vor, nach unserer Ankunft einen Tag auszuspannen, faul am Pool zu liegen und ein paar Flaschen Tusker – das einheimische Bier mit dem Elefantenschädel auf dem Etikett – zu genießen. Am darauffolgenden Morgen könnten wir unsere Safari in den Tsavo-East-Nationalpark starten, um dort drei Tage lang die wilden Tiere Afrikas zu beobachten. Dieser Park ist einer der schönsten in Kenia und war von unserem Crew-Hotel, der Sea Lodge, in wenigen Stunden mit dem Auto zu erreichen.

Mit diesen Plänen im Kopf starteten wir am späten Abend in Richtung Süden. Von Düsseldorf aus führte uns der

Flugweg zunächst in Richtung Südost. Es war bereits dunkel, aber die Nacht war sternenklar, sodass wir aus dem Cockpit jede Kontur der unter uns liegenden Landschaften erkennen konnten. Raimund saß auf dem Observersitz, einem der beiden Extra-Sessel in der Mitte hinter uns Piloten, was zu dieser Zeit noch erlaubt war. Nach dem 11. September 2001 sorgten die Behörden dafür, dass kein Unbefugter mehr Zugang zu unserem Allerheiligsten haben durfte. Alle Cockpittüren wurden ausgetauscht und waren von nun an bombensicher. Natürlich kann ich mit der Erlaubnis der Flugbetriebsleitung immer noch jemanden mitnehmen, lediglich auf Flügen nach Amerika, Kanada, Großbritannien und Israel ist Besuch im Cockpit nicht mehr gestattet.

Raimund reckte den Hals nach rechts und links und kam aus dem Staunen nicht mehr raus, so fasziniert war er von dem Anblick, der sich ihm bot. Wir flogen in 11 000 Metern Höhe zunächst in Richtung Kroatien, dann entlang der Adria bis nach Griechenland, wo wir gegen Mitternacht eine hell erleuchtete Stadt erkennen konnten.

»Cornelius, was ist denn das da unten?« Raimund starrte auf das Lichtermeer und deutete mit dem Finger aus dem Fenster.

»Das ist Athen! Sieht cool aus heute Nacht. So einen Ausblick auf die Akropolis und die griechischen Götter hat man nicht oft. Am Olymp, dem Sitz der Götter, sind wir leider schon vorbei.« Ich zwinkerte Raimund zu.

Weiter ging es für uns mit einer Kursänderung in Richtung Süd-Südost über Alexandria, am Nil entlang. Wunderbar zu erkennen waren die beleuchteten Pyramiden. Addis Abeba in Äthiopien war die nächste Station, die wir überflogen. Immer noch hatten wir eine grandiose Sicht. Ein Flug wie aus dem Bilderbuch.

»Habe ich extra für dich bestellt, dieses Wetter«, erklärte ich mit einem Schmunzeln meinem Freund, der kaum Gelegenheit hatte, sich auf den heißen Kaffee zu konzentrieren, den unsere Purserette Petra ihm vor wenigen Minuten in die Hand gedrückt hatte.

»Der Ausblick ist wirklich traumhaft! Ich glaube, an deiner Stelle würde ich vor lauter Fotografieren gar nicht mehr zum Arbeiten kommen!« Raimund pustete kurz auf seinen Kaffee und spähte dann auch schon wieder nach draußen. Er konnte sich nicht sattsehen an der Welt von oben. Selbst wenn sie bei Nacht noch um einiges surrealer schien als bei Tag. Es war schon ein gewaltiger Unterschied zu seinem Büro in der Oberpostdirektion, wo er täglich spröde Akten bearbeiten musste und nur zwischendurch den Blick aus seinem Bürofenster über ein paar Altpapiercontainer an einer viel befahrenen Hauptstraße schweifen lassen konnte.

»Nun, dafür habe ich ja noch meinen Copiloten«, lachte ich und stieß Nicki in die Seite. »Wenn ich Fotos machen wollte, könnte er so lange übernehmen. Aber glaub mir: Auch das beste Foto könnte die Stimmung und den Anblick nicht so wiedergeben wie der Blick aus einem Cockpitfenster. Und weißt du, warum nicht?«

Raimund zog die Stirn kraus. »Weil deine Kamera nicht gut genug ist?«

»Nein«, grinste ich. »Viel simpler: Das Gebrumm der Triebwerke würde fehlen. Die Bewegung, das Cruisen um den Globus. Klingt vielleicht kitschig, aber erst wenn du dir darüber im Klaren bist, in einer 60 Meter langen Aluminiumbüchse zu fliegen, dann kannst du diesen Ausblick auch richtig wertschätzen.« Ich schaute nachdenklich aus meinem Fenster. Raimund sagte nichts. Auch Nicki schwieg.

»War wohl doof erklärt«, brummte ich schließlich. »Ist ja auch egal.«

»Nein, nein«, rief Raimund, leerte den Kaffeebecher in

einem Zug, wischte sich einen Tropfen aus dem Mundwinkel.

»Ich hab das schon verstanden. Man fühlt sich so … so …«, Raimund rang nach Worten. »So mittendrin, irgendwie. Man betrachtet nicht nur ein schönes Bild von einer Landschaft, man ist ein Teil davon. Auch wenn es sich schon komisch anfühlt, 10000 Meter über ihr zu düsen.«

»11000 Meter, Raimund.« Ich zwinkerte ihm zu. Manchmal war ich in meinen Job richtig verliebt. Aber nicht jeder konnte das verstehen.

In den frühen Morgenstunden näherten wir uns der kenianischen Grenze. Die Landschaft unter uns hatte zwei Hauptfarben: Rot für das Erdreich, das hier reich an Kupfereinschlüssen ist, und Grün für den Urwald, der so dicht war, dass er einem keinen Blick durch ihn hindurch erlaubte. Wir landeten kurz nach Sonnenaufgang in Mombasa. Einige der Crewmitglieder waren ebenfalls noch nie hier gewesen, und so fielen ihnen als Erstes die tiefschwarze Hautfarbe der hier lebenden Menschen auf, die extreme Hitze, die schon am frühen Morgen alle Aktivitäten zu lähmen schien, und der durch und durch rötlich eingefärbte Boden. Afrika – ein verwunschener Kontinent, ganz anders als unser beschauliches und vertrautes Europa.

Die Passagiere verließen nach einem zehnstündigen, absolut ruhigen und relativ ereignislosen Flug unsere Maschine. Viele hatten sich nach dem Frühstücksservice in die Waschräume begeben und mit akrobatischen Verrenkungen dort die herbstliche Bekleidung gegen Shorts und T-Shirt getauscht. Wir beneideten sie, kaum dass die Tür des Fliegers geöffnet wurde. Die Hitze kroch förmlich zu uns hinein, umhüllte alles und jeden, die Klimaanlage zauberte weiße, wabernde Wolken, und die Uniform klebte augenblicklich am Körper. Nach der durchflogenen Nacht freuten wir uns alle wie die Kinder auf eine lauwarme Dusche und ein sauberes Bett.

Afrika war bekannt für seinen ausufernden Bürokratismus, und entsprechend umständlich gestaltete sich die Pass- und Zollkontrolle. Die Beamten blätterten in aller Seelenruhe jede einzelne Seite des Reisepasses durch. Was suchten sie eigentlich? Gefälschte Visa? Oder warteten sie auf Bakschisch für eine schnellere Abfertigung? Wahrscheinlich lag es einfach am Wetter. Sich bei dieser Glut schneller zu bewegen als unbedingt notwendig erforderte schon viel Energie und Einsatzwillen.

Für uns Europäer war es schwer nachvollziehbar, was hier warum passierte. Aber es war zweifelsfrei extrem unangenehm und nervtötend, nach einem Nachtflug in einer nicht klimatisierten, heißen Einreisehalle mit Hunderten Mitreisenden Stunden zu verbringen, nur um den begehrten Einreisestempel zu erhalten. Wir als Crew durften am Diplomatenschalter abgefertigt werden, so standen wir wenigstens nicht in der ganz langen Warteschlange wie der Rest unserer Gäste.

Eine gefühlte Ewigkeit später saßen wir endlich in unserem Crewgefährt in Richtung Hotel. An eine muckelige Busreise, in der man gar die erste Mütze Schlaf nach dem langen Dienst angeln konnte, brauchte aber keiner von uns zu denken. Kenianische Straßen waren zu dieser Zeit die reinsten Schlaglochpisten. Die Busfahrer versuchten, ungeachtet der Tatsache, dass es ja auch noch einen Gegenverkehr gab, den größten Löchern auszuweichen, indem sie einfach in Schlangenlinien drum herum fuhren. Das gelang ihnen aber leider nicht immer, denn die Straßen wurden auch von Fußgängern und Handkarrenfahrern genutzt, die ihre Waren transportierten. Dass dies alles zusätzlich noch im Linksverkehr passierte, machte die Sache doppelt spannend – an Schlaf war nicht zu denken. Die einen kämpften mit der Übelkeit, die anderen mit der Hitze. Allein Raimund strahlte wie ein Honigkuchenpferd und quatschte aufgekratzt in einer Tour.

Nach einer durchgearbeiteten Nacht und einer Dienstzeit von fast vierzehn Stunden waren mir das einfach zu viele Eindrücke auf einmal, und ich bereute für einen kurzen Moment, ihn mitgenommen zu haben. Aber das würde sich geben, nach einer Dusche, einem Schläfchen, einem kühlen Drink und einer guten Mahlzeit – in genau dieser Reihenfolge, dessen war ich mir ziemlich sicher.

In der Sea Lodge angekommen, wurden wir von dem deutschen Geschäftsführer Peter begrüßt, den einige von uns schon seit Jahren kannten. Während ein kühler Fruchtsaft für Erfrischung sorgte, checkte uns unsere Purserette Petra an der Rezeption ein. Wie gut, dass unsere Zimmer alle schon bezugsfertig waren. Das war leider nicht immer der Fall. Locker verabredeten wir uns für den Nachmittag an der Poolbar, um unsere Safari zu planen und diese dann später über Peter zu buchen. So konnten wir wenigstens sicher sein, dass wir nicht übers Ohr gehauen wurden, was den Touristen hier leider regelmäßig passierte.

Raimund und ich brachten die Koffer in unser Zimmer, das sich in einem zweistöckigen Bungalow am Rande der Anlage befand. Wir hatten eines der Zimmer im Erdgeschoss bekommen, da Raimund Treppen nicht gut steigen konnte. Hoffentlich würden wir nicht allzu viel Getier im Zimmer beherbergen, dachte ich, denn eigentlich waren die oberen Etagen begehrter. Obwohl das übliche Krabbelzeugs – Kakerlaken, Skorpione, Schlangen, Ameisen und Co. – ja auch keine Probleme mit ein paar Höhenmetern hatte. Moskitos sowieso nicht, also konnten wir auch gut im Parterre übernachten. Ich drehte die

Klimaanlage, die hauptsächlich aus einem schlaff rotierenden Propeller an der Zimmerdecke bestand, auf die höchste Stufe. Auf Kofferauspacken hatte ich gerade keine Lust, lieber streckte ich meine müden Knochen kurz auf dem frisch bezogenen Bett aus. Die Wäsche roch etwas klamm, war aber blütenweiß und stramm gezogen. Ich lauschte den fremden Lauten, die aus dem uns umgebenden Wald zu uns drangen. Genau so klang Afrika.

»Willst du als Erster duschen?«, fragte ich nach ein paar Minuten Raimund.

Ich erhielt keine Antwort.

»Raimund?« Ich drehte mich zu ihm um. Er lag wie ein erschossener Hirsch auf seinem Bett, alle viere von sich gestreckt, und schnarchte bereits leise. Auch gut. Der Koffer und die Dusche liefen ja nicht weg.

Gegen sechzehn Uhr wurden wir von alleine wach und waren immer noch umgeben von den fremden Tierlauten. Wir hatten das Gefühl, mitten im Urwald zu sein – es hörte sich faszinierend an. Raimund war schon wieder voller Tatendrang, schälte sich energisch aus den Reiseplünnen und sprang unter die Dusche.

Die Kolleginnen und Kollegen aus unserer Crew hatten sich teilweise schon am Pool eingefunden, als wir eine halbe Stunde später dazukamen. Gemeinsam überlegten wir, wie wir die nächsten Tage gestalten sollten. Einige der Damen wollten ebenfalls auf Safari, trauten sich aber nicht, allein zu fahren. So beschlossen wir, zu fünft eine dreitägige Safari in den Tsavo-East-Nationalpark zu machen. Peter tätigte ein paar Telefonate, und schon hatten wir die Zusage, am nächsten Morgen um zehn Uhr in der Sea Lodge abgeholt zu werden. Der Veranstalter versprach, die Crew mit einem eigenen Bus zu fahren, sodass wir sicher sein konnten, abseits der üblichen Touristenstrecken etwas Besonderes zu sehen.

Das Reisen war eine meiner Leidenschaften, und ich war froh, dass es ein wesentlicher Bestandteil meines Berufslebens war. Es ist nicht schwer, sich in einem Land wohlzufühlen, wenn man sich auf die herrschenden Regeln einlässt, sich verständigen kann – und wenn es nur mit Händen und Füßen ist – und Interesse an fremden Kulturen hat.

Kenia war zu dieser Zeit in einigen Gegenden immer noch stark vom Kolonialismus geprägt. Die Uhren waren hier schlicht stehen geblieben. Dies galt auch für unser Hotel, das von seinem Inventar und seiner Aufmachung her sehr an jene Zeit erinnerte. Mit diesen Gedanken im Kopf gingen wir in den Speisesaal, wo wir an weiß eingedeckten Tischen mit schwerem Porzellan und auf Hochglanz poliertem Silberbesteck Platz nahmen, und genossen gemeinsam das abendliche Dinner. Fehlte nur noch, dass die Ober weiße Handschuhe trugen.

Ziemlich platt und voller Freude auf die nächsten Tage lag ich an diesem Abend in meinem klammen Bett. War ich noch wach, oder schlief ich schon? Um mich herum sah ich Elefanten und Giraffen stehen, die uns neugierig beobachteten. Moment mal – wer beobachtete hier eigentlich wen?

Früh am nächsten Morgen riss mich der Wecker unsanft aus meinen Träumen. Zeit für Raimund und mich zu packen. Zwei Übernachtungen im Nationalpark standen an, und wir räumten außer Wechselgarderobe und »Kultur« noch reichlich Dschungel-Öl und Rauchwaren ein, um uns am Abend die Moskitos vom Hals zu halten. Gegen zehn Uhr stand wie versprochen unser VW-Bus mit Fahrer an der Rezeption, um uns abzuholen. Die Fahrt zum Tsavo dauerte gut drei Stunden. Dort angekommen, checkten wir in der Lodge ein und brachten unser Gepäck auf die Zimmer. Nachdem wir uns erfrischt hatten, kamen wir mit Kameras und Ferngläsern bewaffnet zum Treffpunkt an die Rezeption und starteten am frühen Nachmittag die erste Tour durch den Park.

Wir hatten einen fahrbaren Untersatz mit offenem Dach. Während der ruppigen Fahrt durch die Savanne konnten wir im Fahrzeug stehen, um Fotos zu schießen. Allerdings mussten wir uns an Querstreben festhalten, die in jeder Sitzreihe am Dach befestigt waren. Es war ein traumhafter Anblick, der sich uns bot. Wir sahen Elefantenherden, Löwen, Zebras, Giraffen, Antilopen und Geparden, Tiere, die wir live eigentlich nur aus heimischen Zoos kannten.

Zuletzt war ich im Winter 1981, also gut 18 Jahre zuvor, in Kenia gewesen. Nur mit dem Rucksack reiste ich sechs Wochen durch das Land und nahm so viele Eindrücke mit wie nur irgend möglich. Zu den Highlights dieser Reise gehörte eine Bahnfahrt durch die Nacht mit dem Uganda-Expresszug von Mombasa nach Nairobi. Für die 530 Kilometer brauchte der Zug fast vierzehn Stunden. Die Fahrt ging in Schlangenlinien durch bergauf steigendes Gelände. Selten war der Zug, der noch aus der britischen Kolonialzeit stammte und mit drei Loks gezogen wurde, schneller als vierzig Kilometer die Stunde und wankte dabei bedenklich in seinem alten Schienenbett hin und her. Jetzt, in dem klapperigen Gefährt, hatte ich das Gefühl, dass sich seit meinem damaligen Aufenthalt nichts verändert hatte. Aber hatte sich überhaupt etwas im Land verändert, seitdem die Engländer es im Dezember 1963 in die Unabhängigkeit entlassen hatten? Die Züge sahen noch trostloser aus als damals, und die Gebäude wirkten, als würden sie beim nächsten Sturm in sich zusammenfallen. Selbst an der Infrastruktur war keine Verbesserung erkennbar, obwohl gerade das Straßennetz für Kenias Wirtschaft enorm wichtig war.

»Cornelius, bist du noch bei uns?«, hörte ich Raimund fragen.

»Ja, natürlich bin ich noch hier«, antwortete ich. »Ich hab mich von meinen Erinnerungen treiben lassen. Wenn man hier in der Savanne die Tiere beobachtet, hat man das Gefühl, die Zeit sei stehen geblieben.«

»Ja, das kann ich verstehen«, antwortete Raimund. »Ich bin selbst völlig fasziniert von der Landschaft und den Tieren. Und dann erst all die fremden Laute!«

Den Abend verbrachten wir bei einem Dinner auf der Terrasse der Lodge mit meinen drei Kolleginnen. Die Hotelanlage war direkt an einem Wasserloch gebaut worden und bot den Übernachtungsgästen die Möglichkeit, zur Morgen- und Abendzeit die Tiere ungestört beim Trinken beobachten zu können. An die Lodge schloss sich ein mehrere Quadratkilometer großes Gelände mit dichtem Baum- und Buschbestand an, wohin die Tiere sich zurückziehen konnten. Wir alle hatten das Gefühl, mitten im Urwald zu sitzen. Das Geschrei der Affen im Wald, das Brüllen eines Löwen, das Trompeten der Elefanten, die unzähligen Vögel, die lautstark kreischten, kollerten und flöteten – es war wirklich wie im Paradies.

Später gingen Raimund und ich von der Terrasse aus über eine große Plattform aus Holz, die, auf hohen Pfählen verankert, vor den Raubtieren am Boden schützen sollte. Sie führte gut einhundert Meter in den Wald und war nur spärlich durch einige Öllaternen beleuchtet. Teilweise war sie in die Äste der umstehenden Bäume hineingebaut, sodass ein wunderbarer Kontakt zur Natur entstand. In einigen Bereichen standen Sessel auf den Holzbohlen, und wir setzten uns, um den Geräuschen zu lauschen und eine Pfeife zu rauchen. Viel zu spät merkten wir, dass wir von Mückenschwärmen umgeben waren, und die Hoffnung, dass der Pfeifenrauch die Plagegeister vertreiben würde, erwies sich leider als falsch. Selbst das viel gepriesene Dschungel-Öl, mit dem wir uns reichlich eingeschmiert hatten, schützte uns nicht. Wir nahmen Reißaus, doch die Biester verfolgten uns und schafften es, durch unsere Hemden und sogar die Hosen hindurch zu pieken und unser Blut anzuzapfen – widerlich. Warum zum Teufel gab es eigentlich Moskitos?

Wir entschieden uns, noch einen Drink an der Bar in der Lobby zu nehmen, und nachdem es inzwischen Mitternacht war, gingen wir in unser Zimmer und versuchten zu schlafen, was sich bei der Hitze allerdings als schlicht unmöglich herausstellte. Zerkratzt und übernächtigt trafen wir uns am nächsten Morgen mit den anderen zum Frühstück.

Die noch ausstehenden Ausflüge in Afrikas Natur entschädigten uns für alle Fisimatenten, die wir in den Nächten erlebten. Zwei weitere Tage erkundeten wir die Flora und vor allem die Fauna dieses magischen Kontinents. Zur Krönung schafften es unsere Fahrer, ihre Fahrzeuge am letzten Tag so geschickt in einem Buschwerk zu tarnen, dass wir fast zwei Stunden inmitten einer Elefantenherde beobachten und fotografieren konnten. Das war ein absolutes Highlight unserer Safari!

Ich war etwas bedrückt, als der Tag unserer Abreise aus dem Tsavo-East-Nationalpark kam, musste ich mich doch von den wunderbaren Eindrücken, die ich gewonnen hatte, verabschieden. Problemlos hätte ich hier, eins mit der Natur, noch Wochen verbringen können.

Die verbleibenden Tage bis zu unserem Abflug genossen wir am Pool und entspannten uns, bevor es schließlich in aller Frühe wieder in Richtung Heimat ging. Die Afrikaflüge hatten zwar den Vorteil, dass sie durch die Nord-Süd-Ausrichtung in etwa der gleichen Zeitzone blieben wie in Deutschland, aber die Reise schlauchte trotzdem. Immerhin kamen wir auf eine Dienstzeit von über dreizehn Stunden, wovon die ersten zwei Stunden bei Temperaturen von fast vierzig Grad die anstrengendsten waren.

Raimund saß wieder zu Start und Landung im Cockpit. Unsere Purserette holte ihn zu den Mahlzeiten auf seinen Sitzplatz in der Businessclass, wo er einen Teil des Fluges schlafend verbrachte. War wohl doch etwas anstrengend gewesen, sein Aufenthalt in Kenia … Für uns im Cockpit war es die gleiche Arbeit wie auf dem Hinflug, lediglich die Flugroute wich in einigen Punkten etwas ab. Tagesflüge waren insofern angenehmer, als dass wir uns in unserem lichtdurchfluteten Cockpit besser wach halten konnten.

An der Heimatbasis angekommen, verließ Raimund als Letzter unsere Maschine und wurde von den Kolleginnen herzlich verabschiedet. Ich hatte das Gefühl, dass er in den wenigen Tagen einer von uns geworden war.

Später, wir saßen im Auto auf dem Weg nach Hause, wurde er plötzlich ganz redselig und erzählte mir, wie er die Reise empfunden hatte. Wahrscheinlich würde er von diesem Urlaub noch seinen Enkeln erzählen.

Zwei Wochen später flog ich nach Alicante in Spanien. Unser Flieger, ein A330, war völlig ausgebucht mit fröhlichen Urlaubern und älteren Herrschaften, die zum Golfen auf das spanische Festland flogen oder in ihrem Zweitheim mal nach dem Rechten schauen wollten. Unser Aufenthalt in Alicante währte nur kurz, kaum waren die Reinigungskräfte mit Putzen und wir mit dem Tanken fertig, stiegen auch schon wieder die braun gebrannten Gäste für den Heimflug nach Deutschland ein. War mir nur recht so, ich freute mich auf zu Hause. Meine neue Freundin hatte mir versprochen, etwas Leckeres zu kochen, und mit ein bisschen Glück würden wir pünktlich in Düsseldorf landen.

Auf dem Rückflug, wir überflogen gerade die Pyrenäen, wurde mir plötzlich schwindelig. Statt der Gipfel sah ich Sterne, und ich fühlte mich, als hätte ich leichtes Fieber. Wahrscheinlich hatte ich mir eine Erkältung eingefangen, zumal ich am Vortag eine ausgedehnte Tour mit dem Motorrad gemacht hatte. Ich bat den Purser um ein Aspirin aus der Bordapotheke, in der Hoffnung, mich dann besser zu fühlen. Aber die Wirkung hielt leider nicht lange an.

»Joe, kannst du für mich übernehmen? Ich muss mal für 'nen Moment die Augen zumachen«, bat ich meinen Kollegen.

»Geht klar, Chef. Du siehst, wenn ich ehrlich sein darf, aus wie ausgekotzt.«

»Vielen Dank, sehr schmeichelhaft. Aber ganz ehrlich? So fühle ich mich auch gerade. You have control.« Normalerweise sagte man das, wenn man das Cockpit verließ. Und so ähnlich war es auch, denn ich konnte an diesem Abend einfach nicht mehr. Ich stellte meinen Sitz so weit nach hinten wie möglich und schloss die Augen. Als ich nach kurzer Zeit wieder wach wurde, war ich schweißgebadet, und mir ging es dreckiger denn je. Was zum Henker war das? Eine Grippe? Eine Lebensmittelvergiftung?

Joe machte seine Sache gut, er war ein erfahrener Copilot und konnte den kleinen Flieger gänzlich ohne meine Hilfe sicher ins heimische Nest fliegen.

Endlich in Düsseldorf gelandet – mir kamen die letzten Minuten wie Jahre vor! –, machte ich mich nach dem Aussteigen der Gäste mit den gut gemeinten Genesungswünschen der Kollegen im Gepäck schnellstens auf den Weg zum Firmenparkplatz. Ich wollte nur noch nach Hause, und zwar schnell. Turboschnell!

Ganz so schnell ging es aber dann doch nicht. Eine ganze Weile nach unserer Landung erwachte ich auf dem

Boden vor meinem Auto, ohne mich erinnern zu können, was passiert war. Ich war in meinem Denken schon so eingeschränkt, dass ich mich tatsächlich in den Wagen setzte und wider alle Vernunft losfuhr. Hätte ich noch klar denken können, hätte ich zum nächsten Krankenhaus fahren müssen, um mir dort helfen zu lassen.

Als ich gegen halb zwei Uhr morgens zu Hause ankam, schlief meine Freundin seit Stunden tief und fest und bekam von meiner Rückkehr nichts mit. Mir brummte der Kopf, als ob tausend Hummeln ihn umkreisen würden. Nach zwei weiteren Aspirin versuchte ich zu schlafen und war so kaputt, dass mir das auch gelang.

Am nächsten Vormittag registrierte meine Freundin, wie es mir ging. Nachdem ich nicht auf ihre Fragen reagierte, rief sie den ärztlichen Notdienst an. Eine Spritze Schmerzmittel sorgte umgehend für eine kurzfristige Besserung, und ich versprach dem Notarzt, gleich ins Krankenhaus zu fahren. Eine Stunde später, gerade als ich mich endlich so weit aufgerafft hatte, dass ich mich anziehen und auf den Weg machen wollte, kam der Arzt von sich aus wieder. Er meinte, dass mein Zustand ihm keine Ruhe gelassen hätte. Ich wäre doch in Afrika gewesen, ob ich vielleicht von einer Mücke gestochen worden wäre und wie lang das jetzt genau her sei?

Da erst begriff ich, was mit mir los war. Ich erinnerte mich schlagartig an den Abend auf der hölzernen Aussichtsplattform im Tsavo-East-Nationalpark, an dem Raimund und ich von den afrikanischen Mücken gestochen worden waren. Das war ziemlich genau zwei Wochen her. Alles passte zu einer Malaria: Inkubationszeit 12 bis 14 Tage. Ich erhielt eine Einweisung für das Krankenhaus und wollte mich schleunigst dorthin begeben. Da wurde dann aber nichts mehr draus, zumindest nicht aus eigener Kraft. Mein Kreislauf, so erzählte mir meine Freundin später, musste wohl zusammengebrochen sein.

Jedenfalls fiel ich auf mein Bett zurück und war einfach weg. Wach wurde ich erst wieder im Rettungswagen, kurz bevor wir das Krankenhaus erreichten. Eine Blutuntersuchung ergab, dass ich tatsächlich Malaria Tropica hatte.

Die nächsten Tage wurde ich auf der Isolierstation mit Medikamenten zugedröhnt. Meinem Magen gefiel das gar nicht, und das Resultat war nach jeder Einnahme das gleiche – er entleerte sich unverzüglich. So konnte das nichts werden. Die Ärzte stellten die Behandlung um, und ich bekam andere Medikamente intravenös zugeführt. Zuerst versprachen auch sie keinen Erfolg, doch fünf Tage später hatte ich es dann doch geschafft und war Gevatter Tod noch einmal von der Schippe gesprungen.

Es sollte noch fast drei Monate und eine Kur am Chiemsee dauern, bevor ich wieder so fit war, dass ich in den aktiven Flugdienst zurückkehren konnte. Und das alles wegen eines kleinen, lausigen Moskitostichs – unglaublich!

Blitz aus heiterem Himmel

Inzwischen bin ich wieder in festen Händen, diesmal mit jemandem, der genauso leidenschaftlich fliegt wie ich. Scheint eine ganz gute Voraussetzung zu sein für eine Bindung, denn mittlerweile sind wir schon über ein Jahrzehnt verheiratet. Aber auch diese Beziehung hatte zu Anfang ihre Tücken, anscheinend sind wir Flieger ein ganz eigenes Völkchen. Ich kann mich noch genau an den Tag erinnern, an dem wir uns kennengelernt haben …

Wir reisten an diesem Märztag 1991 von Düsseldorf nach Puerto Plata in der Dominikanischen Republik. Damals war ich noch Copilot; gestartet waren wir vor gut einer Stunde, weitere acht lagen noch vor uns. Die Karibik lockte mal wieder mit ihren weißen Endlos-Stränden, Palmwedeln und 30 Grad im Schatten. Das warme Wetter ließ ich mir noch gefallen, die Karibik ging mir inzwischen jedoch schon auf den Keks. Seit drei Jahren flog ich ständig nach Kuba, in die DomRep und nach Jamaika. Wie gern hätte ich mal die USA oder Asien angesteuert, aber diese Destinationen waren offenbar den alten Hasen vorbehalten. Also düste ich mal wieder zu der Kokosnussinsel, auf der ich inzwischen mit jeder Muschel per Du war. Wir hatten unsere vorläufige Reiseflughöhe von 10 000 Metern inzwischen erreicht, und ich musste dringend mal austreten.

»Walter, übernimm du bitte, ich muss mal eben für kleine Königstiger.« Der Kapitän nickte, ich fuhr meinen

Cockpitstuhl zurück und schälte mich aus dem Sitz, vorbei am Flugingenieur.

»Kannst du mir einen Kaffee mitbringen?«, fragte dieser spontan.

»Na klar, mach ich«, grinste ich und dachte: Beweg dich bloß nicht zu viel. Ich öffnete die Cockpittür und trat hinaus in die Galley. Eine der Stewardessen stand mit dem Rücken zu mir und baute ihren Barwagen mit Weinflaschen auf, die Purserette saß auf ihrem Jumpseat an der Tür und füllte Papiere aus. Dabei wollte ich nicht stören, also trat ich ein Stück näher zu der jungen Kollegin mit dem langen, dunkelblonden Zopf heran und sagte:

»Hallo, ich hätte gern einen Kaffee lästig.« Sie drehte sich um, sah mich an – und mich traf fast der Schlag. Halleluja, was war denn das für eine schnuckelige Maus?

»Lästig?«, wiederholte sie mit hochgezogener Augenbraue und fragendem Blick.

»Na ja, mit Milch und Zucker … wenn's dir nichts ausmacht.«

Zu der damaligen Zeit ging die Crew an der Heimatbasis nicht geschlossen an Bord. Die Kabinencrew fuhr immer zuerst auf den Flieger, um genügend Zeit für die Vorflugarbeiten zu haben. Dazu gehörte zum Beispiel das Überprüfen der Notausrüstung, das Stecken der Sitztaschen, das Auslegen von Zeitungen, Kontrollieren der Waschräume und einiges mehr. Wir Cockpitkollegen besprachen unseren Flugablauf in der Firma zusammen mit dem Flugdienstberater und fuhren dann etwas später mit einem separaten Bus zur Maschine. So konnte es durchaus passieren, dass man sich erst nach Stunden das erste Mal sah – oder dass einen über dem Atlantik unvermittelt der Blitz traf! Ich glaube, ich starrte ziemlich blöde vor mich hin. Gott sei Dank erinnerte mich meine volle Blase energisch an meinen ursprünglichen Plan, und so verschwand ich mit einem linkischen Grinsen und einem »Bin gleich wieder da« erst mal auf der Toilette.

Als ich wieder in die Galley kam, stand sie direkt vor mir, einen Pappbecher mit dampfendem Kaffee in der Hand.

»Hier, bitte«, sagte sie. »Ich hoffe, die Mischung ist so richtig.« Mein Herz klopfte wie wild, und ein leichter Schauer zog mir den Nacken herunter, als sie mir den Kaffee reichte. Unsere Finger berührten sich ganz zufällig, und da war es wieder, dieses kribbelige Gefühl. Fühlt es sich so an, wenn einen Amors Pfeil trifft?

Ich überlegte krampfhaft, was ich Intelligentes sagen könnte. Unspontan, wie ich manchmal war, fiel mir nichts Gescheiteres ein als: »Na, warst du schon mal in POP?« POP war der Dreilettercode, also die Kurzbezeichnung für Puerto Plata; jeder Flughafen hatte so einen Code, ein Schelm, wer an anderes dabei dachte.

»Nein, ich war noch nie dort, ich fliege erst seit einem Jahr ... und Langstrecke fast immer nur nach Kuba«, lachte sie.

Ich versuchte sie diskret zu scannen: mindestens eins achtzig groß, schlank, langes honigfarbenes Haar, blaue Augen und ein wirklich unglaubliches Lächeln. Ich fühlte mich wie ein Stück deutsche Butter in der prallen Sonne, und während ich dahinschmolz, las ich noch schnell ihr Namensschild. Karoline ...

»Nun hör mal hier auf zu flirten und geh zurück in deine Dose da vorne«, riss die schrille Stimme der Purserette mich abrupt aus meinen amourösen Gedanken. »Wir müssen jetzt arbeiten, die Passagiere warten schon auf ihre Getränke!« Na, die hatte ja wohl Haare auf den Zähnen.

Anstatt mich mit einem flotten Spruch zu wehren, rief ich nur noch schnell: »Bis nachher«, und ließ mich vom Kabinenspieß zurück ins Cockpit schieben. Dem Flugingenieur drückte ich den Kaffee in die Hand, zwängte mich wieder in meinen Sitz, schnallte mich an und starrte aus dem Fenster, raus auf den Atlantik.

»Alles okay bei dir?«, hakte Karsten nach.

»Ja, du, alles gut – das war wirklich höchste Zeit ...«

Karsten hatte keine Ahnung von der Doppeldeutigkeit meiner Worte. Noch nie, wirklich noch nie hatte es bei mir so eingeschlagen. Geguckt, drei Worte gewechselt und zack, verliebt bis über beide Ohren. Unglaublich. Ich freute mich auf einmal auf Puerto Plata. Den weißen Sandstrand, die Palmen, die warme Luft, leichte Kleidung, das Karibikfeeling ...

Bis zur Landung war ich insgesamt noch drei Mal vor der Cockpittür, um mir die Beine zu vertreten. Jedes Mal hoffte ich insgeheim, Karoline zu treffen, aber unsere Wege kreuzten sich leider erst wieder bei Dienstende.

Gegen sechzehn Uhr Ortszeit landeten wir sicher auf der Runway des Gregorio Luperón International Airport, und unsere Passagiere verließen bald darauf den Flieger recht zügig über zwei wackelige Treppen. Wir packten unsere Siebensachen zusammen und kletterten hinterher. Die tropische Hitze schlug uns direkt ins Gesicht, trotz der vorgerückten Tageszeit stand die Luft wie in einem Dampfbad über dem Rollfeld. Die Einreise in die Dominikanische Republik war für Crewmitglieder stets einfach, man erkannte uns an der Uniform, und ein kleiner Dominikaner winkte uns vorbei an der Masse der Passagiere, vorbei auch an der Merengue spielenden Drei-Mann-Combo und dem Fotografen, der emsig die eintreffenden Feriengäste ablichtete. In zwei oder drei Wochen würde man sich bei der Abreise bei ihm dann ein Erinnerungsfoto kaufen können, wie man übermüdet, verschwitzt und käseweiß den Urlaub begonnen hatte.

Unser großes Gepäck kam mit einem separaten Wägelchen von unserem Flugzeug, und unter den neidischen Blicken der noch wartenden Gäste verschwanden wir in unserem Crewtransport. Das klappte beileibe nicht immer so gut, aber diesmal schienen wir Glück zu haben.

Ich ließ mich mit Schwung in eine der vorderen Sitzreihen des klapperigen Toyota-Kleinbusses fallen, schob das plüschige Gardinchen vor dem Fenster beiseite und beobachtete die Kolleginnen beim Einsteigen. Noch ehe ich protestieren konnte, setzte sich die Purserette neben mich. Das hatte ich eigentlich anders geplant. Karoline ging an mir vorbei, zeigte mir bei einem koketten Grinsen eine Reihe schneeweißer Zähne und nahm weiter hinten im Bus Platz.

Immerhin dauerte die Fahrt nur knappe dreißig Minuten. Wir wohnten in einer schönen Bungalowanlage im Bavarao Beach-Resort, natürlich direkt am Strand. Das Einchecken zog sich hin, die Purserette diskutierte ausgiebig mit dem Rezeptionisten, hier brauchte man wirklich Geduld – es dauerte alles nur eine karibische Minute … und die konnte mitunter lang werden. Besonders wenn man in einer verschwitzten Uniform, müde, hungrig und durstig auf sein Zimmer warten musste. Endlich verteilte die Chefin die Zimmerschlüssel, und wir verabredeten uns in einer halben Stunde auf ein Afterlanding am Pool.

Die Sonne begann gerade im Meer zu versinken, die Zikaden schraddelten, und es wehte ein lauer Wind. Kurz behost und mit einem kühlen Glas Bier ließ sich das Leben wunderbar aushalten. Die Mädels verschwanden nach und nach auf ihre Zimmer, und zum Schluss saßen nur noch der Kapitän, die Purserette, mein blonder Engel und ich an der Poolbar. Du lieber Himmel, wollten die denn nie ins Bett gehen? Fieberhaft überlegte ich, wie ich meinen Chef und die Purserette elegant loswerden könnte. Ich probierte es so:

»Ich gehe jetzt mal schwimmen! Baden bei Vollmond! Wann hat man dazu schon die Gelegenheit? Kommt jemand mit?«

Bitte, bitte, lieber Gott, lass jetzt nicht die falschen Ja sagen! Ich schaute erwartungsvoll von einem zum anderen. Und meine Rechnung ging auf. Zum Glück!

»Klar komme ich mit«, lächelte Karoline und stand auf. Unter den amüsierten Blicken der beiden Alten verzogen wir uns an den Strand. War mir egal, was die dachten. Ob sie wussten, dass ich verheiratet war? Und wenn schon, sie hatten ganz sicher keine Ahnung, wie es um meine Ehe bestellt war. Irgendwie hatte ich schon ein schlechtes Gewissen, aber was macht man gegen akute Schmetterlinge im Bauch? Mein Herz klopfte, endlich allein zu zweit, und das an diesem romantischen Ort!

Intime Details über nächtliches Baden nach einem anstrengenden, zwölfstündigen Dienst im Karibischen Meer bei Badewannentemperaturen, zusammen mit einem halben Dutzend Inselbieren, dem berauschenden Gefühl von »frisch verliebt« und jeder Menge Unsinn im Kopf, seien der Phantasie des geschätzten Lesers überlassen. Weil es am Strand auf Dauer zu pieksig war, vertagten wir unser Rendezvous im weiteren Verlauf auf das Zimmer. Meines lag direkt neben ihrem. Ob die Purserette das extra so arrangiert hatte?

Ich war verliebt, so sehr wie noch nie in meinem Leben. Sie auch, und wie! Zwei Jahre flogen wir die Langstrecken zum größten Teil gemeinsam. Selbst eine Reise nach Kuba in Fidel Castros Reich gewann auf einmal an Attraktivität, wenn ich wusste, dass Karoline dabei war. Wir verstanden uns blind, ohne große Worte, konnten streiten wie die Kesselflicker und dann die Versöhnung umso mehr genießen. Es war schön, auf diesen Flügen jemanden so Vertrautes dabeizuhaben, und es war ein

Geschenk, all diese faszinierenden Orte, Erfahrungen und Abenteuer miteinander teilen zu können. Schade nur, dass mit Ende des Fluges auch jedes Mal die Beziehung endete, denn ich brachte es trotz aller Verliebtheit und ständiger Sehnsucht nach Karoline nicht übers Herz, mich von meiner Frau und meinem Kind zu trennen.

Nach zwei Jahren war unsere Romanze beendet: Sie wollte nicht mehr die Geliebte eines Copiloten sein, was ich durchaus verstehen konnte – und ich konnte meine Familie nicht im Stich lassen. Als wir beide uns trennten, zerriss es mir das Herz.

An Bord sahen wir uns nur noch ein, zwei Mal, eher zufällig, und wir bemühten uns, so gut es ging, uns gegenseitig zu ignorieren. Mir fiel das nicht leicht, ich war verletzt, frustriert und wusste doch keine andere Lösung. Karoline heiratete dann ziemlich schnell einen anderen Mann, gründete ihre eigene Familie und schien äußerst glücklich zu sein. Immerhin einer von uns beiden, dachte ich traurig, als ich nach Jahren von einer gemeinsamen Kollegin davon erfuhr. Meine Ehe war inzwischen Geschichte, die Fliegerei war einfach nicht »ehekompatibel« für mich. Ich hatte zwar neue Beziehungen gehabt, aber es war nie wieder so intensiv wie damals mit Karoline gewesen. Und dann platzte sie zum zweiten Mal mit Schallgeschwindigkeit in mein Leben …

Es passierte, kurz nachdem ich Kapitän auf dem A330 geworden war, also etwa ein halbes Jahr nach meiner Beförderung zum Kapitän auf dem A320. Mit dem kleinen Airbus hatte ich den Kurz- und Mittelstreckenbereich bedient, und jetzt freute ich mich, endlich wieder Langstrecke zu fliegen. Neugierig schaute ich mir meinen Dienstplan an: Wohin würde der Wind mich wehen? Wie vom Donner gerührt starrte ich auf die Dreilettercodes der

Kollegen, die mit mir nach Ft. Myers in Florida fliegen würden: Ihrer war dabei! Flog sie wieder? Oder hatte jemand Neues ihr Kürzel übernommen? Das geschah eigentlich äußerst selten, aber man konnte ja nie wissen, und so hakte ich bei Angelika, einer gemeinsamen Kollegin, nach, von der ich wusste, dass sie mit Karoline befreundet war.

»Die Karoline? Ja, die fliegt wieder. Ich komme übrigens auch mit nach Ft. Myers. Nächsten Dienstag, oder?«

Mir blieb fast das Herz stehen. Wollte ich sie überhaupt wiedersehen? Für einen kurzen Moment überlegte ich, ob ich den Flug tauschen sollte, aber dann siegte doch die Neugier.

Als ich nach einer schlaflosen Nacht in der Firma ankam, trug ich mich im Check-in-Buch ein. Täuschte ich mich, oder roch das Papier nach ihrem Parfüm? Sie hatte sich schon eingetragen, der Nachname war ein anderer, aber die Schrift erkannte ich sofort. Du lieber Himmel, ich fühlte mich wie ein nervöser Schuljunge bei seinem ersten Date und konnte es gar nicht erwarten, sie endlich wiederzusehen. Ich verließ den Check-in-Bereich und ging hinüber zu unserem Aufenthaltsraum.

»Wo ist sie denn nun?«, fragte ich Angelika, die auch schon in der Crewlounge saß und mich über die Jahre immer mal wieder mit Informationen über Karoline und ihre Familie versorgt hatte.

»Na, da steht sie doch! Am Kaffeeautomaten …«

Vor dem zickigen Kaffeespender stand eine spindeldürre Frau mit kurzen dunkelbraunen Haaren mit dem Rücken zu mir und kämpfte gerade mit einem beherzten Fußtritt gegen die Blechwand des Geräts um ihren Kaffee.

»Das hat sich in all den Jahren auch nicht geändert! Wäre ja auch zu schön gewesen. Da fühlt man sich doch gleich wieder heimisch! Rück sofort den Kaffee raus, du widerspenstiges Teil!«, fluchte eine mir sofort vertraute Stimme.

»Karoline?«

Sie drehte sich um, und der Blitz traf mich ein zweites Mal. Auch wenn ich die langen dunkelblonden Haare schmerzlich vermisste und im Augenblick das Gefühl hatte, sie mit mindestens einem halben Dutzend Käsesahnetorten füttern zu müssen, damit man nicht jede Rippe einzeln sah.

»Hi.«

Na, die Begrüßung war ja herzlich.

»Das blöde Teil bockt schon wieder, und ich brauche jetzt unbedingt einen Kaffee, sonst überlebe ich den Flug nicht!«, beschwerte sie sich und funkelte mich an, als wenn es meine persönliche Schuld wäre, dass der Kaffeeautomat nicht kooperierte. Immerhin fiel ihr überhaupt etwas zu sagen ein, während ich sie nur ungläubig angestarrt hatte.

»Lass mich mal …«

Während des Fluges kam sie in ihrer Pause zu mir ins Cockpit. Wir zeigten uns gegenseitig Fotos von unseren Kindern. Ich kämpfte schon wieder mit flatterndem Viehzeugs in der Magengegend, aber gab es für mich überhaupt noch eine Chance? Sie hatte doch nun ihre lang ersehnte Familie. Aber warum flog sie dann wieder? Ich war verwirrt und gleichzeitig verärgert. Wie konnte jemand mein Leben einfach so auf den Kopf stellen? Ich hatte tausend Fragen, aber vor den neugierigen Ohren des Copiloten wollte ich nicht zu persönlich werden, also verabredeten wir uns auf ein Afterlanding nach dem Flug in Shoeless Joes Bar.

Um eine lange Geschichte kurz zu machen: Wir redeten nicht nur in Joes Bar, sondern anschließend in meinem Zimmer, ununterbrochen, etwa bis sechs Uhr morgens Ortszeit. Wir hatten viele verpasste Jahre nachzuholen. An Bord dachte jeder noch vom anderen, er wäre in einer anderen Beziehung glücklich geworden, doch das Leben geht manchmal seltsame Wege.

Auch wenn ich eher praktisch als abergläubisch veranlagt bin – inzwischen bin ich mir sicher, dass das Schicksal Karoline absichtlich ein zweites Mal in mein Leben hat platzen lassen. Und ein zweites Mal wollte ich sie auf keinen Fall gehen lassen! Als Flieger eine Beziehung zu führen ist unendlich schwer. Ständig unterwegs, zu Hause meistens müde und, wie ich zugeben muss, laufend neue, hübsche Kolleginnen machen es einem auch nicht gerade leicht, treu zu bleiben. Meine erste Ehe war daran kaputtgegangen, inzwischen war ich seit vier Jahren geschieden. Ich war frei für Karoline, doch nun war sie verheiratet, aber das eigentlich auch nur noch auf dem Papier. Ich war mir sicher, dass wir beide füreinander gestrickt waren. Und wir haben es tatsächlich geschafft: Drei Jahre nach dem Fort-Myers-Flug haben Karoline und ich geheiratet. Wir fliegen immer noch gern gemeinsam um den Globus, inzwischen seit über 15 Jahren. Dann ist es fast so wie früher, als es nur uns beide gab. Aber auch wenn wir in getrennten Fliegern sitzen, einer gen Westen, einer gen Osten, dann ist es gut zu wissen, dass die Reise irgendwann wieder nach Hause geht – und dabei die Gewissheit zu haben, endlich angekommen zu sein.

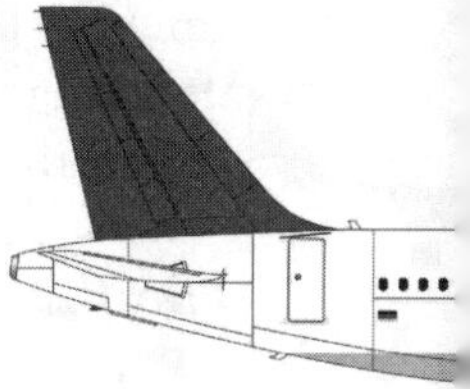

München

Ich liebe den Geruch, wenn sie frisch aus der Dusche kommt. Sie duscht immer noch mit Penaten-Duschbad wie ein Baby oder mit Brombeershampoo, Düfte und Gerüche, die für mich einfach zum Anbeißen sind. Ich kenne den Vorgang genau, das Wasser rauscht, minuten-, manchmal Ewigkeiten lang. Dann ist es zu Ende, Wasser tropft, Füße tasten sich vorsichtig durch das Badezimmer, Handtücher fallen. Die Tür geht auf. Eine Wolke an Feuchtigkeit wabert ins Schlafzimmer, das Licht ist schon aus, und ich höre nur das Tapsen der feuchten Füße auf dem Parkett. Mit wohligem Seufzen lässt sie sich in die Kissen fallen, schüttelt die nassen Haare, streckt die Arme in den Nacken, räkelt und reckt sich noch einmal herzhaft und atmet tief aus. Ankommen nennt man das wohl.

Ich taste mich langsam vor. Meine Hand wird zur Schlange unter der Decke, tastend, suchend, bis ich auf ihre nackte, frisch gebräunte Haut stoße. Sie glüht noch nach. Sie ist noch feucht und warm. Und ich will mehr.

Natürlich stellt sie sich tot. Wahrscheinlich ist sie das auch, Los Angeles–Düsseldorf fliegt man nicht auf einer Pobacke – auch wenn die so knackig ist wie diese hier. Aber ich lasse nicht locker. Erkunde mit meinen neugierigen Händen den Körper neben mir, der so lecker nach Brombeershampoo riecht und sich so herrlich anfühlt. Meine Hände streichen eine feuchte Haarsträhne aus dem Gesicht, und ich küsse ihren Hals. Ich ziehe sie an mich, flute sie weiter mit Küssen, bin mit meinen Händen überall und lausche gespannt auf ihre Reaktion.

Schrill!

Das Telefon klingelte! Nein, es klingelte nicht, es schrillte, kreischte, nervte – brauchte man dieses Geräusch um 3.30 Uhr morgens?

»German Transatlantic Airways, Crewkontakt, Meier, guten Morgen Herr Maschmann! Wir bräuchten Sie mal kurz, um einen A320 von Düsseldorf nach München zu überführen. Morgen geht's dann über Düsseldorf nach Charles-de-Gaulles und zurück. Check-in ist um fünf Uhr Lokal. Gute Reise!«

Wie bitte? Was war das denn? Wo war ich eigentlich? Und wo war …? Verdammt, alles nur ein Traum! Ich hatte Bereitschaft an diesem Sonntagmorgen, und die Firma hatte es weidlich ausgenutzt. Karoline war schon seit vier Tagen unterwegs, auf irgendeiner Europatour, kein Wunder, dass man(n) da Sehnsucht und lüsterne Träume hatte!

Knurrig sprang ich aus dem Bett. Sagenhafter Einsatz, einen kleinen Airbus von Düsseldorf nach München zu bringen. Das war gerade mal eine ganze Flugstunde. Da saß ich ja länger auf der Autobahn als im Flieger! Und ein Kurztrip nach Paris versprach auch nicht wirklich viele Stunden. Tja, was sollte es, das Leben war kein Ponyhof, dafür waren Bereitschaften da, um spontan Löcher zu stopfen, damit die Flieger dahin kamen, wo sie hingehörten: in den Himmel.

Ich sprang kurz unter die Dusche, wirklich viel Zeit hatte ich nicht, denn schon die Fahrt zum Flughafen würde eine ganze Stunde in Anspruch nehmen. Ich stieg in die Uniform, packte für den morgigen Dienst frische Wäsche und ein Uniformhemd ein und ein paar Jeans nebst T-Shirt für München. Es war September und noch relativ warm, eine kleine Tasche würde genügen.

Auf der Autobahn war nichts los, kein Wunder, sonntagmorgens um vier. Lediglich ein paar Nachtschwärmer teilten die Bahn mit mir. Der Mond leuchtete rund, es war eine sternenklare Nacht. Als ich in Düsseldorf ankam, wurde es langsam hell. Andere Leute frühstückten um zehn am Sonntag mit der Familie, ich würde um sieben Uhr schon in Bayerns Hauptstadt landen und dann Feierabend haben. Verkehrte Welt.

Ich begrüßte Stephan, meinen Copiloten für den heutigen Trip. Er hatte sich schon den Flugplan heruntergeladen; gemeinsam besprachen wir den Sprit und den Flugplan, wenig später fuhren wir raus aufs Vorfeld. Unser 320er stand kalt und dunkel mit verschlossenen Türen an Position Charly 6. Die Maschine wurde in München gebraucht, als Ersatz für ein Flugzeug, dem ein Cateringfahrzeug gegen eine Triebwerksverkleidung gefahren war. Wir mussten also weder auf eine Kabinencrew noch auf Passagiere warten. Unsere Vorflugarbeiten waren schnell abgeschlossen, vor dem Start machte ich den obligatorischen Walk-Around auf dem Vorfeld und ging auch noch einmal durch die Kabine, um die Rutschen scharf zu stellen – sicher war sicher.

Der Düsseldorfer Flughafen hatte einen Slot für uns bereit, und so rollten wir um 6.05 Uhr zur Startbahn 23 L, später Kurs Südost. Da wir nur das Minimum für die Reise nach Bayern getankt hatten, schoss unser Moped wie eine Kanonenkugel über die Bahn. Bereits nach 800 Metern war V1 erreicht – Lift off!

Die Sicht war klar, und Deutschland erwachte unter uns so langsam zum Leben. Ein beschaulicher Sonntag aus der Vogelperspektive. Die Triebwerke brummten monochrom, leichte Turbulenzen schüttelten unseren leeren Vogel, als wir durch die Wolkenschicht brachen, und dann war er da, der Lorenz – strahlender Sonnenschein, azurblauer Morgenhimmel und schneeweiße Wattewolken, so weit das Auge reichte. Dieser Anblick faszinierte mich immer wieder!

Ich hätte jetzt gut einen Kaffee vertragen können und dazu ein halbes Schwein auf Toast. Da aber keine Gäste an Bord waren, gab es auch kein Catering. Noch nicht mal eine schnöde Tüte Pulverkaffee – rein gar nichts! Wie gut, dass die Reise in den deutschen Süden nur knappe 50 Minuten dauern würde. Ich nahm mir vor, im Hotel lecker zu frühstücken und dann den Schlaf nachzuholen, den die Firma mir zuvor geklaut hatte.

Stephan übernahm den Funk, ich kümmerte mich um das Fliegen. In den Zwischenpausen erzählte er mir von dem neuen Motorboot, welches er sich in Kalifornien gekauft hatte. Ich hörte nur halbherzig zu, irgendwie war es mir für Gespräche noch viel zu früh, und ich freute mich, dass ich nicht nach Hurghada fliegen musste – so wie die Kollegen, denen wir den Flieger brachten. Das ägyptische Ferienziel war gute viereinhalb Stunden entfernt – und das Gleiche noch einmal retour. Da lockte das bajuwarische Hotelbett doch ganz ungemein.

Pünktlich um 6.55 Uhr setzten wir in München auf dem Franz-Josef-Strauss-Airport auf. Wir rollten noch etwa zehn Minuten zu unserer Parkposition, der Flughafen war ja nicht gerade klein, und kamen so auf eine Gesamt-Blockzeit von sagenhaften 75 Minuten.

Die Blockzeit wird gerechnet vom Entfernen der Bremsklötze vom Fahrwerk bis zum Wiederhinlegen nach der Landung. Dies ist die Zeit, die wir als Flugzeit zusätzlich zum Grundgehalt bezahlt bekommen. Aber wer dachte denn sonntagmorgens schon an schnöden Mammon?

Die Lader legten die Klötze also vor das Fahrwerk, wir

stellten die Triebwerke ab und übergaben den Flieger an die Technik. Unser Job war getan. Kurz und schmerzlos.

»Ein Crewbus steht schon unten«, erzählte uns der Rampagent, der gleich mit der anreisenden Crew 174 Gäste für Hurghada abfertigen würde. »Schönen Tag in München, heute sollen es 26 Grad werden!« Er grinste verschmitzt. Sicherlich hätte auch er den Sonntag interessanter verbringen können als auf einem stinkenden, wuseligen Flughafen. Aber so war unser Business: Wenn andere Leute Ferien machten, mussten wir ran. Ich bedauerte ihn ein bisschen, bedankte mich und wünschte noch einen schönen Tag. Stephan und ich fuhren zum Crewraum, warfen unsere Papiere in den dafür vorgesehenen Kasten und verließen das Gebäude, um auf den Transport zum Hotel zu warten. Ein großer Reisebus stand bereits mit laufendem Motor vor dem Gate. Konnte das womöglich unser Shuttle sein? Ich fragte kurz beim Busfahrer nach. Dieser nickte und bestätigte das Reiseziel. Na, hervorragend, wenigstens klappte hier mal was. Ich schnappte mir mein Flightcase und meine Tasche und enterte den Bus. Einige Kolleginnen und Kollegen waren bereits an Bord, darunter eine Crew eines A330. Ich grüßte müde links und rechts, und dann stutzte ich: Saß da doch wahrhaftig Karoline!

»Hey, Schatz, wo kommst du denn her?«, grinste ich.

»Das Gleiche könnte ich dich jetzt fragen …«, konterte sie und küsste mich, ohne eine Antwort abzuwarten. Ihr roter Lippenstift färbte ab, aber das war mir egal. Ich freute mich über diesen Zufall.

»Mich haben sie um 3.30 Uhr aus dem Bett gehauen, weil hier ein 320er fehlte. Hab jetzt frei bis morgen, dann darf ich nach Paris.«

»Und wir kommen gerade aus Berlin. Unser 330er geht weiter nach Tunesien. Aber mit Kollegen, die hier einen Nightstop hatten. Ich habe jetzt auch Feierabend.«

»Na, das ist doch wunderbar – ein kinderfreier Tag in München auf Firmenkosten! Haben Sie heute schon was vor, schöne Frau?«

Ich zog Karoline neckend an ihrem Halstuch.

»'ne Runde schlafen und dann mal gucken. Wie ich dich kenne, musst du erst mal ordentlich frühstücken, oder?« Karoline schaute mich an.

»Ich könnte dich zu einem leckeren Frühstück im Hotel einladen. Dann ist das Bett danach nicht so weit – wie wär' das …?«

Tja, so hatte die Firma unfreiwillig Familienzusammenführung betrieben. Wir fuhren gemeinsam ins Hotel, frühstückten dort fürstlich und holten versäumten Schlaf nach. Am Nachmittag bummelten wir durch die Stadt, setzten uns bei traumhaftem Wetter in eines der Cafés am Marienplatz, bestellten uns eine Brotzeit und genossen den Nachmittag. Ganz allein – ohne Kinder. War das herrlich! Wir beobachteten die Touristen, die an uns vorbeischlenderten.

»So schlecht ist der Job nicht, oder was meinst du?« Meine Liebste biss herzhaft von einer Brezel ab und grinste mich an.

»Nein, vor allem die Sonntage in München sind ein absolutes Highlight. Genau darum bin ich Pilot geworden!«, lachte ich und nahm ihre Hand. Das Leben ging tatsächlich manchmal seltsame Wege. Aber eines hatte ich gelernt – man muss die Feste feiern, wie sie fallen. In Sachen Spontaneität waren wir Flieger jedenfalls nicht zu schlagen.

Gut gesättigt, mit leichtem Sonnenbrand auf der Nase und tiefenentspannt schlenderten wir zurück zum Hotel.

»Du, ich glaube, bevor wir uns was Schönes zum Abendessen nachher suchen, muss ich erst mal duschen«, sagte mein Schöne.

»Mit Brombeershampoo …?«

»Ja, wieso?«

»Och, nur so … Geh du mal duschen, ich warte so lange.«

Ich grinste. War alles so in meinem Sinne.

Robinson Crusoe

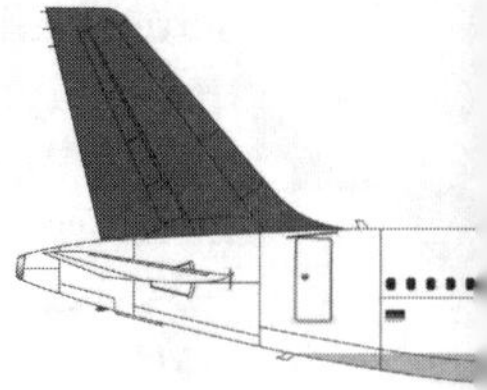

Seit fünf Tagen saß ich mit meiner Crew jetzt schon auf dieser Insel – blütenweißer Sand, tiefblauer Himmel, türkisfarbenes Wasser mit Badewannentemperatur. Jamaika, ein fast perfektes Urlaubsziel. Doch ständig dudelte aus irgendeiner Ecke laute Reggae-Musik, die Sonne glühte erbarmungslos vom wolkenlosen Himmel und brannte sich ins Hirn. Die Schattenplätze am Strand waren rar wie Diamanten, und selbst unter einem der wenigen strubbeligen Palmwedel-Schirmchen versengte man sich gnadenlos die Haut, wenn man nicht entsprechend vorsorgte. Das Hotel, in dem diesmal mein Koffer parkte, war ein Fünf-Sterne-Schuppen, edel, ganz in Weiß gehalten und selbst für jamaikanische Verhältnisse teuer, was mir aber in diesem Fall egal war, denn die Firma zahlte hier großzügig für uns all inclusive, also den grenzenlosen Genuss kulinarischer Köstlichkeiten nebst unlimitierten Getränken. Es hätte wahrhaft schlimmer sein können, trotzdem gingen mir dieses dahinplätschernde Karibikfeeling, der Sand in den Schuhen und die Schwitzerei mittlerweile mächtig auf die Nerven. Ich wollte nach Hause, am liebsten gestern! Geplant war das Ganze so nämlich überhaupt nicht, eigentlich hätten wir schon vor vier Tagen zurück nach Deutschland fliegen sollen. Und dort hatte ich in Kürze ein wichtiges Date.

Unsere Karibikrundreise hatte vor sieben Tagen in Düsseldorf mit einem Standardlinienflug nach Miami begonnen. Wir waren im Cockpit auf dieser Reise zwei Kapitänskollegen, weil ich aufgrund eines kleinen Unfalls über 90 Tage nicht mehr den Atlantik überflogen hatte – so sahen die Sicherheitsvorschriften der Firma es vor. Witzigerweise hatten der Check-Kapitän und ich den gleichen Vornamen, und jedes Mal, wenn eines der Mädels Cornelius oder Käpt'n sagte, sahen wir gleichzeitig hoch und antworteten – Macht der Gewohnheit. Der Flug von Düsseldorf nach Miami verlief äußerst ruhig, kein Stress mit dem Wetter, kein Theater mit Gästen, keine Kabbeleien in der Crew – fast zu schön, um wahr zu sein. Am späten Nachmittag saßen wir nach einem knapp zehnstündigen Flug im Crewbus und freuten uns auf eine kühle Dusche. Unsere dortige Residenz war ein alter Kasten mit dem verblassenden Flair der Sechziger, inzwischen mächtig in die Jahre gekommen und sicher auch dringend renovierungsbedürftig. Das Gebäude erinnerte mit seinen zwei eckigen, hellblau getünchten Zimmertürmen, von denen jeweils ein riesiger, gold lackierter Wasserspeicher wie ein Schornstein in den Himmel über Florida ragte, an ein betagtes Kreuzfahrtschiff. Es lag direkt am Miami Beach, das Meer schwappte fast bis in den Pool. Das Haus wurde sehr familiär geführt, hier nächtigte fast nur fliegendes Personal. Man war also unter sich, was auch mal ganz schön war.

Auf der gegenüberliegenden Seite der Geschäftsstraße lockte der Strand mit einem Beachwalk, einer Promenade, an der man herrlich joggen, walken, skaten oder einfach ganz gemütlich schlendern konnte – und das kilometerweit in beide Richtungen. Ich fühlte mich hier äußerst wohl, und gern erinnere ich mich auch an die ausgelassenen Abende am Pool.

Nach dem langen Flug gab es kaum mehr als ein schnelles Bierchen, aber für den kommenden Abend hatten wir einen Grillabend geplant und gingen im nahen Supermarkt einkaufen: diverse Steaks, Soßen, ein bisschen Salat und das eine oder andere Sechserpack Bier. Wir schleppten unsere Ausbeute mit riesigem Kohldampf drei Blocks zurück zu unserem Hotel, nahmen den Grill am Pool in Beschlag und schürten das Feuer. Dort trafen wir unter großem Hallo auf die Crew, die unseren Umlauf rückwärts flog, also in Düsseldorf in Richtung Montego Bay auf Jamaika gestartet war und von dort über den Umweg Miami am nächsten Tag einen Flieger heimbringen würde. Die Kollegen hatten die gleiche Idee wie wir, sie wollten ebenfalls grillen – wie praktisch! Wir tauschten und teilten munter unsere kulinarischen Eroberungen sowie den neuesten Tratsch aus der Firma. Die Bierflaschen kühlten wir kreativ in Plastiktüten voller Eiswürfel, die die Eismaschine im Keller großzügig spendierte, Teller und Besteck besorgten wir uns aus dem Frühstücksraum. Die Nachtluft war herrlich lau, und man hörte im Hintergrund den Ozean rauschen. Entspannt in Shorts und Flipflops saßen wir unter den blauen Sonnenschirmen am Pool. Ich hätte noch Stunden hier sitzen können, doch am nächsten Morgen flogen wir weiter nach Jamaika – und schließlich war dies ja kein Urlaub.

Die Security am Flughafen Miami International war extrem wachsam. Von und nach Jamaika wurden gerne Heroin und andere Drogen geschmuggelt, da musste natürlich jeder Passagier gründlichst inspiziert werden. Und mehr waren wir an diesem Tag leider nicht – ganz normale Passagiere in Zivil. Wenn auch welche, die alles sehr genau beobachteten.

Die amerikanischen Kolleginnen und Kollegen an Bord unserer Maschine nach Jamaika waren tiefenentspannt.

Während wir die Boeing 757 bestiegen und uns durch den engen Mittelgang quetschten, tranken sie Kaffee, tippten energisch auf ihren iPhones herum oder unterhielten sich angeregt. Passagiere schienen ihnen ein leider unvermeidbares Übel zu sein. Die Maschine war voll, die Menschen schleppten Unmengen von Gepäck mit, und die Gepäckfächer waren nach kürzester Zeit überfüllt. Nur mit Müh und Not konnten die Stauklappen noch zugeknallt werden – hoffentlich öffnete die keiner aus Versehen, solange noch eine arme, unbeteiligte Seele daruntersaß. Ich hatte einen Mittelplatz zwischen zwei ziemlich beleibten Jamaikanern, mir konnte diesbezüglich nichts passieren, aber ich fühlte mich wie ein Gänseblümchen in einer Pflanzenpresse: Atmen war kaum möglich, bewegen sowieso nicht. Zum Glück dauerte dieser unerquickliche Flug nur zwei Stunden. Also 120 Minuten, 7200 Sekunden … ein Wimpernschlag geradezu. Sie kamen mir dennoch vor wie eine halbe Ewigkeit. Zu essen gab es an Bord gar nichts, zumindest nichts auf Kosten des Hauses. Die Flugbegleiter schoben Kaugummi kauend einen Getränkewagen, bei dem sie lustlos Softdrinks verteilten – alles andere gab es nur gegen bare Münze. Die Auswahl der Snacks war sehr erlesen: eine bunte Nussmischung für 6,95 Dollar, eine Snackbox mit allerlei Brösel und hartem Plastik-Käse für 9,95 Dollar oder ein Riesenkeks, Modell Schokoladenkrümel, für 3,95 Dollar. Eine absolute Frechheit!

Ich bestellte eine Pepsi, bekam einen Plastikbecher in die Hand gedrückt, der größentechnisch vergleichbar war mit einem kleinen Urinprobenbecher in Deutschland. In ihm steckte ein Mount Everest an Eis, und die Dose bekam ich separat dazu. So konnte man sich die Zeit dann auch vertreiben: Alle fünf Minuten ließ sich etwas Cola um den Eisberg drum herum gießen …

Die Pass- und Zollkontrolle auf Jamaika war wieder langwierig, nervig und anstrengend. Ich hatte das Gefühl, dass wir Weißen auf dieser Insel nicht gut gelitten waren. Man begegnete uns mit einer unfassbaren Arroganz, egal wie freundlich wir auch auftraten. Alles wurde genauestens inspiziert, die Papiere, die Einreisekarte und vor allem der Inhalt des Koffers. Einige Jahre zuvor war ich mit meiner Frau zusammen unterwegs gewesen, und wegen des kurzen Aufenthalts von nur einer Nacht hatten wir uns einen Koffer geteilt. Zuerst stolperte der Zollbeamte über ein Brettspiel, in dem es buntes Spielgeld gab – dies wurde genauestens untersucht, hätte ja Falschgeld sein können! Als er merkte, dass es nur einseitig bedruckt war, pfefferte er es einfach wieder in den Koffer. Dann zog er neckisch die Dessous meiner Frau an einer Hand in die Höhe und schaute mich dabei kopfschüttelnd an. Wäre die Situation nicht so absurd gewesen, hätte ich schallend gelacht. Aber dann hätte sich der Zöllner womöglich veräppelt gefühlt und mich ins Separee geführt – darauf konnte ich gut und gerne verzichten. Wie genau dort die Kontrollen waren, kann sich der Leser sicher vorstellen. Nach Konsultierung zweier weiterer Zollbeamter, gefühlten siebenundvierzig Erklärungen zu dem Tatbestand, dass zehn Crewmitglieder nur neun Koffer bei sich hatten, weil zwei davon verheiratet waren und im normalen Leben mehr als nur einen Koffer teilten, durften wir dann endlich passieren. Wenn die keine anderen Sorgen hatten …

In Montego Bay erwartete uns das bereits beschriebene Fünf-Sterne-Hotel, das mit dem weißen Strand und den bunten Bast-Schirmchen. Eigentlich war nur eine weitere Nacht geplant, bevor wir einen ausgebuchten A330 nach Hause fliegen sollten. Leider kam uns unverhofft etwas dazwischen: der Eyjafjallajökull nämlich, dieser unaussprechliche Vulkan aus Island, der mit dreimaligem Rülpsen den Flugverkehr in ganz Europa tagelang außer Betrieb setzte! Wer hätte es gedacht, dass eine Aschewolke den kompletten Flugverkehr in Europa lahmlegen konnte? Ich ganz sicher nicht.

Wir wurden von der Firma informiert, dass aus Sicherheitsgründen der Flugverkehr in Nordeuropa komplett eingestellt worden war. Es gab in der Vergangenheit eklatante Beispiele, was Vulkanasche anrichten konnte. So flog zum Beispiel 1982 eine Boeing 747 der British Airways von Kuala Lumpur auf dem Weg nach Perth durch den Ausstoß des Mount Galunggung. Die Asche machte sich erst durch Gestank und Staub in der Kabine bemerkbar, wenig später versagten alle vier Triebwerke des Jets. 16 lange Minuten flog die Maschine ohne jeden Strom weiter, bis es den Kollegen im steten Sinkflug schließlich gelang, ein Triebwerk nach dem anderen wieder in Betrieb zu nehmen – bis auf eines. Die Maschine konnte sicher in Jakarta landen.

1989 flog eine 747 der KLM über Alaska in eine Aschewolke – bei ihr fielen ebenfalls alle vier Triebwerke aus. Auch dieser Flieger konnte unversehrt landen, aber machen wir uns nichts vor: Der Ausfall auch nur eines Triebwerks ist bereits eine Luftnotlage. Und da konnte ich gut drauf verzichten. Unser A330 flog mit lediglich zwei Pratt&Whittney-Motoren über den Großen Teich. Und auch wenn die Maschine tadellos mit einem Triebwerk flog und sogar ohne Triebwerksschub noch hervorragende Segelflugeigenschaften besaß – unnötig herausfordern würde eine solche Situation gewiss niemand.

Vulkanasche war bekannt dafür, dass sie nicht nur die Cockpitscheiben trübte, sie setzte sich auch in die Motoren, wurde durch die Hitze wieder flüssig und konnte wichtige Leitungen verstopfen. Dies führte dann zum

Triebwerksausfall. Gleichzeitig wirkte eine Aschewolke wie eine Sandstrahlung auf das ganze Flugzeug, belastete es unnötig und wirkte störend auf den gesamten Flugverkehr ein. Sicherheit war unsere erste Priorität. Das Problem an dieser Geschichte: Niemand in Europa hatte wirklich Erfahrung mit diesem Thema, wo sollte man die Grenzen ziehen? Durch Telefonate mit meiner Frau wusste ich, dass sich die meisten unserer Nachbarn keine großen Sorgen machten. Das war ja mal wieder typisch.

»Ich fliege erst im Juli in den Urlaub, bis dahin ist alles wieder schön«, sagte zum Beispiel einer unserer Bekannten. Vielleicht konnten sich diese Experten mal Gedanken darüber machen, was heutzutage alles mit dem Flieger von A nach B transportiert wird? Das fängt bei A wie Avocados an und hört bei Z wie Zylinderkopfdichtung wieder auf. Sosehr die Deutschen es anscheinend auch genossen, einen freien, blauen und friedlichen Himmel zu haben: Ein ganzer Wirtschaftszweig lag brach, und damit meine ich nicht den touristischen.

Ich überbrachte die Nachricht vom speienden Vulkan meiner Crew und erntete wenig Begeisterung. Aber es ließ sich nun mal nicht ändern, die Firma setzte uns auf Stand-by, versprach, uns mit Informationen zu versorgen, sobald es denn welche gab – doch das konnte dauern. Ein Ende der Ausnahmesituation war vorerst nicht in Sicht.

Die Gäste im Hotel entlarvten uns relativ schnell als gestrandete Crew – bei zwei alten Kerlen und einem knappen Dutzend mehr oder weniger junger Mädels war das auch nicht weiter schwierig. Sie teilten sich mit, so zum Beispiel der Russe Dimitri mit seiner erwachsenen Tochter Anoushka. Die beiden kamen aus Berlin und zeigten beide erstaunlich gute Miene zum bösen Spiel.

»Tun wir das, was wir am besten können!«, grinste Dimitri und hob das Glas. Ihm kamen ein paar weitere Ferientage gerade recht. Er kniff Anoushka beherzt in die

Wange und prostete uns zu. Wir mussten uns leider zurückhalten mit den Partygetränken, denn wir wussten ja nicht, wann es in Richtung Heimat gehen sollte.

Doch es verging Tag eins, dann zwei, dann drei. So langsam wurden meine T-Shirts knapp, entweder ich spülte sie mal kurz mit jamaikanischem Duschgel durch, oder ich besorgte mir neue im Hotelkiosk. Am Ende von Tag drei kam die Purserette zu mir:

»Ich muss dich mal sprechen!«, raunte sie und setzte sich zu mir an den Tisch.

»Die Crew ist psychisch am Ende. Die können nicht mehr!«

Mein Kapitänskollege, der neben mir saß, flippte aus dem Stand heraus aus, noch bevor ich groß etwas sagen konnte:

»Habt ihr sie eigentlich noch alle? Ihr sitzt in einem Fünf-Sterne-Hotel in der Karibik mit all inclusive, den ganzen Tag scheint die Sonne, und ihr seid psychisch am Ende? Was sollen denn all die armen Seelen sagen, die weltweit auf irgendwelchen Flughäfen gestrandet sind, wo es nichts zu essen, nichts zu trinken und nur noch dreckige Kloschüsseln gibt? Ich fass es nicht?! Ober? Einen Cuba Libre, einen doppelten!«

An diesem Abend ging kein Flug mehr, das wussten wir, daher war der Cuba Libre in Ordnung. Ob der Wutanfall auch in Ordnung war, lassen wir mal dahingestellt sein. Sicher hatte jeder sein Säcklein zu tragen, und jeder verarbeitete die unverhoffte Situation anders. In unserer Crew waren alleinerziehende Mütter, die nicht wussten, wie sie die Pänze zu Hause unterkriegen sollten, Kolleginnen mit Verpflichtungen, Arztterminen, Haustieren ... und ich hatte auch einen wichtigen Termin: den 40. Geburtstag meiner Frau Karoline! Ich hatte extra rechtzeitig meine vier freien Tage für diesen Event beantragt, weil ich eine besondere Überraschung geplant hatte, und nun das ...

Manchmal – wenn auch äußerst selten – wünschte ich mir wirklich, ich würde beim Discounter an der Kasse sitzen und Ware über einen Scanner schieben, Regale einräumen und allabendlich die Abrechnung machen, anstatt durch die Weltgeschichte zu fliegen! Ich hätte täglich jede Menge Kundenkontakt und wäre nebenbei auch noch in der Lage, meine Freundschaften zu pflegen. Als fliegendes Personal funktioniert das nämlich leider so gut wie gar nicht, Aschewolke hin oder her. Wenn ich in einem Monat an mehr als zwei Geburtstagen teilnehmen möchte, die Großtante zum Familienausflug kommandiert, das Dorf Schützenfest feiert, die Schule mit Elternabenden lauert und die Jungs noch zum gemütlichen Bierchen einladen, dann kann ich nur müde mit den Schultern zucken. Ich arbeite nämlich vorzugsweise dann, wenn andere frei haben, am Wochenende, nachts und gern auch an den Feiertagen. Und wenn ich zufälligerweise an irgendwelchen Veranstaltungen frei habe, schlafe ich vor lauter Jetlag fast ein, weil ich gerade mal wieder aus Timbuktu oder sonst woher komme. Aber meistens bin ich sowieso nicht da, ich kann nur einmal im Monat eine Periode von vier zusammenhängenden freien Tagen beantragen. Und wenn Werners Geburtstag, die Goldhochzeit von Anneliese und der Elternabend von Heiko nicht innerhalb dieser vier aufeinanderfolgenden Tage liegen, dann glänze ich mal wieder durch Abwesenheit. Schnell wird das als Desinteresse gewertet. In der Schule unserer Kinder wird es meiner Frau und mir schon übel nachgetragen, dass wir uns so wenig einbringen. Da herrscht leider wenig Verständnis, wenn ich zum Beispiel sage: »Zur Klassenpflegschaftssitzung am Dienstag kann ich leider nicht kommen, da bin ich kurz in Bangkok, aber ich könnte am Freitag den Basar mit aufbauen, da bin ich wieder da.«

Für die meisten Menschen fliegt man nicht eben für

drei Tage irgendwohin, und überhaupt – wie weit weg ist denn dieses Bangkok eigentlich?

Manchmal wünsche ich mir wirklich einen Job von »9 to 5«, wie man so umgangssprachlich sagt. Dann könnte ich weitaus mehr Energie in die Pflege meiner Freundschaften und sozialen Kontakte stecken und wäre nicht ständig zu müde, abends noch mal loszuziehen. Fliegen ist meine Leidenschaft, aber sie ist teuer bezahlt, darüber muss man sich klar sein. Ich bin froh, dass ich wenigstens in meiner Frau eine Seelenverwandte gefunden habe. Sie weiß genau, wie matschig man sich fühlt, wenn man von einer Langstrecke mit neun Stunden Zeitunterschied nach Hause kommt. Sie kann sich in mich hineinfühlen, wenn ich wegen einer Fliege an der Wand an die Decke gehe – was nichts mit dem Insekt zu tun hat und auch nichts mit der Wandfarbe, sondern schlicht mit der Tatsache, dass ich mal wieder seit über 24 Stunden auf den Beinen bin.

Wenn es wirklich dringende Termine gab, opferte man die vier freien Tage dafür. Diese mussten eineinhalb Monate im Voraus beantragt werden – so viel zur Spontaneität in unserem Job. Und dennoch, man konnte planen, so viel man wollte, oft bekam man doch wieder einen Strich durch die Rechnung. So geschah es eben auch im April 2010, als der isländische Vulkan den Geburtstag meiner Frau himmelte. Ich hatte Karten für das Musical Elisabeth gekauft, welches in Düsseldorf im Kapitol-Theater spielte. Um ganz sicherzugehen, legten wir drei der vier freien Tage vor den besagten Abend , um eventuelle Verspätungen mit einzukalkulieren. Alles umsonst. Angesichts des Vulkans mutierte ich zu Robinson Crusoe auf einer Kokosnussinsel, und Karoline ging mit unseren Kindern und ihrer besten Freundin, obwohl die Musicals eigentlich doof fand.

CNN berichtete im Stundentakt über das Chaos in Europa, und von der Firma bekamen wir im Fünf-Stunden-Rhythmus Neuigkeiten, sofern es keine aktuellen Informationen gab. In den USA saßen ebenfalls Tausende Menschen fest: Wenn keine Flieger aus Europa kamen, konnten auch keine zurückfliegen. Die Kommunikation mit Deutschland war schlecht, die Leitungen komplett überlastet, Telefonieren über das Festnetz war vom Hotel aus kaum bezahlbar, das Internet gab ständig den Geist auf. Schließlich durften Verkehrsflugzeuge in Europa unter speziellen Bedingungen nach Sicht fliegen, und von Tag zu Tag wurden bestimmte Sektoren freigegeben. Trotzdem war die Sichtfliegerei ein weiteres Risiko, da man in diesen niedrigen Höhen vermehrt auf die kleinen Sportflieger zu achten hatte und bei schlechtem Wetter in den Möglichkeiten eingeschränkt wurde. Die deutsche Forschungsanstalt DLR schickte schließlich einen speziellen Flieger mit Messtechnik hoch. Das Ergebnis war positiv – keine Gefahr durch Aschebelastung! Am nächsten Tag entschied die Firma, dass wir, anstatt nach Düsseldorf zu fliegen, zurück nach Miami proceeden sollten, um von dort einen Flieger nach Hause zu bringen. Wir verabschiedeten uns von Dimitri, Anoushka und all den anderen Gästen, die wir in der gemeinsamen Inselzeit kennengelernt hatten. Sie würden am nächsten Abend über Brüssel nach Berlin zurückfliegen.

Der Rückweg nach Miami hatte so seine Tücken. Bei der Zollkontrolle in Montego Bay hatte man es bereits auf eine etwas vorlaute blonde Kollegin aus der Kabine abgesehen. Prompt wurde sie zur Leibesvisitation gebeten, und kurz danach beschwerte sie sich lautstark bei mir, dass man ihr dort unter den BH gegriffen hätte. Tja, blöd gelaufen. Leider waren wir gegen solche Schikanen relativ machtlos. Natürlich würde ich einen Bericht schreiben, ich war mir aber sicher, dass der in Jamaika sowieso nur in der »Ablage rund« landen würde.

In Amerika war die Prozedur dann noch interessanter.

»Wo kommen Sie her?«, fragte mich der Immigration-Officer mit hochgezogener Augenbraue.

»Aus Jamaika«, antwortete ich ordnungsgemäß.

»Und was wollen Sie hier in den Vereinigten Staaten?«

»Wir übernehmen hier ein Flugzeug nach Deutschland.«

»Warum sind Sie dann nicht in Uniform?«

»Wir fliegen erst morgen früh.«

»Wieso waren Sie vier Tage auf Jamaika? Bisschen kurz für einen Urlaub?«

»Wir haben keinen Urlaub gemacht, sondern sind wegen der Aschewolke auf Jamaika hängen geblieben.«

»Was für eine Aschewolke? Schmuggeln Sie Drogen?«

»Nein, ich schmuggle nicht!«

»Was ist das für eine Aschewolke in Jamaika? Meinen Sie damit Drogen?«

Herrgottnochmal ... »Nein, ich meine damit die Aschewolke in Europa, die den Flugverkehr behindert.«

»Europa? Wie groß ist denn Europa? So groß wie Florida? Warum fliegen da keine Flugzeuge?«

Ich war kurz davor, in die Kante von seinem Pult zu beißen. Hätte mich aber wahrscheinlich nur mein kostbares Porzellan gekostet und keinen Millimeter weitergebracht. Du lieber Himmel, wie ignorant konnte ein Staatsdiener sein?! Dies war die längste Einreisezeit meines Lebens in die USA – über zwei Stunden wurden wir verhört, befragt und befummelt! Dagegen war der jamaikanische Zoll wirklich harmlos. Endlich erreichten wir wieder das Hotel am Beach. Bei mir stellte sich ein leichtes Déjà-vu ein – waren wir hier nicht gerade erst gewesen?

Am nächsten Morgen konnten wir endlich, nach über sieben Tagen, unsere Maschine am Miami International Airport übernehmen. Das Flugzeug war wie erwartet komplett überbucht, wir konnten gerade noch drei gestrandete Kollegen auflesen, ansonsten lag der Fokus auf kranken Reisenden und besonderen Notfällen. Der Flughafen war völlig überfüllt, man begegnete uns mit sehnsüchtigen, freundlichen, dankbaren, aber auch hasserfüllten und aggressiven Blicken und Kommentaren. Na klar, wir kamen ja auch braun gebrannt und herrlich erholt zum Flieger, und die Aschewolke war sicher nur ein Zeitungsgag, damit wir mal so richtig in Florida ausspannen konnten. Zum Glück waren die meisten Passagiere einfach nur glücklich und zufrieden, dass es endlich nach Hause ging. Unser Flug verlief äußerst ruhig, die Gäste schliefen erschöpft, im Äther war es genauso still, gerade so, als wenn wir das einzige Flugzeug weltweit gewesen wären. Das war schon fast gruselig.

Wir waren im Cockpit sehr angespannt, da der Flug nur unter einer Ausnahmegenehmigung passierte und wir ständig auf der Hut waren. Aber von Asche war weit und breit nichts zu sehen.

Im Zeitraum vom 15.4. bis 21.4.2010 fielen mehr als 100000 Flüge aus, und mehr als 10 Millionen Menschen saßen irgendwo auf dem Globus fest. Der wirtschaftliche Schaden ist schwer zu beziffern, man spricht von 150 Millionen Euro für die Fluggesellschaften. Dafür haben aber die Bahn, die Mietwagenfirmen und alle anderen Beförderungsgesellschaften ein dickes Plus verzeichnet, als der Himmel über Europa allein den Vögeln und den Wolken gehörte. So ist das eben mit der Fliegerei – abenteuerlich, auch noch im 21. Jahrhundert.

Wild gewordene Prominenz

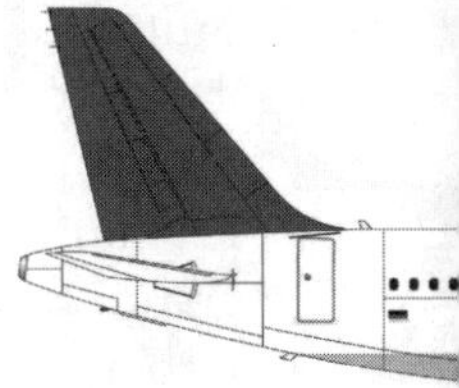

Die Fliegerei ist mein Traumjob, doch Pilot zu sein bedeutet für mich nicht, stumpf von A nach B und wieder zurück zu fliegen. Dann hätte ich mich auch bei UPS oder DHL bewerben können, die ausschließlich Päckchen und Pakete durch die Weltgeschichte schippern. Kapitän eines Passagierflugzeugs zu sein hat für mich einen weitaus größeren Reiz, als ein Frachtflugzeug zu fliegen. Auch wenn das nicht alle Kollegen so sehen. »Fracht motzt nicht, und Fracht kotzt nicht«, ist ein salopper Spruch, der uns gerne über die Lippen kommt, wenn die Passagiere und ihre speziellen Wünsche mal wieder überhandnehmen. Aber ganz ehrlich möchte ich weder meine Gäste noch meine Crew missen! Und das nicht nur, weil ich mir meinen Kaffee sonst selbst kochen müsste.

Ich finde es nach wie vor spannend, mit den unterschiedlichsten Menschen auf Reisen zu sein. Flexibilität, Empathie, Verständnis, aber auch Durchsetzungsvermögen und Entscheidungsfreudigkeit machen unseren Job aus. Tumben Päckchen gegenüber ist das wohl überflüssig, und mit ihnen kann man sicher nicht halb so viel erleben wie an Bord eines Passagierflugzeugs. Was mit ihnen alles so befördert wird, ist manchmal schon recht exotisch.

Irgendwann Mitte der Neunziger, frühmorgens um drei Uhr … »Mann« dachte nichts Böses und schwelgte in den schönsten Träumen, da rappelte der Wecker erbarmungslos und rief unsanft zum Dienst. Ein müder Blick durch die Jalousieschlitze verriet einen wolkenfreien Morgen. Noch war es draußen zwar dunkel, aber die Frühaufsteher unter den Vögeln stimmten schon die ersten Lieder an. Hartnäckige kleine Burschen. Der Wetterbericht prognostizierte am Vorabend einen sonnig warmen Tag mit Temperaturen bis zu 30 Grad Celsius. Mir blieb eine halbe Stunde für Dusche, Uniform, Kaffee und Brote, also bloß keine Zeit vertrödeln. Aber auf meinem Dienstplan stand an diesem Tag nur ein kurzer Hopser mit dem großen Airbus nach Palma de Mallorca und wieder zurück, so konnte ich, wenn alles planmäßig verlief, dann wenigstens noch den Rest dieses herrlichen Sommertages mit der Familie genießen. Karoline hatte frei und drehte sich noch einmal wohlig seufzend um, wohl wissend, dass auf sie an diesem Tag kein Einsatz wartete. Ich schlich mich aus dem Schlafzimmer und tappte müde ins Bad. Schon jetzt freute ich mich auf den Feierabend. Viel zu selten gab es in diesem Jahr die Gelegenheit, abends gemeinsam bei warmem Wetter auf der Terrasse zu sitzen und zu klönen. Bei dem Gedanken an einen netten Abend im Garten war der Weg in die Firma an diesem Sonntagmorgen, an dem die meisten noch selig in ihren Betten schlummerten, nur noch halb so schwer.

Die Fahrt ins Hauptquartier verlief ruhig. Auf dem Parkplatz traf man schon den einen oder anderen Kollegen, immerhin war um diese Zeit in der Firma Hochbetrieb, viele Crews bereiteten sich auf ihre Flüge vor. Am Flughafen Düsseldorf herrschte Nachtflugverbot, das Standard-Tagesprogramm würde in eineinhalb Stunden beginnen. Ich konnte davon ausgehen, heute meine Flugvorbereitungen im Stehen erledigen zu müssen, da unsere Räumlichkeiten nicht für diese Menge Menschen vorgesehen waren. Mindestens zehn Crews tummelten sich hier gleichzeitig allein von German Transatlantic Airways für Lang- und Kurzstrecke. Um Schlag sechs Uhr würden sich an die vierzig Maschinen verschiedenster Fluggesellschaften an der Startbahn drängeln. Da galt es, früh auf dem Flieger und mit allen Vorbereitungen fertig zu sein, sonst verfiel der Slot – das zugewiesene Startfenster –, und man durfte sich hinten wieder anstellen. Das kam weder bei den Gästen noch bei der Crew oder gar der Company gut an und war möglichst zu vermeiden.

Wir fuhren nach einem gemeinsamen Briefing mit den Kabinenkolleginnen zu Charly 08, der Position am Gate, an der unser A330 bereits auf uns wartete. Die Technik hatte sich nachts um alle notwendigen Checks und anfallenden Wartungen gekümmert und unseren Flieger rechtzeitig aus dem Hangar an die Parkposition schleppen lassen. Während die Kabinencrew das Flugzeug für die Gäste vorbereitete, kam Marita, unsere Rampagentin, zu mir.

»Guten Morgen Cornelius, wir haben heute einen besonderen Gast an Bord, daher wird sich der Einsteigevorgang etwas verzögern. Im Moment ist er leider nicht sehr kooperativ«, flötete sie und kniepte neckisch ein Auge zu.

Das ließ nicht unbedingt etwas Gutes vermuten, und ich hakte nach:

»Einen besonderen Gast, ja? Ist er so früh am Morgen schon betrunken, oder hat er einfach nur Flugangst?«

»Nein«, beschwichtigte mich Marita und grinste, »nichts von alledem!«

»Jemand Wichtiges?«

»Nun, das trifft es schon eher.«

»Fernsehen, Kino, Politik oder Sport?«

»Mmmh, da ist leider nichts dabei. Ich gebe dir mal einen Tipp: Die Lademannschaft versucht gerade mit vereinten Kräften, den Herrn ins »Hold Nummer 5« zu bringen.« Marita grinste, und ich hatte nicht die leiseste Ahnung, wovon sie sprach. Einen Herrn in den Frachtraum laden? Selbst für einen breiten Kerl wie Arnold Schwarzenegger oder Jürgen Hingsen wäre weiß Gott genug Platz an Bord – wieso denn zum Teufel in den Frachtraum?

Grübelnd schaute ich zu meinem Copiloten Max hinüber, aber auch er wusste sich keinen Reim zu machen.

»Komm, Marita, spann uns nicht so auf die Folter, du siehst doch, dass wir vor Neugierde platzen«, warf Max ungeduldig ein und fuhr sich mit der Hand durch die widerspenstigen Locken. Er war noch recht neu in der Firma, aber äußerst offen und wissbegierig. Ich war schon öfter mit ihm unterwegs gewesen und hatte jedes Mal viel Spaß mit ihm gehabt. Seine braunen Augen fixierten Marita, kombiniert mit einem charmanten Grinsen. Eigentlich konnte ihm kaum eine Frau widerstehen, aber an Marita prallte sein jugendlicher Charme leider gänzlich ab.

Ich überlegte. Uns war in all den Jahren schon viel widerfahren, aber ein Gast, der ins »Cargohold« einsteigt und für den man noch dazu eine ganze Lademannschaft braucht, war doch äußerst suspekt.

»Marita – ich habe keine Ahnung, wovon du sprichst!«, gab ich zu.

»Mann, Jungs, ihr habt Señora Rodriguez an Bord, läuten jetzt die Glocken?«

Spontan sagte Max: »Nö, wer ist denn das? Nie gehört!«

Mir fiel ein, dass ich den Namen in Zusammenhang mit zwei Magiern gehört hatte, die derzeit in Las Vegas auftraten ... »Dann kann der schwierige Passagier eigentlich nur ein schnurrender Vierbeiner sein?«, grinste ich Marita an und war mir der Antwort ziemlich sicher.

Kaum zu glauben, dass ein 200 Kilo schwerer weißer Tiger, nur durch einen Stahlkäfig von den Menschen getrennt, in unserem Frachtraum mitreisen würde.

»Richtig, Jungs, und die Señora ist hier und steht vor der Cockpittür, weil sie mit dem Kapitän sprechen will. Sie macht sich Sorgen um ihren Liebling. Er schien ihr schon beim Einladen in den Käfig sehr nervös. Nach diesem Urlaub auf Mallorca soll er mit ihr nach Las Vegas fliegen«, verriet Marita.

Nun, wenn es weiter nichts war als ein weißer Tiger … Ein weißer Elefant wäre da viel schwieriger gewesen. Vor allem, wenn das aufgeregte Tier in Panik geriet und während des Fluges hin und her trampelte. Das wäre für die Trimmung des Flugzeugs gar nicht gut.

Ich begab mich vor die Tür, begrüßte die Señora freundlich, die eigentlich sehr deutsch aussah, und fragte, wie ich ihr denn helfen könne.

»Hallo, Herr Kapitän, buenos dias, ich will mich ja nicht schon am frühen Morgen unbeliebt machen«, sagte sie sehr freundlich, aber äußerst selbstbewusst und schaute mir direkt in die Augen. »Ich mache mir jedoch Sorgen um mein Kind. Könnten Sie nicht mal eben mit mir zum Frachtraum gehen und nachsehen, wie es meinem Liebling geht?«

Der 11. September 2001 und dessen rigorose Folgen für die gesamte zivile Luftfahrt waren an diesem Morgen noch weit entfernt und die Sicherheitsrichtlinien weltweit noch lange nicht so strikt wie heutzutage. Niemand verbot es uns, mit einem Gast dort unten mal kurz nach dem Rechten zu sehen, und bei einem very-VIP, wie es Señora Rodriguez zweifelsfrei war (wer reiste schon mit einem weißen Tiger?), machte man da sowieso gern eine Ausnahme. Also reichte ich der Dame den Arm, stieg mit ihr die Gangway hinunter und führte sie auf dem Vorfeld zu ihrem flauschigen Liebling.

»Ach, Gottchen, da ist ja mein Süßer«, seufzte sie, und ihr etwas verhärmter Gesichtsausdruck wurde auf einmal ganz weich. Als ob der weiße Tiger nur auf sie gewartet hätte, wurde er plötzlich ruhig wie ein Schoßkätzchen, ließ sich durch die Stahlstreben von ihr streicheln und nun auch problemlos einladen. Sie berührte ihren Tiger ein letztes Mal, dann schloss sich die Cargotür, nicht ohne dass die Lader ihr versprechen mussten, das Licht während des zweieinhalbstündigen Fluges für den Riesenkater ja anzulassen.

Ich begleitete eine zufriedene Señora Rodriguez ins Flugzeug, wo sie ihren Sitzplatz einnahm. Als ich zurück ins Cockpit kam, sah Max mich grinsend an und meinte:

»War das jetzt alles ein Traum, oder habe ich das wirklich erlebt? Du hast gerade einen Tiger im Frachtraum begutachtet?«

»Dazu erzähle ich dir nachher mal eine Geschichte aus TriStar-Zeiten. Der Tiger von Frau Rodriguez ist nicht die erste Raubkatze an Bord unserer Gesellschaft. Aber jetzt lass uns erst mal vom Hof kommen, sonst muss ich die Verspätung noch erklären. Und ein ›delaycode‹ wegen ›Tiger im Frachtraum‹ fällt mir grad nicht ein.« Ich zwinkerte ihm zu, und dann bekamen wir auch schon unsere Startfreigabe. Take-off to Palma!

Als wir die Reiseflughöhe erreicht hatten und im Cockpit erst mal Ruhe einkehrte, löcherte mich Max wieder:

»Nun erzähl schon, was war da damals los mit dem Tiger?« Er konnte seine Neugier kaum im Zaum halten. Da es draußen absolut ruhig war und der Funkverkehr am frühen Morgen noch nahezu schwieg, erzählte ich ihm die Geschichte genau so, wie sie mir damals erzählt worden war:

»Zwei Magier flogen damals regelmäßig mit unserer Gesellschaft nach Los Angeles. Von dort reisten sie weiter nach Las Vegas. Zwei ihrer weißen Tiger begleiteten sie fast immer auf diesen Flügen.«

»Cool!« Max war beeindruckt.

»Die Herren galten bei den Airlines als VVVIPs – also so was von wichtig! – und hatten ziemliche Narrenfreiheit bei allem, was sie taten«, fuhr ich fort. »Für unser Unternehmen waren sie die beste Reklame auf der Strecke.«

»Na, das kann ich mir vorstellen«, bestätigte Max. »Und das hat immer reibungslos geklappt?«

»Eigentlich schon, waren ja alles Vielflieger«, grinste ich. »Auf einem Flug gab es aber ›leichte Turbulenzen‹ ...«

»Inwiefern?«, hakte Max nach.

»Die beiden Herren saßen damals entspannt in der vorderen Clublounge und ließen sich dort vom Bordservice verwöhnen. Ihre Tiger waren im Frachtraum unterhalb der hinteren Kabine untergebracht. Gute zwanzig Meter lagen zwischen der Lounge und dem hinteren Frachtraum inklusive der ›Lower Galley‹, der unteren Küche, und dem daran anschließenden Hauptfahrwerksschacht. Der Bereich dort war beheizt, und die Beleuchtung war während des Fluges natürlich eingeschaltet.«

»Da ging es den Megamiezen dann doch offenbar gut, oder nicht?«

»Anfangs schon. Allerdings, nachdem drei Viertel des zwölfstündigen Fluges hinter ihnen lagen, glaubten die Herren, ihre Tiger fauchen gehört zu haben. Da ihre Großkatzen bisher immer ziemlich entspannt gewesen waren, reagierten sie zuerst nicht.«

Ich hielt inne und schaute aus dem Fenster. Die Alpen zogen gerade an mir vorbei, und ich hatte spontan Lust auf eine Tasse Kaffee. Ob die Purserette sich wohl mal blicken lassen würde?

»Ja, und weiter?« Max ließ nicht locker. Um den Tri-Star rankten sich so einige Storys, und der Unterhaltungsfaktor dieser Begebenheiten war stets groß. Auch wenn im Laufe der Jahre die Geschichten immer weiter ausgeschmückt worden waren, hatten sie alle einen wahren Kern und faszinierten bis heute.

Als hätte ich telepathische Fähigkeiten, erschien Sibille, unsere Purserette, und fragte nach unseren Wünschen. Wenig später hielt ich einen Pappbecher mit dampfendem Flugzeugkaffee in der Hand. Max biss herzhaft in eine warme Laugenbrezel aus dem Bordessen und erinnerte mich mit vollem Mund:

»Jetzt erzähl schon. Was war dann mit den Tigern?«

Ich blies in meinen Kaffee und fuhr fort.

»Wenige Minuten später erschien der Purser des Fluges im Cockpit, Johnny hieß er, glaub ich, und teilte dem Kapitän ganz aufgeregt mit großer, wedelnder Gestik mit:

›Roland, ich bin ja ganz entsetzt, unter der Aftcabin brüllt etwas ganz schrecklich! Kann es sein, dass wir dort die räuberische Fauna von halb Afrika transportieren? Du hast mir ja gar nichts davon gesagt, dass wir so laute Gäste mit an Bord haben. Die Kollegen hinten in der Kabine sind schon ganz irritiert, und die Fluggäste bombardieren uns mit unangenehmen Fragen!‹

Der Kapitän, der gerade an seinem Kaffee nippte, verschluckte sich fast.

›Bist du sicher, dort Raubtiere gehört zu haben?‹, fragte er. ›Dann solltest du mal in die First Lounge gehen und mit unseren VIPs sprechen. Vielleicht ist ja einer ihrer Tiger aus seinem Käfig entfleucht?‹

Johnny schluckte, strich sich theatralisch die lackschwarze Haartolle aus der Stirn, atmete tief durch, straffte die Schultern und zog die Weste straff.

›Die VIPs – in der Lounge – sehr wohl‹, murmelte er, wohl eher zu sich selbst, und verließ das Cockpit. Die drei Kollegen im Cockpit konnten sich ein Lachen nicht verkneifen, aber die Situation war in der Tat ernster als gedacht. Wenn der Flieger in Los Angeles landen und beim Öffnen der Cargotür ein weißer Tiger aus dem Frachtraum springen würde, gäbe es auf dem LAX-Airport sicher einen Großalarm. Also was tun?

Johnny hastete in aller Eile in die Lounge eine Etage tiefer und sprach die beiden Magier an: ›Meine Herren, entschuldigen Sie bitte vielmals, aber es gibt berechtigten Grund zu der Annahme, dass einer Ihrer Tiger sich seines Käfigs entledigt hat – oder ihm zumindest die Situation im Frachtraum äußerst missfällt. Meine Gäste sind teilweise schon sehr beunruhigt. Dürfte ich Sie bitten, einmal persönlich nachzusehen?‹

Die beiden Magier konnten sich gar nicht vorstellen, dass eine ihrer Großkatzen sich aus dem Käfig befreit haben konnte, die Käfige wären von ihnen unmöglich zu öffnen gewesen. Für den Purser war diese Antwort aber unzureichend, und er bat die Herren, doch mit in die hintere Kabine zu kommen und sich selbst zu überzeugen, dass alle ›Fracht‹ an ihrem Platz war.

Gemeinsam marschierten die drei nach hinten. In der Zwischenzeit hatte der Kapitän den Flugingenieur beauftragt, ebenfalls nach hinten zu gehen und die Informationen des Pursers auf ihren Wahrheitsgehalt zu überprüfen. Es dauerte nicht lange, da klingelte im Cockpit das Bordtelefon.

›Roland, du wirst es nicht glauben, aber unter mir brüllt es wie im Zoo!‹, knarzte es aus dem Lautsprecher. ›Was schlägst du vor, was wir tun?‹ Der Kapitän antwortete: ›Wir haben wohl nur eine Chance. Einer muss ins Hold runterklettern und nach dem Rechten sehen.‹

›Bist du wahnsinnig?‹, schallte es aus dem Hörer. ›Niemals! Ich bin doch nicht lebensmüde!‹

›Mann, Helmar, keiner hat gesagt, dass du da reinklettern sollst. Lass das die Tigerspezialisten machen. Du zeigst ihnen nur, wie sie da reinkommen.‹«

»Sag mal, Cornelius«, fiel mir Max ins Wort, »konnte man damals wirklich von der Fluggastkabine in den Frachtraum steigen?«

Ich konnte seine Neugier gut verstehen. Ich erinnerte mich daran, wie mir diese Story das erste Mal erzählt worden war. Ich wollte es nicht glauben, bis ich eines Tages selbst in den Frachtraum klettern musste. In der Ausbildung für die Typeneinweisung des TriStar L1011 machte jeder Bekanntschaft mit der magischen Klappe im rechten Gang der Aftcabin. Allerdings war die Luke nur als Notausstieg gedacht und nicht zur Benutzung während einer Flugreise.

»Hör einfach weiter zu«, fuhr ich fort. »Jedenfalls bat der Purser die Gäste auf den Gangplätzen rechts in den ersten drei Reihen nach dem Toilettenblock ihre Plätze zu räumen. Inzwischen lauschten die beiden Magier gespannt dem Brüllen unter ihnen. Viele der Passagiere, die in dem Bereich um die Luke saßen, starrten neugierig zu den Akteuren hinüber. Der Flugingenieur kniete sich im Gang nieder, schob den Teppichboden bei der roten Markierung beiseite und legte eine 50 mal 50 Zentimeter große Klappe frei. Eine Lasche zeigte sich mit dem Aufdruck: OPEN HERE IN CASE OF EMERGENCY. Ohne zu zögern, zog er an der Lasche, und die Luke schwang nach oben auf. Ein wild gewordener Tiger oder auch zwei waren doch ganz sicher ein Notfall, oder nicht?

›Phänomenal‹, entglitt es Helmar, was wohl eher der Technik und den verwinkelten Schlupflöchern des TriStars galt, und hielt die Taschenlampe, die er aus dem Cockpit mitgebracht hatte, in das tiefe Halbdunkel des Frachtraums.

Das animalische Gebrüll wurde lauter.

›So‹, sagte Helmar trocken, ›einer muss jetzt da runterklettern und nach dem Rechten sehen, meine Herren.‹ Helmar steckte Kopf und Taschenlampe nochmals vorsichtig in den Frachtraum und sagte nach ausgiebiger Inspektion: ›Ich sehe die Käfige, und die sind definitiv verschlossen. Bitte überzeugen Sie sich selbst.‹

Ohne Furcht, denn er war überzeugt, dass die Tiger ihm nichts tun würden, kletterte einer der Magier über die schmale Leiter in den Frachtraum hinab. Mit ruhiger Stimme rief er seine beiden Lieblinge. Eine gefühlte Ewigkeit verging, dann erschien er wieder an der Luke und erklärte, dass die Käfige ordnungsgemäß verschlossen seien und beide Tiger definitiv darin sitzen würden.

Nun kletterten auch der zweite Magier, Helmar und der Purser Johnny hinab. Andere Kabinenmitglieder sicherten die Luke, damit kein Gast unbeabsichtigt hineinfallen konnte.

›Tatsächlich‹, entfuhr es Helmar, und auch Johnny, der sichtlich nervös war, zeigte sich überzeugt, dass alles in Ordnung war.

Mit Taschenlampen leuchteten sie den Raum aus und sahen, wie plötzlich etwas durch das gestapelte Gepäck huschte.

›Ich hab's gesehen, ich hab's gesehen‹, rief Johnny total aufgeregt. ›Es hatte einen langen Schwanz und war gut 15 Zentimeter lang. Es ist bestimmt eine Ratte!‹

Das erschien den Magiern plausibel. Die Tiger hatten die Ratte offenbar gewittert und hofften wohl auf Beute, die sie erlegen konnten.

›Wie, Ratten fressen die Tiger auch?‹, fragte Johnny erstaunt.

Schelmisch grinsend wurde dies von einem der Magier bestätigt. Schließlich bestünde so eine Ratte auch aus Fleisch, und die armen Katzen hätten ja schon seit gestern nichts mehr zu fressen bekommen.

›Boahh, bin ich froh, dass ich nicht zuerst da runter bin‹, entglitt es Helmar. Aber nun war die Sache geklärt, die Miezekatzen bekamen etwas Leckeres mit einer leichten Schlafhilfe zu fressen, und für den Rest des Fluges kehrte Ruhe ein.

Als die vier Männer aus dem Frachtraum herauskletterten, gab es reichlich Applaus von den übrigen Gästen. Helmar rief im Cockpit an und informierte den Kapitän.

Roland war natürlich froh, dass sich alles zum Guten gewandt hatte. In LA angekommen, wurden zwei schläfrige Großkatzen völlig problemlos aus dem Flieger ausgeladen …«

»Ach klasse«, sagte Max beeindruckt. »Und das ist wirklich alles genauso gewesen?«

»So hat es mir zumindest der Kapitän des betreffenden Fluges erzählt, Max. Ehrenwort!«

»Wow! Ich werde so etwas wohl nicht erleben oder?«

»Nein, ich glaube nicht«, bestätigte ich. »Die Zeiten haben sich sehr geändert, und einen Zugang von oben zum Frachtraum gibt es in unserem Airbus auch nicht mehr.«

»German Transatlantic Airways 182, Palma Arrival, you are cleared to descend to FL 190, Runway 24L in Palma in use«, riss uns die Stimme aus dem Lautsprecher in die Gegenwart zurück.

»Roger, approach«, antwortete ich und bestätigte die Freigabe für den Sinkflug.

In Palma gelandet, rollten wir zu unserer Parkposition, schalteten die Triebwerke aus und entließen 387 Gäste in die spanische Sonne. Max erhaschte von seinem Fenster aus noch einen Blick auf die Señora, wie sie mit einem Rampagenten zum Frachtraum entschwand und dort ihren Liebling in Empfang nahm.

In Palma kannte sie natürlich auch jeder. Wer flog heutzutage schon mit einem weißen Tiger durch die Gegend?

Ich vertrat mir die Beine in der Pause in der Kabine und schaute aus der Tür. Morgens um acht Uhr in Palma de

Mallorca. Kecke Jungs hatten einen Tiger im Tank, wir hatten einen im Frachtraum – das war doch mal was anderes. Und inzwischen hatte ich Hunger wie ein Löwe! Ich freute mich auf meinen frühen Feierabend auf der Terrasse – hoffentlich hatte Karoline etwas Leckeres gekocht …

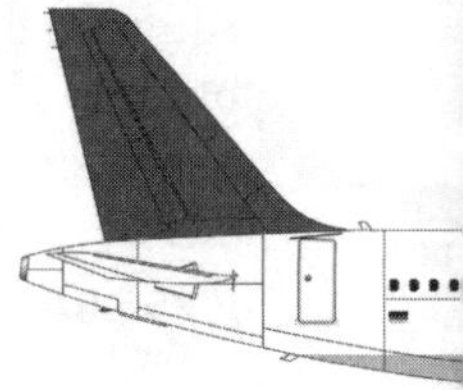

Ein Jet kann zur Not auch segeln …

Wir waren auf dem Weg nach Phuket, in die südliche Grenzregion Thailands. Am Abend zuvor waren wir in München bei herbstlichen Temperaturen gestartet. Alle freuten sich darauf, für ein paar Tage dem ungemütlichen, feuchtkalten Wetter in Deutschland entfliehen zu können und in der Wärme Asiens neue Energie zu tanken.

Ich hatte diesmal Glück, denn meine Frau war als Purserette für diesen Flug eingeteilt. So hatten wir für ein paar Tage Abstand von zu Hause und konnten die Zweisamkeit genießen. Die Kinder waren inzwischen alt genug, sodass sie problemlos einige Tage ohne uns überleben würden, ohne größeres Chaos zu veranstalten, die Bude abzubrennen oder sonstigen Schabernack zu treiben. Und als Rettungsanker war da auch immer noch Tante Trudi, unsere Feuerwehr aus dem Nachbardorf. Trudi, selbst Mutter von drei Kindern, hatte kein Problem, zwischendurch im Hause Maschmann für Ordnung zu sorgen, wenn Not am Mann war. Aber davon später mehr.

Außer der insgesamt elfköpfigen Crew begleitete uns im Cockpit auf diesem Einsatz noch Frederick Meinert. Er hatte gerade seine Ausbildung zum Radarlotsen bei der Deutschen Flugsicherung abgeschlossen und machte mit uns nun einen seiner vorgeschriebenen Streckenerfahrungsflüge. Frederick war knapp eins siebzig groß, hatte blonde Locken, Sommersprossen auf der Nase, leicht abstehende Ohren und trug dem Alter entsprechend ein bequemes, leuchtend rotes Sweatshirt, verwaschene Jeans und schwarze Converse-Turnschuhe. Seine Sondererlaubnis baumelte an einem quietschblauen Schlüsselband um seinen Hals, und er schien ziemlich stolz darauf. Früher gab es viele dieser Flüge, die Piloten und zukünftige Controller einander näherbrachten und das Verständnis für den jeweiligen Job des anderen förderten, aber im Rahmen der finanziellen Einsparungen bei den Behörden wurden diese Maßnahmen leider immer mehr gestrichen. Frederick hatte jedoch Glück, freute sich wie ein Weltmeister und ließ das auch jeden wissen. Er strahlte schon seit Betreten des Flugzeugs wie ein Honigkuchenpferd und redete wie ein Wasserfall. Offenbar waren seinem Reisefieber jegliche Satzzeichen zum Opfer gefallen – er redete ohne Punkt und Komma, egal, wen er vor sich hatte, ob Stewardess, Reinigungsfachkraft, Caterer oder Tankwart. Mike und Thomas, meine beiden Copiloten, und ich wussten schon lange vor dem Start, dass dieser Nachtflug wahrscheinlich wenig langweilig werden würde. Aber das war uns nur recht, umso schneller verging die ermüdende Zeit, und schließlich sollte Frederick ja auch etwas für die Zukunft lernen.

Die Flugplanung hatte uns einen ruhigen Flug vorhergesagt, aber man wusste ja nie … An diesem Abend war ich der »Pilot Flying«, also der aktiv fliegende Pilot; die anderen kümmerten sich um den Funkverkehr, und auf dem Rückflug würde einer der beiden Copiloten den aktiven Part übernehmen.

Nachdem wir unsere Startfreigabe vom Tower erhalten hatten – mit der Bitte des Controllers, nicht zu vergessen, wohlriechende Gewürze und ein paar frische Räucherstäbchen auf dem Heimweg aus Thailand für ihn und seine Kollegen mitzubringen –, schob ich an diesem Abend auf der Oststartbahn 08R in München die Leistungshebel der Triebwerke zügig nach vorn. Die Motoren brummten dunkel und wild zugleich, so wie ein ausgehungerter Löwe, dem man ein saftiges Antilopensteak vor die Nase hält. Bei 15 Grad Celsius und sternenklarem Himmel erreichten wir unsere Abhebegeschwindigkeit von 285 Stundenkilometern nach knappen 35 Sekunden, und ich zog leicht am Kontrollstick, um das Flugzeug von der Startbahn zu lösen. Die Nase unseres Metallvogels zeigte Richtung Osten in den Himmel. Langsam wie eine betagte Diva schraubte er sich in den Nachthimmel über Bayern – mit 233 Tonnen schwer beladen, 304 Gästen an Bord, 12 Tonnen Fracht in Form von Maschinenteilen und Medikamenten und fast 90 000 Litern Kerosin in den Tanks.

Unser Flugweg führte uns zunächst in Richtung Österreich, Ungarn und vorbei an Kiew in der Ukraine. Über mehrere Stunden sollten wir in dieser Nacht die russische Sprache im Äther in allen möglichen Variationen hören, ging es doch weiter über die Russische Föderation bis ans Kaspische Meer.

Zwischendurch schneite Karoline herein: »Jemand von euch hungrig? Die Gäste haben noch Rinderfilet im Blätterteigmantel, Meeresfrüchteteller und Pasta mit Trüffel übrig gelassen – extra für euch schwer arbeitende Piloten!«

»Boh, so was Leckeres kriegt ihr hier?« Frederick war schwer beeindruckt.

»Ja, manchmal, wenn genug übrig ist. Ansonsten gibt es Crewessen, da braucht man aber einen relativ robusten Magen für …«, grinste Karoline.

»Oh, verstehe … Also, ich hab noch eine Banane dabei …«

»Lass mal gut sein, es ist heute wirklich genug übrig. Wäre nur schön, wenn Pilot und Copilot nicht das Gleiche essen würden. Das kennst du ja bestimmt aus einschlägigen Kinofilmen, nicht?«

»Ja – genau … Das wird auch immer eingehalten?« Frederick sah Karoline lange in die Augen und lächelte herausfordernd. Er flirtete auf geradezu unverschämte Weise mit meiner Frau, aber da ich ihren Geschmack kannte, hatte ich nichts zu befürchten.

»Bei mir immer! Da bin ich pingelig. Habe gerade selbst vor einem Monat mit einer Fischvergiftung fünf Stunden an Bord im Klo gehangen – das braucht wirklich kein Mensch. Und einen Piloten mit Lebensmittelvergiftung brauche ich schon mal gar nicht!« Sie beugte sich zu Frederick hinunter: »Ist mir auch egal, wenn sie dann maulen. Die setze ich lieber auf Diät, als dass ich zwei Mal toten Fisch herkarre. Aber die meisten Copiloten sind da sehr einsichtig … nicht wahr, Mike?«

Der dezente Wink mit dem Zaunpfahl! Ich ließ ihm die erste Wahl, und eine halbe Stunde später saßen wir wohlig gesättigt im Cockpit. Thomas machte schon Pause, knapp dreieinhalb Stunden standen jedem von uns zu, für ihn hatte Karoline noch einen Midnightsnack in petto.

Inzwischen nahmen wir Kurs Richtung Turkmenistan und weiter auf den Hindukusch zu. Wir erreichten die afghanische Grenze bei Mazar-e Sharif und nahmen Kurs Südost, vorbei an Kabul. Über Afghanistan wurde die Flugsicherung vom amerikanischen Militär in Kabul koordiniert, eine wahre Freude, denn man wusste, dass die Kollegen da unten ihr Handwerk verstanden.

Als wir Kabul überflogen, schaute sich Frederick die Flugkarten an und fragte: »Cornelius, ich sehe in der Karte, dass die Berge im Umkreis von einigen Hundert Kilometern bis zu siebentausend Meter hoch sind. Was macht ihr eigentlich, wenn euch hier ein Triebwerk ausfällt?«

Eine Frage, die nicht in einem Satz zu beantworten war, weil da so viele Faktoren eine Rolle spielten.

»Na ja, wenn uns ein Triebwerk ausfällt, dann müssen wir die Geschwindigkeit auf einen bestimmten Wert, der sich nach dem Gewicht des Flugzeugs richtet, zurücklaufen lassen, um möglichst lange die Höhe halten zu können«, begann ich meine Erklärung. »Danach müssen wir den Sinkflug einleiten und auf eine vorgegebene Höhe sinken, die wir mit nur einem Triebwerk einhalten können.«

»Aha, und wie macht ihr das hier über den Bergen? Das stelle ich mir schwierig vor«, fragte Frederick weiter.

»Es gibt hier sogenannte Escaperoutes, also quasi Fluchtwege in der Luft«, antwortete ich. »Die müssen wir einhalten, um die Berge ohne Kollision passieren zu können.«

Frederick dachte kurz nach und war erstaunlicherweise für einen Moment still.

»Okay, das habe ich verstanden«, sagte er schließlich, »aber wenn euch jetzt beide Triebwerke ausfallen, was macht ihr dann? Fallt ihr wie ein Stein vom Himmel? Ihr habt dann doch keine Stromversorgung mehr, oder?«, bohrte er weiter.

»Da wird es schon etwas komplizierter«, gab ich zu. »Erst einmal können wir mit der Hilfsturbine im Heck des Flugzeugs Strom für die Funk- und Navigationsgeräte erzeugen. Außerdem liefert dieses Aggregat noch Hydraulikdruck für die Steuerflächen, um die Flugrichtung zu korrigieren, und den Luftdruck für unsere Passagierkabine. Selbst wenn dieses Hilfsmittel ausfällt, können wir uns mithilfe der sogenannten RAT weiterhelfen und sicher zum Boden kommen.«

»RAT? 'ne Ratte, oder was meinst du damit?«

»Eigentlich heißt sie ›Ram Air Turbine‹«, grinste ich und lehnte mich ein Stück in meinem Sitz zurück. So langsam konnte ich nicht mehr sitzen, und ich hatte inzwischen auch tierisch Lust auf einen frischen Kaffee, aber anscheinend mussten wir das hier erst ausdiskutieren.

»Also die RAT ist eigentlich eine Hydraulikpumpe. Sie ist mit einem Propeller verbunden und stellt mithilfe des Fahrtwindes Druck im Haupt-Hydrauliksystem her. Du findest das Ganze unter der rechten Tragfläche unter einer Verkleidung der Landeklappensteuerung. Dreht sich erst einmal der Propeller, ist die Steuerbarkeit des Flugzeugs im Notfall sichergestellt.«

»Aha«, meinte Frederick, und damit war das Thema anscheinend abgehakt.

Bei Peshâwar flogen wir in Pakistan ein, mit Flugrichtung weiterhin Südost auf Lahore zu, der Grenze zu Indien. Danach ging es südlich entlang des Himalaja-Verlaufs weiter. Die Gäste, die nicht schlafen konnten und auf der linken Seite im Flieger Platz genommen hatten, genossen den Blick aus den Fenstern in Richtung Norden auf die Berge. Gewitter über Nepal zeichneten mit Tausenden von Blitzen ein bizarres Bild auf unserer Route. Frederick staunte, schaute links, schaute rechts, löcherte uns mit weiteren Fragen und erzählte aus seinem Leben. Zwischendurch kamen Karoline oder ihre Kollegin herein; eigentlich sollte alle 30 Minuten einer aus der Kabine kontrollieren, ob wir noch wach waren – heute Nacht aber war das gar kein Thema, dem Quasselsack Frederick sei Dank.

Wir flogen über Indien, und es war immer wieder faszinierend zu sehen, wie sich die Natur dort entfaltete. Selbst nach fast einem Vierteljahrhundert Verkehrsfliegerei konnte ich mich kaum von diesem Anblick losreißen. Im Dunkel der Nacht erkannte man unter unserem Flieger die Struktur der Straßendörfer, deren Gebäude zur Abschreckung von Dieben hell erleuchtet waren.

Die Morgendämmerung setzte dann allmählich ein, und die Sonne kam auf einmal recht zügig aus ihrem nächtlichen Versteck über den Horizont geklettert. Ihre Strahlen brannten nach der Dunkelheit und dem fehlenden Schlaf in den Augen, aber sie kannte kein Mitleid. Eine gute Stunde würde sie brauchen, bis sie hoch genug gestiegen war, um ausreichend weit über unserem Flieger zu stehen. Dann würden wir wieder einen entspannten Blick aus dem Cockpit haben. Bis es so weit war, mussten Flugkarten oder auch Zeitungen als zusätzliche Schattenspender vor den gleißenden Sonnenstrahlen herhalten, die wir mit Klammern an den Sonnenblenden befestigten.

Inzwischen war die Landschaft unter uns gut erkennbar und gab ihre Strukturen preis. Das Gelände war größtenteils karg, oft mangelte es an Wasser. Entlang der wenigen Flussläufe zogen sich grüne Bänder, die auf eine Bewirtschaftung schließen ließen. Wie in Norddeutschland waren die Häuser eng an die Straßen gebaut. Hinter ihnen schlossen sich viele kleine Felder an, die in allen möglichen Grüntönen leuchteten. Entlang unseres Flugweges wurden allmählich die Ausläufer der nepalesischen Gebirge sichtbar, die sich aus nördlicher Richtung auf indisches Gebiet erstreckten. Weiter Richtung West-Bengalen wurde die Landschaft immer zerklüfteter, die Straßen schmaler und unwegsamer, die Felder wurden mehr und mehr von kleinen Wäldern unterbrochen.

Die Größe Indiens wurde einem meist erst dann bewusst, wenn man auf die Uhr sah und feststellte, dass man schon einige Stunden über diesen Erdteil flog. Bei Kalkutta ging es dann über den Indischen Ozean weiter in Richtung Golf von Bengalen und entlang der burmesischen Küste nach Phuket. Gute elf Stunden Flugzeit oder

9172 Kilometer trennten uns insgesamt von unserem Ziel, den Großteil der Reise hatten wir schon geschafft.

»Du, Cornelius, um noch mal auf das Fliegen ohne Triebwerke zurückzukommen …«

»Was meinst du genau?« Ich raufte mir die Haare, es schien noch einmal anstrengend zu werden.

»Okay, du hast Hydraulik, wenn die Ratte läuft, und dann, wie geht es dann weiter?« Frederick fasste sich an die Stirn und strich sich mit einer geübten Bewegung die Haare aus dem Gesicht. So langsam wurden wir alle müde, aber wir mussten zur Landung eh noch einmal zur Kür auffahren, also galt es, sich für den Endspurt zusammenzureißen.

»Fliegerisch beginnt alles so, als wäre nur ein Triebwerk ausgefallen«, erklärte ich. »Du musst zusehen, dass du die Flughöhe so lange halten kannst, wie es nur geht, dafür lässt du die Geschwindigkeit bis auf die Minimalgeschwindigkeit zurücklaufen.«

»Und dann?«

»Dann musst du mit einer vorgegebenen Sinkflugrate von circa 750 Fuß pro Minute, die du konstant beibehältst, den Sinkflug durchführen. Wie ein richtiger Segler, es geht nur alles ein bisschen schneller.«

»Wie weit könnt ihr mit eurem großen Airbus denn segeln?«, fragte er weiter. Der Typ war echt nicht totzukriegen!

»Das hängt davon ab, woher der Wind kommt. Bei Windstille kommen wir insgesamt etwa 330 Kilometer weit. Kommt der Wind von vorn, müssen wir die Windgeschwindigkeit von der Strecke, die wir fliegen können, abziehen, kommt er von hinten, rechnen wir die Windgeschwindigkeit zu der Strecke dazu«, erklärte ich. »Unter guten Bedingungen kann man so ein Flugzeug auf einem nahe gelegenen Flughafen ohne Triebwerksleistung notlanden. Fehler sind dabei allerdings nicht erlaubt. Die

Möglichkeit zu einem zweiten Landeanflug hast du dann nicht.«

»Das hört sich alles sehr kompliziert an. Hat das schon mal jemand ausprobiert?«, fragte er.

»Ja, bei der Zulassung durch die Behörden musste der Flugzeughersteller nachweisen, dass das Flugzeugmuster alle Forderungen erfüllt. Aber vor einigen Jahren ist es einer A330-Besatzung gelungen, ihr Flugzeug auf den Azoren notzulanden, nachdem ihnen über dem Atlantik beide Triebwerke wegen eines Lecks in einem Kerosintank ausgefallen waren. 120 Kilometer sind die damals gesegelt, das hat etwa 20 Minuten gedauert!«

»Und, ist alles gut gegangen? An den Vorfall kann ich mich gar nicht erinnern!«, räumte Frederick ein.

»Meines Wissens sind sie zu schnell aufgesetzt, weil Störklappen und Auftriebshilfen nur eingeschränkt funktionierten. Dabei sind ihnen alle Reifen geplatzt, aber trotzdem kam die Maschine rechtzeitig zum Stehen. Auf der Bahn und nicht im Acker! Es gab ein paar Verletzte bei der Evakuierung, aber das ist ja leider ein Problem der Evakuierung an sich – die Benutzung der Rutschen geht selten ohne Verletzungen ab. Doch sie haben es geschafft. Als Segelflugzeug! 300 Leute sicher gelandet! Das war schon großes Kino. Und beweist, dass so ein fetter Aludrache eben doch hervorragende Segelflugeigenschaften hat!«

»Wow!«, kommentierte Frederick ehrfürchtig. Und da hatten wir doch tatsächlich für ganze drei Minuten Ruhe im Cockpit. Dann hatte er zu Ende sinniert und löcherte mich weiter:

»Und, hast du auch schon mal so eine Situation erlebt? Einen segelnden Düsenjet, so ›mit ohne‹ Triebwerkspower? Da geht dir doch bestimmt der Arsch auf Grundeis, oder?« Er schlug mir freundschaftlich auf die Schulter, verschränkte dann die Arme vor der Brust und grinste schon wieder. Hartnäckiger Kerl. Aber andererseits war ein Nachtflug selten so kurzweilig wie dieser hier.

Karoline erschien in der Zwischenzeit und fragte uns nach unserem Appetit.

»Vorhanden – absolut! Und ein frischer Kaffee wäre auch genial!«, grinste ich.

»Für mich nur Kaffee, schwarz, vielen Dank!«, murmelte Thomas. Täuschte ich mich, oder war er leicht genervt?

»Ja, ich nehme gerne ein Frühstück, bisschen O-Saft dabei, kleines Brötchen, das wär' schon toll. Und Kaffee mit Milch und Zucker. Bitte.« Frederick strahlte Karoline mit Klimperblick an, die inzwischen ziemlich müde aussah.

»Will mal sehen, was ich organisieren kann. Bis gleich!«, antwortete sie und verschwand wieder aus dem Cockpit.

»Ich muss mal eben für kleine Königstiger«, erklärte ich den Jungs und zu Thomas gewandt: »You have control.« Damit war der Flieger in seiner Verantwortung, und ich konnte in Ruhe auf die Toilette gehen. Mann, war das eine Nacht! Fredericks Wissbegier in allen Ehren, doch ich hoffte, dass er mich nicht vor der Landung noch fragen würde, wie man ohne Fahrwerk landete oder vielleicht mit einer Tragfläche über den Atlantik flog. Ersteres würde ja unter Umständen noch gehen, alles andere …

»Na, hast du nette Unterhaltung heute Nacht?« Karoline grinste mich an, während sie energisch den Kaffee lästig für Prinz Frederick umrührte.

»Der Kleine fragt mir schätzungsweise seit Kiew ein Loch in den Bauch. Inzwischen bin ich mir gar nicht so sicher, ob der wirklich Controller oder nicht vielleicht doch lieber Pilot werden will …«

»Er nutzt seine Zeit, mit Fachleuten zu kakeln, wenigstens aus. Sag mir nicht, das hättest du vorher nicht gewusst …«

»Doch, im Prinzip schon. Hast ja recht. Und das Gute daran – es ist bald vorbei: Noch eine Stunde fünfzig, dann sind wir da.«

»Ein Traum, ich dachte schon, dieser Flug nimmt nie ein Ende! Meine Füße sind mittlerweile zu Eisklumpen mutiert. Was freue ich mich auf das schöne Wetter in den nächsten Tagen!«

Ich drückte Karoline einen Kuss auf die Wange. Auf die Lippen ging im Dienst leider nicht, was an ihrem leuchtend roten Lippenstift lag, der leider nicht wischfest war. Eine äußerst dämliche Erfindung, wenn man mich mal fragen würde. Aber so waren die Damen nun einmal. Der Lippenstift gehörte zur Uniform, und die hatte zu sitzen, bis ins kleinste Detail und ganz besonders morgens um vier – da gab es keine Diskussion! Ich huschte wieder in mein Kabuff und nahm schon mal unseren Kaffee mit. War ja gut erzogen.

Zurück im Cockpit, wurde ich sehnlichst erwartet. Frederick schnatterte sofort los:

»Hey, super, danke für den Kaffee, Cornelius. Ist deine Perle grad mit 'nem Businesspax beschäftigt, oder warum kocht der Kapitän selbst?«

»Hör mal, Chef, noch so ein Spruch, und ich erklär dir den Notausgang aus dem Cockpit!«

»Ups«, Frederick zog die Schultern ein. »War nicht so gemeint. Ist 'ne Hübsche, die du da hast.«

Ja, danke, das wusste ich selbst. Ich merkte, wie mir die Müdigkeit der fehlenden Nacht zu schaffen machte, und konzentrierte mich die nächsten Minuten auf meinen Kaffee.

»Hab ich was Falsches gesagt? Bist du sauer?« Frederick war auf einmal recht kleinlaut, was zugegebenermaßen nicht unangenehm war. Aber so stehen lassen wollte ich die Geschichte natürlich auch nicht, also raffte ich mich vor dem »Top of descent«, dem Verlassen der Reiseflughöhe, noch einmal zu einem finalen Anflug auf, was die Segelfluggeschichte betraf:

»Ich selbst hatte kurz nach der Umschulung auf den großen Airbus das Glück, dass mein Chef das Verhalten des Flugzeugs im Simulator ausprobieren wollte und ich genau dieses Experiment mit ihm fliegen durfte. Ich kann dir nur bestätigen – es funktioniert! Wir sind komplett ohne Triebwerksschub auf den nächsten Flughafen geeiert. Du musst allerdings in ziemlich kurzer Zeit unheimlich viel rechnen – und natürlich brauchst du auch ein bisschen Glück. Mitten über dem Himalaja oder über dem Atlantik hätte das nicht so reibungslos funktioniert.«

Frederick nickte und sagte vorerst nichts mehr. Einen Segelflug über den Atlantik brauchte wirklich kein Mensch! Zum Glück befragte er mich nicht noch nach den Schwimmeigenschaften eines notgewasserten Airbusses, dieses spannende Thema konnten wir uns gern für den Rückflug aufheben!

Fredericks Fragen stimmten mich jedoch nachdenklich. Natürlich war es eine andere Hausnummer, über die Segelflugeigenschaften eines A330 zu referieren oder es wirklich selbst auszuprobieren. Ich war in diesem Moment froh, dass sich mein Wissen auf Theorie und Simulator-Erlebnisse beschränkte. Es war schon spannend, wie sehr dieser Job zwischen dem »normal procedure«, dem normalen Tagesablauf, und der Katastrophe im Simulator hin und her wehte. Natürlich war die Wahrscheinlichkeit, dass es einen im wirklichen Leben erwischte, minimal. Aber wenn, dann musste man vorbereitet sein, einfach auf alles. Und wenn es galt, einen 200 Tonnen schweren Jet zum Segeln zu überreden.

Die Zeit war schnell vergangen, und so kam es, dass wir uns bereits zum Sinkflug bei der zuständigen thailändischen Radarkontrollstelle anmelden mussten. Eine knappe Dreiviertelstunde vor der Landung in Phuket war es üblich, die Reiseflughöhe zu verlassen. Zeit für die Gäste, ausgiebig die unter ihnen liegende Küstenregion mit ihren Felsentürmen zu beobachten, die viele aus dem James-Bond-Film »Der Mann mit dem goldenen Colt« kannten. Die Inselwelt, in der der Film gedreht wurde, heißt Phang Nga. Hier gibt es circa 161 Inseln, und die berühmte aus dem Film heißt Koh Ping Kan. Vielleicht ein letztes Stück vom Paradies?

Für die Mädels war noch einmal Großalarm angesagt, die letzten Aufräumarbeiten in der Kabine und den Bordküchen wurden durchgeführt, die Passagiere und ihr Hab und Gut mussten zur Landung verzurrt und verstaut werden, die Bordabrechnung wollte noch erledigt sein, ein Übergabeformular für die neue Crew teilte Besonderheiten mit, eventuelle Nachbestellungen von fehlenden Getränken oder eine defekte Einrichtung im Kabinenbereich. Nachdem das ganze Equipment in den Küchen verstaut und alle Trolleys versiegelt waren, kamen endlich auch die Kolleginnen und Kollegen an der Front etwas zur Ruhe. Wenigstens die letzten fünf Minuten bis zur Landung, denn dann hieß es noch 304 Mal freundlichst: »Auf Wiedersehen, Sawadi-kap, schönen Urlaub, alles Gute und bye-bye.«

Wir landeten morgens in westlicher Richtung in Phuket. An der Parkposition angekommen, warteten wir kurz, bis die Fluggastbrücke an unseren Flieger angedockt hatte, und dann entließen wir unsere Gäste in das feuchtheiße Klima. Viele hatten die letzte Stunde an Bord dazu genutzt, sich von ihrer herbstlichen Kleidung zu befreien, und verließen uns nun in Shorts und Sandalen gewandet. Kaum war die mittlere Tür geöffnet, waberten augenblicklich kleine weiße Wolken aus der Aircondition. Sie war mit der hiesigen Luftfeuchtigkeit und 40 Grad im Schatten einfach überfordert.

Wir übergaben die Maschine der Technik vor Ort. Nichts war während des Fluges kaputtgegangen, sie brauchten nur die üblichen Checks auszuführen. Viele emsig herumlaufende Menschen waren damit beschäftigt, unsere Lady innerhalb der nächsten eineinhalb Stunden fit für den Rückflug in die Heimat zu machen: Koffer und Fracht ausladen, Kabine reinigen, Brauchwasser entfernen, Frischwasser tanken, Neubeladung von Essen und Getränken, Koffer neu laden und tanken. 90 Minuten war standardmäßig der Zeitplan bis zum nächsten Take-off. Auf die neue Crew, die in einer halben Stunde eintreffen würde, warteten 11:45 Stunden Flugzeit. Sie hatten, wie zu dieser Jahreszeit üblich, mit einem starken Gegenwind auf der gesamten Flugstrecke zu rechnen.

Wir erledigten unsere Einreiseformalitäten, die in Thailand zumindest für mich als Kapitän etwas umfangreicher waren, da ich seitenweise Dokumente unterschreiben musste. Bei einigen dieser Papiere ist mir bis heute der tiefere Sinn verborgen geblieben, keine Ahnung, für wie viele Waschmaschinen und Bauchwegtrainer ich da schon unterzeichnet hatte – ich sprach leider nur wenige Brocken Thai und vertraute hier blind dem freundlich grinsenden Immigration-Officer.

Unsere Koffer wurden zügig in den bereitstehenden Crewbus verladen, und keine zwanzig Minuten später stiegen wir vor der Rezeption unseres Hotels aus. Freundliche Geister boten uns ein feuchtes Tuch für Gesicht und Hände und einen leckeren, eisgekühlten Fruchtdrink zur Erfrischung an. Die Uniform klebte am Körper, ich freute mich auf eine Dusche und ein paar Stunden Schlaf in einem gemütlichen Bett. Dann konnte der thailändische Urlaub anfangen, mit Strandspaziergang, Sundowner und leckerem Thaicurry im Strandbüdchen nebenan. Das hatten wir uns nach den ganzen Segelflugübungen doch auch redlich verdient – oder?

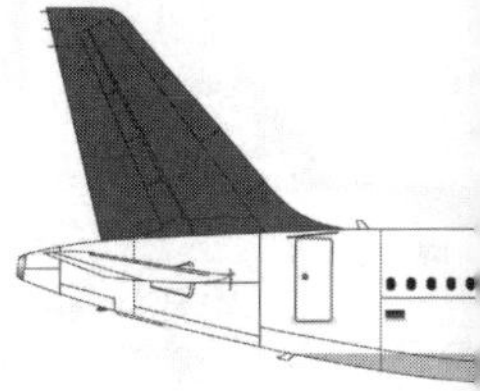

Trudi on Tour

Einen Sack voll Kinder großzuziehen und gleichzeitig als »fliegendes Ehepaar« die Brötchen zu verdienen – das ist kein leichtes Unterfangen. Diese Mission setzt konkrete Planung, Organisation und jede Menge Optimismus in der ganzen Familie voraus. Dazu kam auf Karolines und meiner Seite noch die Fähigkeit hinzu, die Erwartungshaltung in Bezug auf den zu erwartenden Ist-Zustand von Haus und Hof nebst Kind und Kegel möglichst niedrig zu halten, wenn man wieder heimische Gefilde erreichte. Ich war nach jahrelanger Langstreckenfliegerei schon froh und dankbar, wenn das Haus noch stand, die Tiere nicht entfleucht und die Kinder gesund und munter waren. Viel mehr durfte man da wohl nicht erwarten. Über Schuhe und andere Kleidungsstücke, die seit Tagen draußen im Regen ihr feuchtes Dasein fristeten, musste man genauso generös hinwegsehen können wie über Nutella-Fingerspuren an weißen Küchenmöbeln, überquellende Wäschetonnen, vertrocknete Zimmerpflanzen und versteinerte Lebensmittel im Kühlschrank. Ich war schon entzückt, wenn diese noch nicht den Aggregatzustand erreicht hatten, in dem sie von allein das Weite suchen konnten.

Als Notbremse hatten wir im Nachbardorf unsere Perle Trudi. Für den Fall, dass ich mal wieder links um den Globus düste, derweil meine Gattin einen ungeplanten Night-Stop in Ägypten aussaß, hing Trudis Telefonnummer immer gut sichtbar bei uns am Kühlschrank – Feuerwehr, Seelsorge und Leihmutter in einem. Zumeist kam sie mit einem Riesenpaket Eis am Stiel angerückt – um die Mafia raffiniert für sich zu gewinnen, an einen Tisch zu kriegen und erste Bilanzen zu ziehen. Ja, psychologisch hatte Trudi es voll drauf. Als kleines Dankeschön für all die Mühen – und natürlich die ganzen Eiscremekisten – nahmen wir sie ab und zu mal mit in die große weite Welt.

An unsere erste gemeinsame Reise kann ich mich noch erinnern, als wenn sie gestern gewesen wäre! Wir flogen gemeinsam mit Trudi nach Bangkok – läppische 9200 Kilometer von ihrem heimischen Wigwam entfernt.

Nun plante man solche Reisen zumeist mit einem PAD-Ticket. PAD bedeutet schlicht: **P**assenger **a**ble for **d**isembarcation. Salopp übersetzt:

»Hier sitzt eine arme Seele mit einem mega-ermäßigten Ticket, die gern bereit ist, wieder auszusteigen, sollte noch im allerletzten Moment ein Vollzahler mitfliegen wollen.« So eine Situation konnte unangenehm sein, und Menschen, die schon mehr als eine Woche vor dem geplanten Abflug von akutem Reisefieber geplagt wurden, durfte man solch einer Stresssituation eigentlich auch nicht aussetzen. Da die Reise aber günstig sein sollte (das Geld konnte man ja viel besser vor Ort ausgeben), pokerten wir noch eine Stufe höher und kauften für Trudi nur ein Standby-Ticket. Für den Preis eines guten Abendessens für zwei Personen bei meinem Lieblingsitaliener sollte sie meine Gattin und mich in die thailändische Hauptstadt begleiten. Einzige Hürde hierbei: Es musste ein verfügbarer Sitzplatz an Bord vorhanden sein. Nun, da wir zusätzlich zu den 304 Fluggastsitzen an Bord unseres A330-200 noch über zwei Jumpseats (zusätzliche Crewsitze an den Türen als schnittiges Klappmodell) in der Kabine verfügten sowie über einen zusätzlichen Sitz im

Cockpit, machte ich mir keine großen Sorgen über Trudis Verbleib an Bord. Denn wer im Fall einer komplett ausgebuchten Maschine auf diesen Jumpseats sitzen durfte, bestimmte der Kapitän, und das war auf dieser Reise praktischerweise ich selbst.

Wir hatten Anfang Dezember in Deutschland, und der erste Schnee ärgerte uns schon auf dem Weg zum Flughafen. Zum Glück gingen Flüge nach Thailand erst in den Abendstunden raus, so mussten wir uns wenigstens nicht noch zusätzlich zu dem Dreckswetter durch die morgendliche Rushhour im Ruhrpott quälen. Pünktlich erreichten wir den Flughafen Düsseldorf, fast zwei Stunden vor dem Start. Trudi und Karoline gingen zum Check-in-Schalter unserer Firma und gaben ihren Koffer auf, ein selten hässliches Modell für Reisegarderobe! Die bizarre Mischung aus Retrolook und Siebzigerjahre-Schick brannte schon fast im Auge. Feinsinnig, wie sie war, musste Trudi meinen amüsierten Blick beim Ausladen ihrer Habseligkeiten aus dem Kofferraum bemerkt haben. Sie schnappte sich jedoch kurz entschlossen ihren aus der Art geschlagenen Segeltuchkoffer in Blautönen mit Blockstreifen in Osterküken-Gelb und meinte trocken: »Grins du nur, Cornelius, den habe ich extra von meiner Tochter geliehen! Wenigstens finde ich ihn sofort unter all den anderen Koffern wieder.«

Das glaubte ich ihr aufs Wort. In welchem Maße dieser Koffer später für Aufregung sorgen sollte, ahnten wir zu diesem Zeitpunkt noch nicht.

Karoline erschien nach etwa zwanzig Minuten wieder am Wagen. Ich stand die ganze Zeit im Halteverbot, der Düsseldorfer Flughafen war für Kurzzeitparker echt ein Albtraum.

»Warum hat das denn so lange gedauert? Habt ihr noch eine Shoppingtour eingelegt?«, maulte ich. So langsam wurde unsere Zeit knapp, schließlich sollten wir spätestens eine Stunde fünfzehn vor Take-off in der Firma sein, und ich musste auch noch mein Laptop updaten. Da ich wegen meines Urlaubs zwei Wochen nicht geflogen war, konnte das einige Zeit in Anspruch nehmen.

»Nee«, Karoline grinste. »Zuerst hat sie ihren Reisepass nicht gleich in ihrer neuen Handtasche gefunden, und dann fiel ihr auf einmal die Nummer mit den Flüssigkeiten im Handgepäck ein. Da war ihr Koffer aber leider schon weg – das schicke Ding! Ich habe nun ihren Labello und das Eau de Toilette eingesteckt, sie kann es an Bord ja wiederhaben. Durfte ich vor den Schalterdamen natürlich nicht so offensichtlich machen ... ist ja eigentlich nicht erlaubt.«

»Was für eine bescheuerte Regelung!« Die Flüssigkeiten-Restriktionen gingen mir ganz gewaltig auf den Keks! Wenn einer eine Bombe an Bord zusammenbasteln wollte, dann ging das auch gänzlich ohne Flüssigkeit. Es gab im Internet genügend Bastelanleitungen für derlei Blödsinn. Überhaupt war ein Großteil der Sicherheitskontrollen für die Katz. Damit wollte ich nicht sagen, dass sie generell unnötig waren, aber wozu nahm man zum Beispiel Passagieren Gabeln aus Metall weg? An Bord in der Business- und der Firstclass – gab es da nur hochmodisches Fingerfood? Natürlich nicht! Und warum durften wir als Crew keine Taschenmesser bei uns führen? Im Cockpit hing eine fünfzig Zentimeter lange Crash-Axt, mit der man sich bestimmt nicht nur die Fingernägel reinigen konnte. Obwohl, dafür war sie eigentlich viel zu groß. Schließlich war sie dazu gedacht, sich im Notfall Zugang zu Brandherden hinter der Verkleidung zu verschaffen. Die Sicherheitsbestimmungen waren meiner Ansicht nach völlig unausgegoren. Genauso wie der Passus Babynahrung: Mit Baby im Schlepptau war sie erlaubt, ohne Baby leider nicht. Und der arme

Rentner mit seinem wackeligen Gebiss, der gern Alete-Himbeerkompott aß, anstatt mühsam ein steinhartes Sandwich an Bord weich zu lutschen, musste seine Babygläschen vor den gaffenden Augen aller Mitreisenden in den Mülleimer entsorgen – oder schnell aufessen. Ich schämte mich manchmal ein bisschen für diese eigentümlichen und zuweilen entwürdigenden Richtlinien, von denen wir selbst oft genug betroffen waren. Zumal ich die größte Waffe sowieso persönlich in der Hand hatte – egal, was ich in meinem Köfferchen transportierte –, nämlich den Flieger als solches. Aber Aufregen half nicht, die Luftsicherheitsassistenten handelten auch nur nach Vorschrift. Tauschen wollte ich mit denen nicht. Wie viele Tausend verschwitzte Passagiere die wohl so am Tag kontrollieren mussten …?

Wir hatten gerade unseren Wagen geparkt, als es wieder heftig anfing zu schneien.

»Was für ein Scheißwetter!«, fluchte Karoline inbrünstig, während sie mit ihren Pumps über den Asphalt schlitterte. »Wozu habe ich mich überhaupt geschminkt? Meine Wimpertusche ist Geschichte, bevor wir am Checkpoint sind!«

»Ich hatte dir doch angeboten, dich zum Eingang zu fahren, aber du wolltest ja nicht.« Versteh einer die Frauen! Nur weil sie dann fünf Minuten mit den beiden Koffern auf mich hätte warten müssen …

»Du hast noch genug Zeit, dich in der Firma aufzuhübschen, wir haben erst in zehn Minuten Check-in«, sagte ich versöhnlich.

»Ja, und mein ganzer Papierkram macht sich von allein, oder wie? Du bist mir vielleicht lustig …«

Karoline schmollte und zerrte ihre Koffer hinter sich her. Ich hoffte sehr, dass sich ihre Laune ändern würde, sobald wir im Flieger waren. Ein Flug mit einer genervten Purserette konnte äußerst anstrengend sein. Aber ich kannte Karoline ja schon etwas länger. Sie hatte das grandiose Talent, ihr Gesicht »Inflight« zu knipsen, kaum dass sie in ihrem Element war. Manche Dinge musste man eben einfach mit Geduld aussitzen.

Aussitzen musste auch Trudi, nämlich die Zeit bis zu unserem Abflug. Karoline hatte ihr eingebläut, sich zügig durch die Sicherheitskontrolle und danach zu dem auf der Bordkarte angegebenen Gate zu begeben. Natürlich könne sie noch ein bisschen bummeln und shoppen, aber sie solle um Gottes willen nicht zu spät am Gate erscheinen! Arme Trudi, ganz allein inmitten von Tausenden Mitreisenden auf einem großen Flughafen – so ganz geheuer war ihr das sicher nicht. Der Rampagent würde sie in unsere Maschine holen, sobald die Vorbereitungen an Bord abgeschlossen waren. Wir wussten inzwischen, dass noch zwölf Plätze an Bord frei waren, sie musste also nicht auf einem kärglichen Jumpseat in einer der Küchen mitreisen. Und sie musste auch nicht ins Cockpit, worüber ich wiederum ganz froh war. Nix gegen Trudi, aber hatte sie erst mal die Scheu überwunden, kam ihre klassisch-westfälische Klönschnack-Ader zum Tragen: Sie redete dann gerne viel, schnell, manchmal auch ein bisschen laut und mit ausladender, italienischer Gestik – quasi eine Gebärdensprache mit Tonspur. Das konnte im engen Cockpit durchaus zum Problem werden. Den Start und die Landung hatte ich ihr allerdings bei uns vorne versprochen, das war sicher ein einmaliges Erlebnis für jemanden, der »Fliegen« bisher nur als brummende, sechsbeinige Nervensägen auf dem Land kannte.

Um 18.50 Uhr waren wir an Bord mit unseren Vorbereitungen fertig, der Tanker hing noch am Flieger, die letzten der 95 000 Liter Kerosin fehlten uns noch. Aber der Sicherheitscheck war gemacht und die Kabine auch schon fertig – freie Bahn für Trudi! Karoline beschrieb sie dem Rampagenten: knapp 1,70 Meter groß, hellbraune glatte lange Haare mit Pony, Brille, helle Jeans, Turnschuhe und bunt geblümtes Oberteil unter einer hellblauen Steppjacke. Trudi halt.

Innerhalb von fünf Minuten hatte Peer sie gefunden, die Kombi Steppjacke und Turnschuhe in Jahrgang '64 gab es an Gate 43 mit Destination Bangkok anscheinend nicht so oft. Trudi stolperte in unseren großen Flieger, einen A330-200, bahnte sich zielsicher hinter dem Rampagenten den Weg zum Cockpit vor und meinte dann trocken:

»Das ja ganz schön eng hier! Und so viel Knöpfe! Du lieber Herr Gesangsverein! Kennst du dich mit all denen aus, Cornelius?«

»Hallo, Trudi!«, grinste ich. »Willkommen an Bord! Geht es dir gut?«

»Na, sicher. Aber sag mal ehrlich, so viele Knöppe? Das ist ja unglaublich! Wozu ist denn zum Beispiel dieser hier?«

Trudi fuhr den rechten Arm aus und steuerte mit dem Zeigefinger einen von zwei ziemlich dicken roten Hebeln an.

»Wenn's irgendwie geht – bitte nichts anfassen, Trudi! Das ist zum Beispiel der Feuerlöscher für das Einser-Triebwerk. Den brauchen wir vielleicht noch …«

»Oh!« Trudi war beeindruckt. »Und der hier?« Sie tippte kurz auf einen hellblauen Schalter, der in der mittleren Anzeigentafel wohnte. Zum Glück nicht doll genug, denn das war unser Evakuierungssignal – es hätte bei Aktivierung einen Höllenkrach fabriziert und sicher für einige Verwirrung beim Kabinenpersonal gesorgt.

»Trudi, setz dich mal hin, ich erkläre dir jetzt die Fluchtwege und die Sicherheitseinrichtungen im Cockpit.«

»Ist das denn nötig? Planst du irgendwas?« Trudi schaute mich skeptisch über den Brillenrand an.

»Nee, natürlich nicht!«, antwortete ich leicht genervt. »Aber wenn du im Cockpit gleich mit starten willst, dann musst du wissen, was im Notfall zu tun ist, klaro?«

»Vollkommen klaro!«, echote Trudi.

»Also, zum Start musst du dort in der Ecke sitzen, auf dem zweiten Observerseat. Das ist der Klappsitz hinter Paul. Der sitzt hier rechts neben mir und ist unser Copilot, und hinter uns in der Mitte sitzt Matze, der Reliefpilot. Matze löst mich ab, wenn ich nachher Pause mache.«

»Okay!« Trudi grinste. »Ich sitz da in der Ecke! Hab ich verstanden!«

»Super! Die Gurte gehen rechts und links über die Schulter und dann noch von unten durch die Beine dort in den Verschluss …«

»Gut, dass ich heut nicht mein Tütü anhab, nicht?« Trudi war voll in ihrem Element, hockte sich aber brav auf den ihr zugewiesenen Sitz und fummelte an den Fünfpunktgurten herum.

»Der normale Fluchtweg aus dem Cockpit ist durch diese Tür hier …« Ich zeigte auf die Panzertür, die zurzeit von einem Magnetschnapper offen gehalten wurde.

»Ist klar, Cornelius – wo denn auch sonst?«

»Na, hier durch das Cockpitfenster, Trudi. Da greifst du diese Fensterkurbel hier, drückst sie runter und ziehst sie nach hinten, dann geht jeweils bei mir oder bei Paul das Seitenfenster auf.«

»Oh! Und dann?«

»Dann schnappst du dir ganz sportiv eines dieser Seile aus der Klappe über meinem oder Pauls Sitz und schwingst dich mit dem Popo zuerst aus dem Fenster. Und pass auf deine Finger auf, sie könnten heiß werden …« Ich zwinkerte und grinste, denn ich wollte Trudi keine Angst machen. Allerdings gehörte so eine ausführliche Einweisung zu jedem Aufenthalt im Cockpit bei Start oder Landung dazu. Schließlich hatten wir im Ernstfall keine Zeit, Passagiere zu evakuieren, so wie die Mädels in der Kabine für die Gäste verantwortlich waren.

»Sollte die Luft im Cockpit dünn werden oder sich Rauch bilden, findest du in der kleinen Kiste neben deinem Sitz eine Sauerstoffmaske. Drücke die beiden roten Griffe zusammen, ziehe die Maske raus, stülpe sie über den Kopf und lass dann los. Der Sauerstoff fließt automatisch.«

»Okay …« Trudi beäugte misstrauisch den Kasten mit der Quickdonningmaske.

»Und last but not least … neben deinem Sitz befindet sich eine Schwimmweste. Falls wir im Golf von Bengalen notwassern müssen oder so …«

»Ach, Cornelius, du machst das schon!«, rief Trudi voller Inbrunst. »Da habe ich überhaupt keine Sorge!« Sie versuchte mir kameradschaftlich auf die Schulter zu schlagen, was von ihren bereits angelegten Schultergurten knapp verhindert wurde.

»Boarding completed!«, rief Karoline auf einmal herein. »Alle Gäste an Bord. Trudi kann nachher auf 16 K sitzen! Da ist noch ein Fensterplatz frei.«

»Alles klar, dann weiß ich Bescheid. Wenn wir alle Papiere haben, kannst du die Tür zumachen …«

»Noch einen Kaffee vorm Start?«

»Klar, gerne. Trudi, du auch was?«

»Mmmh, einen Multivitaminsaft vielleicht? Mit Eis?«

Karoline zog die linke Augenbraue hoch. »Natürlich, Trudi – mit Strohhalm und buntem Schirmchen?«

Trudi kannte genug Geschichten aus dem Leben an Bord, um zu wissen, dass außer den Eiswürfeln, die noch gut verstaut im Container lagen, nichts von alledem an Bord war. Karoline legte Matze eine Hand auf die Schulter, beugte sich an ihm vorbei und erklärte Trudi schelmisch:

»Fruchtcocktails servieren wir nachher auf der Sonnenterrasse, sonntags sogar mit ganzen Früchten. Rechte Tragfläche links, zieh dich nur warm an, könnte nachher frisch dort werden.«

Trudi lachte. Sie hatte viel Humor und das Herz am rechten Fleck. Es machte Spaß, sie bei ihrem ersten Ausflug in die große weite Welt zu begleiten.

Der Flug nach Bangkok war mit elf Stunden berechnet – der Weg in die thailändische Hauptstadt war weit. Trudi bespaßte uns noch eine halbe Stunde nach dem Start. Nachdem sie mir zum vierten Mal in den Funk reingequatscht hatte, hatte ich allerdings genug von Aliens im Cockpit. Ich rief Karoline an.

»Maschmann, L1!«, meldete sie sich wie aus der Pistole geschossen am Telefon.

»Hier auch Maschmann – Ausguck vorne links. Könntest du mich bitte von unserer Perle befreien? Ich habe schon zum vierten Mal beim Controller von Warschau nachgefragt, was er eigentlich von mir will, aber Trudi schnattert immer dazwischen, und ich verstehe nur Bahnhof.«

»Natürlich«, flötete Karoline. »Soll ich was mitbringen …?«

»Was zum Beispiel?«, fragte ich neugierig zurück.

»Na, Gebäck, Nüsschen … Stück Schokolade?«

»Ja, gerne in der Reihenfolge. Bis gleich!«

Karoline holte Trudi aus dem Cockpit ab. Matze trat sowieso schon seine Pause an, etwa drei Stunden standen ihm zu, da musste Trudi auch gar nicht über ihn rüberklettern, sondern befreite sich von ganz allein aus dem engen Cockpit.

»Tolle Küche, die du da hast«, hörte ich noch, bevor die Cockpittür ins Schloss fiel.

Ich hoffte, dass Karoline genug Geduld mit ihr hatte. Trudi war eine Seele von Mensch, nur manchmal ein klitzekleines bisschen anstrengend.

Die Nacht verlief insgesamt ruhig. Über Indien hatten wir einige leichte Turbulenzen, aber im Prinzip waren sie nicht weiter erwähnenswert. Wir knipsten die Anschnallzeichen an, die Kabinenkollegen kontrollierten einmal die Manege – der Rest des Fluges blieb ruhig! Gegen vier Uhr Ortszeit über Lucknow, Ostindien, ging die Sonne auf. Ein gleißender Strahler mittig am Horizont. Müden, verquollenen Augen piekte sie so richtig gemein in die Iris, da half auch keine getönte Rayban-Brille mehr, der Pilotenklassiker unter den Sonnenbrillen. Wie gut, dass jetzt niemand auf die Idee kam, Fotos von uns zu machen. Keiner – bis auf Trudi.

»Hello, Boys!«, schneite sie fröhlich nach dem Frühstück in unsere Box. Die Cockpittür ballerte an den Anschlag, und Trudi stand mittig im Raum. »Ich hab noch gar kein Foto von euch gemacht!« Sie wedelte fröhlich mit einer kleinen Digitalkamera und ließ sich dann seufzend auf den Observerseat plumpsen. Paul hatte noch zehn Minuten Pause, erst dann würden wir wieder ein komplettes Dreimann-Cockpit sein.

»Trudi – ich glaube, die Bilder machen wir auf dem Rückweg«, wandte ich müde ein.

»Ach komm, Cornelius, ein Foto alle zusammen – lächeln!«

So ein fieses Blitzlicht war genau das, was wir jetzt noch brauchten. Oh, Mann! Wir überflogen gerade Pathein in Myanmar – noch knapp eine Stunde bis zur Landung …

Aber auch der längste Flug ist mal zu Ende. Nur noch eine Dreiviertelstunde Busfahrt in einem schrillen, neongrünen Hello-Kitty-Doppeldecker-Bus, und ich würde mein müdes Haupt in weiche, weiße, wohlduftende Kissen betten können. Die Aussicht darauf war herrlich! Ich schickte Trudi nach der Landung schon mal mit ihrem Handgepäck vor. Anscheinend hatte sie den Flieger verlassen, als Karoline gerade intensiv mit einem anderen Gast beschäftigt war. Die war nämlich total entsetzt, als sie erfuhr, dass sich Trudi schon auf thailändischem Boden befand.

»Bist du wahnsinnig, Cornelius? Wie konntest du Trudi laufen lassen?«

»Ja, wieso … wo ist das Problem?« Ich konnte ihre Aufregung nicht ganz begreifen.

»Trudi spricht überhaupt kein Thai, nur wenig Englisch und am liebsten auch nicht mit fremden Leuten … Die finden wir nie wieder!«, wetterte Karoline aufgebracht.

»Ach, Quatsch. Ich hab ihr gesagt, sie soll mit den anderen Passagieren mitgehen und am Kofferband auf uns warten. Das passt schon!«

»Dein Wort in Gottes Ohr, Cornelius!«

Innerhalb von fünfzehn Minuten war unser Schiff komplett leer. Die Mädels schauten noch einmal zwischen den Sitzreihen nach vergessenen Gegenständen oder schlafenden Passagieren, dann packten auch wir unsere Siebensachen zusammen und konnten nach einer Übergabe an die hiesige Technik unseren Flieger verlassen. Sofort nahm eine etwa 25-köpfige Putzkolonne Besitz von unserer Maschine. Höchste Zeit, sich endlich aus dem Staub zu machen, wenn man nicht über meterlange Staubsaugerkabel stolpern wollte.

Bei der Einreise musste ich wieder unzählige Papiere unterzeichnen, der Rest der Crew folgte mir, und wir trafen uns alle am Kofferband Nummer 14. Alle – bis auf Trudi.

»Ich krieg 'nen Föhn!«, stöhnte meine Gattin hingebungsvoll. »Wo ist Trudi denn nun?«

»Keine Ahnung, weit kann sie ja nicht sein, sie wird schon noch kommen.« Ich war zu diesem Zeitpunkt noch hoffnungsvoll und guter Dinge.

Diese Hoffnung legte sich in kleinen Häppchen prozentual zu dem Verschwinden der Koffer von Kofferband Nummer 14. Bald hatten alle unserer Passagiere ihr Gepäck – von Trudi weit und breit keine Spur.

»Dürfen wir schon mal eine rauchen gehen?«, quengelte der Erste aus der Crew.

»Ja, klar, kein Thema, ihr wisst ja, wo der Bus hält, oder?«

»Na, logisch! Bis gleich, Käpt'n.« Sabine grinste, packte sich ihr Sturmgepäck und verschwand mit den anderen Kolleginnen und Kollegen in der wuselnden Masse Mensch im Suvarnabhumi-Airport.

Weg war also die Kabine nebst Matze. Er hatte anscheinend auch schon Schmacht. Es blieben nur noch meine Gattin, Paul und ich zurück, nach allen Richtungen nach unserem PAD Ausschau haltend. Von Trudi weiterhin nicht die geringste Spur.

Nach weiteren zwanzig Minuten eierte nur noch eine olivgrüne Sporttasche auf dem Kofferband im Kreis – definitiv nicht Trudis Tricolor-Segeltuch-Designer-Stück. Karoline war inzwischen ziemlich entnervt, und auch ich begann mir Sorgen zu machen. Konnte sich jemand wie Trudi inklusive 20 Kilo Gepäck komplett in Luft auflösen?

»Paul, du gehst jetzt zu den Mädchen und fährst zum Hotel, wir beide werden hier nach unserer Perle suchen«, wies ich meinen Copiloten an.

»Ist gut. Bis später, Chef.« Paul schnappte sich seinen

großen Koffer und sein Flightkit und verschwand im Gedränge. Karoline positionierte sich auf unseren beiden Koffern vor dem Gepäckband Nummer 14, und ich machte mich auf die Suche nach Trudi. Doch wo sollte ich anfangen? Nach zehn Minuten in westlicher Richtung kehrte ich ohne Beute zurück. Zu meiner Überraschung stand Paul wieder neben meiner Frau.

»Wolltest du nicht schon mit den Mädels ins Hotel gefahren sein?«, argwöhnte ich. Trotz gut funktionierender Klimaanlage wurde mir allmählich warm.

»Tja, wenn ich sie denn gefunden hätte? Da draußen sieht alles gleich aus!«, stöhnte Paul. »Ich habe diverse Bussteige abgeklappert, aber unsere Crew war nirgends zu finden!« Paul strich sich eine blonde Locke aus der Stirn. »Ich war noch nie in Bangkok«, fügte er etwas kleinlaut hinzu. Wunderte mich sowieso, wie er es geschafft hatte, am Crewzoll vorbei zurück zum Kofferband zu kommen.

»Macht nix, Paul«, rief Karoline inzwischen ziemlich genervt. »Unsere Trudi war auch noch nie hier. Soweit ich weiß, war sie noch nicht mal über die Grenze von Nordrhein-Westfalen und ist jetzt wahrscheinlich schon im Transitbereich nach Neuseeland!«

Täuschte ich mich, oder wurde ich da gerade von meiner Liebsten böse angefunkelt?

»Kann ich denn ahnen …?«, setzte ich an.

»Die Trudi hättest du dir mit einer Kette am Knöchel festbinden müssen, so wie man das mit den Gefangenen im Steinbruch gemacht hat!«, maulte Karoline. »Und am besten an deinem eigenen! Nun ist sie weg, die komplette Crew wartet nach fast 14 Stunden Dienst auf uns und unseren PAD, und nur weil der Copilot den Bus nicht findet, können die noch nicht ins Hotel – Halleluja!«

Paul guckte betreten.

»Sie meint das nicht so«, raunte ich Paul verstohlen

zu. »Sie macht sich nur Sorgen um Trudi. Pass auf, lass deinen Koffer hier, ich geh nach Süden, du nach Norden. Irgendwo muss sie ja sein.«

Nach weiteren fünfzehn Minuten habe ich sie dann endlich entdeckt. Tatsächlich im Transitraum – allerdings nach Australien und nicht Neuseeland! Leider war Trudi an der Immigration rechts abgebogen, anstatt sich links Richtung Gepäckausgabe zu halten. Sie fiel mir prompt um den Hals, ließ allen Schleusen freien Lauf und schniefte vor sich hin:

»Oh, Cornelius, ich habe mich noch nie so gefreut, dich zu sehen! Ehrlich! Seit einer gefühlten Ewigkeit versuche ich diesen kleinen, hektischen Menschen hier klarzumachen, wo ich hinwill! Immer wieder habe ich gesagt: ›Cornelius Maschmann – Schjörmän Airline! Düsseldorf!‹, doch die haben mich immer wie ein Auto angeguckt! Und reden tut gar keiner mit mir! Hach, ich war so einsam – inmitten dieser ganzen schwarzhaarigen Ameisen ... Wie gut, dass du mich gefunden hast!« Trudi schniefte und zog sich den hellblauen Ärmel ihrer Steppjacke einmal unter der Nase durch. War ihr gar nicht warm? Mein Hemd klebte mir inzwischen längst lästig im Kreuz. Was für eine Aufregung nach so einem langen Törn!

»Trudi, du kannst mich jetzt loslassen!«

Sie umklammerte immer noch meinen Oberarm, und mein Hemd hatte nun auch auf Brusthöhe feuchte Flecken. Ich schnappte mir ihr Handgepäck, hakte sie vorsichtshalber unter und zog sie zurück zu Kofferband Nummer 14.

»Da bist du ja endlich!«, rief Karoline, nachdem sie uns erspäht hatte. »Wo zum Teufel warst du denn?«

Trudi schaute von mir zu Karoline, von Karoline zu Paul und dann wieder zu mir.

»Ich hab keine Ahnung!«, heulte sie, »Irgendwie hat

mich gar keiner verstanden. Ich hab dann mein Ticket gezeigt, aber da konnte auch keiner was mit anfangen!«, schniefte sie weiter. »Ich hab schon gedacht, ich finde euch nie wieder!«

Trudi hatte schon wieder Tränen in den Augen und wühlte hektisch in ihrer Handtasche nach einem Taschentuch. Anscheinend gab diese Tasche rein gar nichts freiwillig her, und so kramte ich meins aus der Hosentasche:

»Hier bitte, weit gereist und zerknittert, aber unbenutzt!«

»Danke, Cornelius!« Trudi faltete das Tempo auseinander und trompetete hinein.

»Okay, jetzt haben wir dich ja gefunden, let's go.« Karoline konnte trotz aller Wiedersehensfreude sehr pragmatisch sein, schließlich wartete noch eine komplette Crew im Hello-Kitty-Reisebus auf uns – seit über einer Stunde!

Ich fasste Trudi am Arm, aus Angst, sie könnte mir durch die Zollkontrolle noch einmal abhandenkommen. Peinlich genug war das Ganze ja nun wirklich!

Trudi kraxelte schweißgebadet die Treppen zum Bus hinauf mit dem guten Vorsatz, sich bei allen wortreich zu entschuldigen. Doch der Großteil der Mädchen schlief schon, nach diesem Mammuteinsatz mit einem verschollenen PAD war ihnen das auch nicht zu verdenken. Karoline und mir trieb diese Geschichte so viel Adrenalin ins Blut, dass an Schlafen nicht zu denken war. Also tauschten wir nach Bezug der Zimmer die blaue Synthetik-Uniform gegen bequeme Baumwollsachen und stiefelten mit Trudi im Schlepptau direkt los in das Abenteuer »Bangkok in zwei Tagen«.

Crashkurs Bangkok

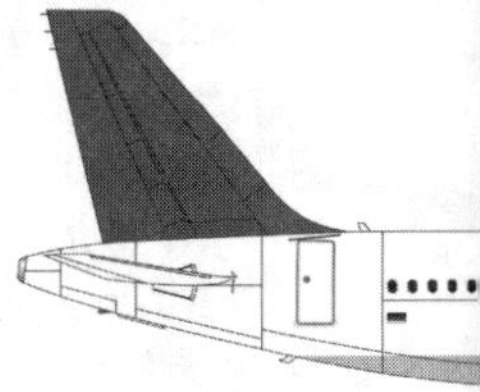

Bangkok war schon für einen ausgeschlafenen und ausgeruhten Menschen äußerst anstrengend. Die Kombination von feuchter Hitze, etwa 40 Grad im Schatten, und Autoabgasen war genauso eine Herausforderung an die genervten Sinneszellen wie der Lärm des chaotischen Verkehrs, das Hupen der Tuk-Tuks – dreirädrige Motorroller mit Rückbank und einem Dach – und das Röhren der Motorräder. Dazu kamen die verschiedensten Gerüche: Knoblauch, Zitronengras, Koreander und das brutzelnde Fett der Garküchen am Straßenrand vermischten sich untrennbar mit den Abgasen der im Stau stehenden Autos, dem Schweiß der Passanten, dem Gestank von gammelndem Müll in allen Ecken und den modrigen Wolken aus dem Abwassersystem. Ab und zu erwischte einen eine Kaffeeduftwolke aus einem Starbucks-Laden als olfaktorisches Highlight, oder der Geruch von Kokos- und Mandelöl waberte aus einer der ungezählten Massagebuden. Über 7 Millionen lebten dauerhaft in diesem Moloch, ungezählt die Millionen Besucher, die sich zusammen mit den Einheimischen durch die engen Straßen schoben. Und doch hatte diese Stadt ihren ganz eigenen Reiz. Bangkok polarisierte, man konnte dieses Chaos nur lieben oder hassen, und obwohl ich eigentlich sehr gerne hier war – die Menschen waren freundlich, fröhlich, konnten genial kochen, und das Leben war hier supergünstig –, fiel es mir nach diesem anstrengenden Flug mit

Trudi und gänzlich fehlender Nachtruhe im Anschluss schon ein wenig schwer, mich auf die Fanseite zu schlagen. Aber wir hatten damit gerechnet und rissen uns zusammen. Da wir nur zwei Tage Aufenthalt hatten, wollten wir Trudi mehr bieten, als sich ein thailändisches Hotel von innen anzusehen, Schlafen konnte man ja schließlich auch zu Hause, und wir hatten auch nicht auf jedem Flug eine Begleitperson dabei.

Erstaunlicherweise war bei Trudi von Müdigkeit überhaupt nichts zu spüren, im Gegenteil: Sie wusste gar nicht, wo sie zuerst hinschauen sollte, knipste wie ein Weltmeister und redete in einer Tour. Wir schlenderten die Silom-Road hinunter, und mir stieg spontan der Geruch von frisch gebratenem Hähnchen in die Nase.

»Wir werden jetzt erst mal was Leckeres essen!«, beschloss ich. »Und dazu hätte ich gerne ein kühles Singha-Bier. Dann sieht die Welt schon ganz anders aus!«

»Bier? Mittags um zwölf Uhr?« Trudi war ehrlich entsetzt.

»Genau die richtige Zeit für ein Afterlanding«, grinste ich und puffte Trudi neckend in die Seite. »Außerdem habe ich einen Brand wie tausend Bergziegen bei dieser Hitze!«

Wir enterten ein kleines Restaurant, bei dem man draußen sitzen konnte. Bei scharfem Glasnudelsalat, Satéspießchen und einem eiskalten Singha besprachen wir den Rest des Aufenthalts in der Stadt der Engel, wie Bangkok von den Einheimischen blumig genannt wird.

Da ich hier keinen Reiseführer über eine Millionenmetropole schreiben will – derer gibt es schon reichlich, und Trudi hatte natürlich auch einen dabei, irgendwo in ihrer Handtasche –, sei nur so viel gesagt: Wir nutzten die uns zur Verfügung stehende Zeit ausführlich. Ein Besuch im Königspalast von Bhumibol Adulyadeij, dem am längsten amtierenden König weltweit, war genauso selbstverständlich wie eine stilvolle Teatime im Mandarin Oriental Hotel gegen fünf Uhr nachmittags, eine Fahrt mit dem Wasserbus auf dem Chao Phraya, der Besuch des Blumenmarktes, um Orchideen zu kaufen und einfach zu staunen, was in Asien alles so wuchs, ein Bummel durch das bunte Silom-Village und eine ausgiebige Shoppingtour mit Geschenken für die lieben Daheimgebliebenen durch das Ma-Boon-Krong-Einkaufscenter. Was wir dort nicht bekamen, kauften wir auf dem Nachtmarkt, kein Bangkok-Stopp funktioniert ohne einen Besuch auf dem Pad Pong. Hier gab es »Designer-Mode« zum Spottpreis, nachgemachte Taschen, Uhren und was man sonst so alles nicht brauchte. Wir erlebten, wie für den König die Autobahn komplett gesperrt wurde, saßen 35 Minuten im angeregten Gespräch mit dem Taxifahrer über die Königsfamilie auf der gesperrten Straße fest und warteten geduldig, bis der König höchstselbst mit seiner Motorradeskorte an uns vorbeigerauscht war. Für die Thailänder war das absolut normal, und niemand regte sich auch nur ein bisschen auf. Wir schafften es sogar noch zu einem Abstecher in die Kao San Road, wo gefälschte Ausweise jeglicher Art und Couleur innerhalb von fünf Minuten zu bekommen waren, Raubkopien sämtlicher CDs, DVDs und Computersoftware aller Variation und wo sich Rucksacktouristen aus der ganzen Welt zu einem billigen Bier trafen. Wir aßen geschnitzte Ananas beim Straßenhöker, gegrillte Spießchen unbekannter Herkunft, löffelten dutzendweise köstliche Passionsfrüchte aus ihren schrumpeligen Hüllen und schöpften kurzfristig neue Kraft bei einem der amerikanischen Kaffeeröster. Zu Abend aßen wir einmal im weltberühmten Shangri-La und am zweiten Abend bei einem Geheimtipp eines Copiloten direkt am gurgelnden Fluss. Den letzten Absacker tranken wir ganz traditionell in der sensationellen Skybar im 64. Stock, von der man einen grandiosen

Blick auf das nächtliche, funkelnde Bangkok hatte. Dort oben wehte ein warmer Wind, der im Vergleich zu der stickigen Hitze des Tages einen fast frisch umschmeichelte. Außer den gedämpften Gesprächen der anderen Barbesucher und der leisen Hintergrundmusik war es hier fast unheimlich ruhig. Zeit, in sich zu gehen und die letzten 48 Stunden noch einmal Revue passieren zu lassen. Der Abschied nach so kurzer und doch intensiver Zeit fiel schwer.

Um zehn Uhr am nächsten Morgen wartete wieder der schrille Hello-Kitty-Bus vor unserem Hotel.

Die meisten meiner Kolleginnen und Kollegen hatten zwei entspannte Tage hinter sich, mit ausgiebigen Massagen, Besuchen in Beauty-Salons, jeder Menge leckerem Essen und Seele-baumeln-Lassen. Ich baumelte auch, und zwar mächtig, fühlte mich wie der Tod auf Latschen und sah wahrscheinlich auch so aus. Zwei Powerfrauen im Schlepptau, das konnte wirklich jeden Mann killen! Ich freute mich jetzt schon auf meine dreistündige Pause an Bord – ich würde hinter dem blauen Vorhang schlafen wie ein Stein.

Am Airport angekommen, ging alles ganz schnell. Wir checkten Trudis Koffer ein, gaben unser Gepäck am Sperrgepäckschalter ab, und sie konnte mit uns zusammen durch den Flughafen zur Maschine gehen. Niemand ging diesmal verloren, ein Traum! Paul, Matze und ich bekamen die Papiere für den Flug in unserem Büro, die Mädels enterten schon einmal das Flugzeug. Nach einer knappen halben Stunde begann das Boarding, und Trudi saß wieder auf dem Observersitz im Cockpit. Inzwischen hatte ich einen Kaffee, einen O-Saft und ein Croissant bekommen und fühlte mich gut. Es ging nach Hause! Ich freute mich auf die Kinder, auf ein paar freie Tage vor dem Kamin, mit den ersten Plätzchen der Vorweihnachtszeit.

»Cornelius, alle Gäste sind an Bord. Alle, bis auf einen. Der Rampagent ist schon ganz verzweifelt, sie rufen ihn gerade im Flughafengebäude aus …« Karoline lehnte in der Cockpittür und grinste Trudi an. Diesmal war nicht sie die vermisste Person!

»Na, hoffentlich finden sie den. Wenn wir seinen Koffer wieder ausladen müssen, könnte das äußerst knapp mit der Dienstzeit werden«, gab ich zu bedenken.

»Ich weiß. Ich sag Bescheid, sobald neue Erkenntnisse vorliegen … Noch einen Kaffee?«

»Gern. Trudi, du noch was?«

Trudi schüttelte den Kopf. Sollte sie doch ein kleines bisschen müde sein?

Wenig später kam der Rampagent ins Cockpit. Er schwitzte, schleppte Berge von Papier mit sich herum und rieb sich ständig mit dem Finger die Nase.

»Und, ist der Passagier aufgetaucht?«, fragte ich ihn auf Englisch.

»Leider nein, Käpt'n, aber wir haben seinen Koffer schon gefunden. Den laden wir jetzt aus, und dann können Sie nach Deutschland fliegen, Käpt'n. Ohne den Passagier.«

»So schnell?«, staunte ich.

»Ja, Käpt'n. Ist in Cargo drei, vierter Container. Wenn der Koffer draußen ist, können Sie los.«

Das Ausladen des Gepäcks von eingecheckten Gästen, die dann aber nicht am Gate erschienen, um auch wirklich mitzufliegen, war eine Sicherheitsmaßnahme. So konnte niemand einen Koffer mit einer Bombe oder ähnlichem ungeeigneten Inhalt einchecken und dann selbst nicht mitfliegen. Das elektronische Buchungssystem konnte ohne Probleme jedem Passagier den dazugehörigen Koffer zuordnen. Doch normalerweise dauerte so etwas bis zu einer Stunde. Der gesuchte Koffer war nämlich selten im letzten offenen Container auf dem Vorfeld, sondern zumeist in der hintersten Ecke im Bauch des Fliegers verstaut.

»Wir haben den Koffer, Käpt'n, Sir, Sie können jetzt losfliegen«, hieß es zehn Minuten später.

Manchmal hatte man einfach Glück. Ich unterschrieb die letzten Papiere, reichte dem Rampagenten die Kopie vom »Loadsheet«, dem Beladeplan, und verabschiedete mich.

»Karoline?«

»Ja, Chef?«

»Tür kann zu, wir düsen los. Pass aber auf, dass der Rampagent auch von Bord ist, so klein, wie der ist.«

»Das ist nicht witzig, Cornelius«, meinte Karoline mit einem versteckten Grinsen. »Bis später dann.«

Die schwere Cockpittür fiel mit Schwung ins Schloss. Wir verabschiedeten uns per Funk vom Boden, und unser Airbus wurde zurückgedrückt. Da ein Flugzeug nicht rückwärtsfahren kann, benötigt es am Boden manuelle Unterstützung, um die Parkposition wieder zu verlassen und die Nase in Fahrtrichtung zu bekommen.

Kaum waren wir drei Meter von der Parkposition entfernt, rief Paul: »Cornelius – siehst du das, was ich auch sehe?«

»Was meinst du?« Ich hatte die Checkliste für den Take-off in der Hand und war in Gedanken schon auf dem Weg zur Startbahn.

»Da vor uns auf dem Rollfeld. Ist das nicht Trudis Koffer?« Paul zeigte mit dem Finger nach vorne rechts.

Ich schaute hinaus und konnte es kaum glauben: Da hatten die Thais doch tatsächlich – emsig, wie sie waren – zusätzlich zu dem Koffer von unserem nicht erschienenen Passagier auch noch den Koffer von meiner

Perle ausgeladen! Ein Stück weit rechts stand das unverkennbare Designerstück neben einem schwarzen Kunstlederkoffer und dem Rampagenten, der uns fröhlich zum Abschied winkte.

»Trudi – du musst jetzt sehr stark sein«, wandte ich mich um.

»Was ist denn los, Cornelius?«, fragte sie.

»Dein Koffer … ähm, nun ja … der steht da unten auf dem Rollfeld.«

»Ha, ha, ha … guter Witz, Cornelius! Wirklich super!« Trudi klatschte sich auf die Schenkel und kicherte fröhlich.

Von ihrem Platz aus konnte sie nicht auf das Vorfeld schauen, und der Pusher drückte uns in einer Rechtskurve zurück, sodass der kleine hässliche Koffer mit den ganzen liebevoll zusammengeshoppten Souvenirs zusammen mit seinem schwarzen Kumpel gänzlich aus unserem Blickfeld verschwand.

Ich ärgerte mich. So etwas durfte nicht passieren! Nicht, weil es mir für Trudis Koffer leidtat – er hatte ein gültiges Label und würde sicher mit der nächsten Maschine von uns nach Deutschland geschickt werden. Aber so etwas durfte einfach nicht passieren, einfach Gepäck ausladen, weil es im Frachtraum vielleicht im Weg lag. Wer sagte mir denn, dass der andere Koffer auch wirklich der des nicht erschienenen Gastes war?

»Was machen wir jetzt?«, fragte Paul leise, während wir zur Startbahn rollten.

»Fliegen – wieso?«

»Aber wir haben vielleicht immer noch den falschen Koffer an Bord«, gab er zu bedenken.

»Und wie willst du das jetzt kontrollieren? Jedes Label anschauen? Wir müssen uns auf das Bodenpersonal schon verlassen. Irgendwie ticken hier die Uhren anders. Wer weiß, ob da überhaupt ein Passagier gefehlt hat? Ich kann dir über Bangkok Geschichten erzählen, da fallen dir die Ohren ab …«

»Echt?« Pauls Augen glänzten.

»Was denn so?«, bohrte Matze, der natürlich auch mithören wollte.

»Gleich, Jungs. Wir bringen die Lady in die Luft, bestellen uns noch einen Kaffee bei Karoline, und dann kann ich euch was erzählen. Zum Beispiel die Nummer mit dem Indianer an Bord …«

»German Transatlantic Airways 7501 – cleared for take off!«, plärrte es aus meinem Kopfhörer. Ich bestätigte die Startfreigabe und nickte meinem Copiloten zu.

»Na, dann mal los, Paul«, grinste ich und lehnte mich entspannt zurück. 12 Stunden 30 Flugzeit. Viel Zeit zum Erzählen.«

Nachtrag:
Trudi gab in Düsseldorf eine Verlustmeldung im Fundbüro auf. Die Kollegen bei Lost & Found waren ziemlich erstaunt, denn wer von den Passagieren konnte schon mit Bestimmtheit sagen: Mein Koffer steht noch auf dem Rollfeld in Bangkok an Parkposition E03? Wie lange er an jenem Morgen dort gestanden hatte, ist leider nicht überliefert, doch die deutsche Post brachte ihn zwei Werktage später direkt an Trudis Haustür – weit gereist, aber unversehrt.

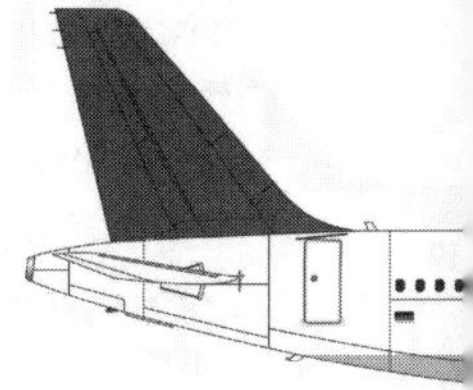

Spritzige Flüge zu Väterchen Frost

Es war mal wieder »Moped-Tag«: Ich sollte mit dem kleinsten Airbus reisen, der in unserer Gesellschaft betrieben wurde, dem A319, ein relativ unbeliebtes Flugzeug in Pilotenkreisen. Im Verhältnis zu seinen großen Brüdern war dies ein fliegender Zwerg. Von der Nase bis zum Heck maß er 34 Meter und war knapp so breit. Immerhin war er ein Jet und kein Gurkenhobel, Pardon, kein Propellerflugzeug. Der A319 war allerdings das zweitkleinste Modell, welches ich mit meiner Lizenz überhaupt noch fliegen durfte, und im Vergleich zum A330 – mit 60 Metern Spannweite – gab es da schon einige Unterschiede. Das Baby flog wesentlich unruhiger aufgrund seiner Kürze, dafür konnte es beim Start die Nase ganz schön flott in den Himmel kriegen. Durch den dauernden Wechsel zwischen Langstrecken mit dem A330 und den Kurz- und Mittelstrecken mit den A319- bis A321-Modellen war es manchmal schwierig für uns Piloten, sich schnell auf den Flugzeugen zurechtzufinden, und das erst recht, wenn man lange Zeit ein und dasselbe Muster geflogen hatte.

Am Vormittag hatten wir uns auf den Weg nach Moskau gemacht. Unser Auftrag lautete, 145 Fluggäste dort hinzufliegen und 150 zurück nach Düsseldorf zu bringen. Wie üblich waren wir zu zweit im Cockpit. Ich wurde von einem noch recht jungen und unerfahrenen Copiloten namens Rudolf unterstützt. In der Kabine sah es an diesem Tag genauso aus: Die Kabinenchefin Monika gehörte mit zu den erfahrensten Purseretten, die wir hatten, sie war wie ich schon fast ein Vierteljahrhundert im Dienst der Firma, und die beiden anderen Mädels, die ihren Dienst hinten in der Aftcabin verrichteten, waren noch dabei, sich in den Job einzuarbeiten.

Wie so oft auf diesen Flügen nach Russland hatten wir mit zwei besonderen Faktoren zu kämpfen: Zum einen war von der deutschen Besatzung keiner der russischen Sprache mächtig, was sicher angebracht gewesen wäre, da mehr als 60 Prozent der Passagiere nur in dieser Sprache kommunizieren konnten. Hier mussten wir uns ganz auf die vorgefertigten Ansagen unserer »synthetischen Erna«, dem Ansagenautomat in der Kabine, verlassen, die die Gäste per Knopfdruck informierte oder anwies, sich entsprechend der Gegebenheiten zu verhalten. Leider beherrschte sie nur die Standardansagen und konnte mit unseren Gästen nicht diskutieren, was oftmals ein Nachteil war. Zum anderen mussten wir höllisch aufpassen, wer von den Gästen im Duty-free-Shop Hochprozentiges eingekauft hatte und an Bord diese Errungenschaften direkt wieder zu vernichten plante, sei es aus Flugangst oder weil sie es aus Gewohnheit immer so machten. Russische Gäste waren als äußerst trinkfest bekannt und offensichtlich auch stolz darauf.

Ist eine Flasche Wodka am Boden schon eine Aufgabe für die Leber, kann dieselbe Menge in 10000 Metern Höhe eine fatale Wirkung haben. Durch den verminderten Kabinendruck bahnt sich der Alkohol einen viel schnelleren Weg ins Blut. In der Regel wirkt der Stoff an Bord drei Mal so schnell wie am Boden.

Nicht immer merkten die Kolleginnen in der Kabine sofort, was sie da für Kampftrinker vor sich hatten, und dann war die Wodkaflasche nach den ersten 30 Minuten Flugzeit schon leer getrunken. Im günstigsten Fall erlag der Gast einfach seinen blümeranten Träumen, in der ungünstigen Variante aber wurde er renitent, und die Besatzung musste irgendwann einschreiten. Wie das mit drei Frauen in der Kabine gegen einen Hundert-Kilo-Mann wohl funktionierte? In unserer Sicherheitsausbildung hatten wir alle den einen oder anderen Kniff beigebracht bekommen, um so einen Störenfried in Sekundenschnelle ruhigzustellen, und Handschellen waren als letztes Mittel auch an Bord. Wirklich spaßig waren solche Situationen allerdings nicht und mit Minimumbesatzung, bestehend aus drei zarten Ladys, schon mal gar nicht. Erst kürzlich wurden einem Flugbegleiter von einem bereits gefesselten, immer noch randalierenden Fluggast per Kopfnuss die Schneidezähne ausgeschlagen! Daher galt es im Vorfeld, mit viel Fingerspitzengefühl Eskalationen jeglicher Art zu vermeiden.

Ich kann mich an einen dieser Flüge erinnern, den ich mit meiner Frau Karoline durchgeführt hatte. Auf einer Reise von St. Petersburg hatten sich einige Passagiere so danebenbenommen, dass wir uns über Funk den Bundesgrenzschutz zum Flugzeug bestellten und die Herren nach der Landung in Gewahrsam nehmen ließen. So kann man seinen Besuch in einem fremden Land natürlich auch antreten, wobei ich über die Behandlung solcher Passagiere durch unsere hiesigen Behörden immer etwas enttäuscht bin. Das Verhalten renitenter Gäste an Bord ist als Verkehrsgefährdung zu bezeichnen, und die Handhabung ist nach internationalen Vorschriften geregelt. Man nennt es »gefährlichen Eingriff in den Luftverkehr«. Passiert so etwas in Russland, Kanada, Großbritannien oder den Vereinigten Staaten, und ich fordere über Funk Hilfe an, kommt ein Einsatzteam an Bord und regelt in null Komma nichts das Problem. Gefragt wird erst hinterher, und wir können sicher sein, dass die Problemfälle erst mal in der Zelle verschwinden. Schnellgerichtsverhandlung und ein Urteil innerhalb von 24 Stunden sind garantiert. Hier in unserem Land wird erst mal bürokratisch-penibel die Adresse aufgenommen. Weist der Passagier einen festen Wohnsitz in der EU nach, an den die Anzeige geschickt werden kann, steht einer Weiterreise nach Hause für ihn eigentlich nichts mehr im Wege. Die Justiz und ihre ausführenden Organe, die wir dringend benötigen, um solche Fälle zu verhindern, kommen in Deutschland nur sehr schleppend zu der Erkenntnis, dass Randalierer an Bord auch bestraft gehören. Die Abschreckung zählt, daher übergebe ich solche Gäste mit Vorliebe den Behörden in anderen Ländern. Ein Flugzeug ist schließlich kein Saloon, in dem jeder sich aufführen kann wie John Wayne nach dem fünfzehnten Whiskey!

Ein Kapitänskollege von mir hatte einen Fall von sexueller Belästigung auf einem Flug aus Warschau. Drei polnische Studenten konnten sich nicht benehmen, grölten lautstark herum und forderten immer mehr Alkohol. Nachdem sie den nicht bekamen, langte einer von ihnen der Stewardess kräftig in den Ausschnitt. Sie platzte fast vor Wut, der Kapitän bestellte – völlig zu Recht – die Polizei an den Flieger. Nach der Landung in Deutschland bat er die anderen Passagiere, sitzen zu bleiben, damit die Beamten die drei Querulanten in Gewahrsam nehmen konnten. Anstatt sich endlich in ihr Schicksal zu fügen, lieferten sie sich auch noch eine Schlägerei mit den Polizisten, was ihnen drei Tage Haft einbrachte, eine Anzeige wegen sexueller Belästigung, eine wegen Widerstands gegen die Staatsgewalt und eine wegen Körperverletzung. (Einer der Beamten musste nach dem Konflikt auch zum Zahnarzt.) Die Studenten verloren ihre Aufenthaltsgenehmigung und damit auch ihren Studienplatz. Als ihnen das klar wurde, war das Gejammer groß, aber nutzlos.

Der Großraum von Moskau war in der Sommerzeit vom Wetter her immer etwas schwierig zu befliegen. Es standen viele Gewitter in der Gegend, und diesen galt es auszuweichen. Das gestaltete sich nicht gerade einfach, denn das Verkehrsaufkommen war sehr hoch und die An- und Abflugverfahren recht umständlich, da die Stadt selbst nicht überflogen werden durfte. Hinzu kam, dass in der Luftfahrt international das angelsächsische Maßsystem mit Höhen in Fuß und Geschwindigkeit in Knoten genutzt wird. Die Russen verwendeten wie zum Teil auch China bis vor wenigen Monaten noch das metrische System. Also Flughöhen in Metern, Geschwindigkeit in Kilometern pro Stunde und Windgeschwindigkeit in Metern pro Sekunde. So blieb uns nur, schnell in der bereitliegenden Tabelle nachzusehen oder mit den entsprechenden Faustformeln umzurechnen.

Hinzu kam das Sprachproblem – untereinander redeten die Controller und die Piloten hier in ihrer Muttersprache russisch, mit uns mussten sie englisch sprechen, und da haperte es öfter mal. Zusammen mit den standardmäßigen Interferenzen im Funk – sprich der Knisterei – war die Kommunikation hier eine ganz spezielle Aufgabe.

Relativ zügig konnten wir an diesem Tag unsere Gäste in Moskau aussteigen lassen und den Flieger für den Rückweg vorbereiten. Rudolf war die russische Hauptstadt noch nie angeflogen, so saugte er alle neuen Informationen auf wie ein Schwamm und fragte mir Löcher in den Bauch. Diese wissbegierigen Jungs waren mir sehr angenehme Beifahrer, auch wenn es zum Teil anstrengend war, immer auf der Hut zu sein und nur ja nichts Falsches weiterzugeben. Aber es machte definitiv Spaß, ihren Hunger auf Informationen zu stillen und zu sehen, wie sie mit der Zeit erfahrener wurden und das Gelernte umsetzten. In diesem Job hört man definitiv erst auf zu lernen, wenn der letzte Flug vor der Rente abgeschlossen ist. Nun, für mich war der noch ein paar Jahre entfernt, für Rudolf ein halbes Leben. Seine Aufgaben am Boden in Moskau waren die Kontrolle der Betankung und der Outside-Check. Viele Menschen wuselten nach der Landung um den Flieger herum, Treppenfahrer, Tankwarte, Kofferlader, sie alle kamen dem Flugzeug sehr nahe und konnten den einen oder anderen Schaden verursachen. Vertrauen war gut, Kontrolle eben besser. Trotz hochmoderner, nagelneuer Jets verfügte unser Flieger leider nicht über eine Betankungsanlage aus dem Cockpit, und so blieb den Piloten keine andere Möglichkeit, als bis nach dem Aussteigen der Gäste zu warten und dann von unten durch eine Klappe im Rumpf den Sprit-Computer einzustellen und den Tankvorgang zu überwachen.

Nach einer Weile kam Rudolf völlig aufgelöst zurück an Bord und sagte: »Du, Cornelius, die Sicherheits-Muckel wollten mich nicht auf das Vorfeld lassen! Ich sollte erst meinen Pass abgeben!«

»Na, da bist du wohl an einen Kommunisten gekommen, der von Perestroika noch nichts gehört hat«, antwortete ich lachend.

»Sehr witzig«, schimpfte er weiter. »Erst wollte die Tante mich nicht runterlassen, und als ich dann fertig war mit meiner Arbeit, machte sie das gleiche Spiel andersrum. Immer wieder keifte sie ›Passaport-Passaport‹!«

»Du meinst die Rampagentin? Das werden wir gleich mit ihr klären«, schlug ich vor. »Trink erst mal einen Kaffee und komm wieder zurück auf den Boden.«

Man musste wissen, dass in Moskau keine Person an Bord eines Flugzeugs gehen darf, die nicht vorher bei einem Wachmann den Ausweis abgegeben hatte. Gerne versuchten die Wachleute dieses »Weglauf-vereitel-Verfahren« auch auf das Flugpersonal eines anderen Staates anzuwenden. Könnte ja sein, dass sich unter dem Uniformmantel eines Piloten ein Ausreisewilliger versteckt hat. Waren die Arbeiten an Bord erledigt und kamen die Arbeiter aus dem Flieger heraus, bekamen sie ihren Ausweis zurück. Blieb ein Ausweis nach den Arbeiten übrig, so musste sich die zugehörige Person nach Ansicht des Wachdienstes zwangsweise an Bord versteckt haben, woraufhin alles durchsucht werden musste. Das erweist sich meist als schwierig, da an Bord das Hoheitsrecht eines anderen Landes gilt, sobald die Türen geschlossen sind. Ein deutsches Flugzeug mit geschlossenen Türen ist immer deutsches Hoheitsgebiet – egal, an welchem Palmenwedel auf dem Globus es gerade geparkt hat. Das wird aber je nachdem, in welchem Staat wir gelandet sind, gern unterschiedlich ausgelegt, und die Gelehrten sind sich bis heute leider nicht wirklich einig, wie im Einzelfall verfahren werden soll. Die alten Hasen unter uns, die seit über zwanzig Jahren nach Kuba flogen, kannten das Spiel schon. Dort hatte man es perfektioniert und achtete damals peinlichst genau darauf, dass sich der Klassenfeind mit den wichtigen Devisen bloß nicht irgendwohin verlief.

Immerhin konnte uns Monika das Flugzeug schon dreißig Minuten nach der Landung wieder bereit zum Boarden melden. Unsere Gäste kamen dann auch zahlreich, und das Spiel mit dem Einsammeln des hochprozentigen Sprits begann aufs Neue.

»Guten Abend, herzlich willkommen an Bord, good evening, welcome on board«, flötete Monika, und als ob sie fließend Russisch spräche, begrüßte sie die Passagiere auch noch in ihrer Landessprache.

Nach einer gefühlten Ewigkeit waren alle Gäste im

Flieger, aber viele standen noch im Gang und versuchten ihr zu großes Handgepäck zu verstauen. Das nahm man hier nicht so genau, auf Flügen innerhalb der Russischen Föderation hatte ich oft genug mitbekommen, dass Maschinen überladen wurden, Piloten nur mit den Schultern zuckten und dann losflogen. Monika und ihre Kolleginnen hatten alle Hände voll zu tun, die Gäste wollten teilweise partout ganze Schrankkoffer in den Gepäckfächern unterbringen. Was hatten die denn alles dabei? Die Oma im Koffer oder einen Jahresvorrat Kaviar? Unsere Gäste waren nicht sehr erfreut über die Einhaltung internationaler Vorschriften. Also musste ein Großteil des Zeugs wieder ausgeladen und im Frachtraum verstaut werden – sehr zum Leidwesen ihrer Besitzer, die sich ihrer Habe beraubt fühlten. Russische Flüche flitzten durch die enge Kabine, große Gestik, blitzende, verständnislose, eisblaue Augen – unsere Verspätung war vorprogrammiert.

»Endlich fertig«, kam die Purserette völlig außer Atem ins Cockpit. »Kann ich die Türen schließen? Wir wollen nur noch weg hier.«

»Wunderbar, alle Türen bitte zumachen und ab nach Hause«, antwortete ich. »Wir haben auch seit fünf Minuten unsere Startfreigabe, der Pusher hat die Schubstange schon mit dem Bugfahrwerk verbunden, es kann gleich losgehen.«

Nach einer Rundreise über den Flughafen kamen wir an der uns zugeteilten Startbahn an, waren bereit zum Start, und wenige Minuten später hoben wir ab. Drei Stunden und zwanzig Minuten sollte der Flug bis nach Hause dauern. Das Brummen der Triebwerke stimmte uns wieder ruhig, alle Aufregung und der Stress am Boden waren vergessen. Bei schönstem Wetter – eine Regenfront war gerade durchgezogen und hatte die Luft gereinigt – erlebten wir einen ruhigen Flug nach Düsseldorf. Bis es an der Cockpittür klingelte: Monika begehrte Einlass in unser Allerheiligstes.

»Jungs, wundert euch nicht, ich habe da gerade einem 120-Kilo-Kerl eine Flasche Wodka entführt. Ist zwar schon zu drei Vierteln leer, aber ich dachte mir, Vorsicht ist besser …«

»Ist er denn noch friedlich?«, fragte Rudolf teilnahmsvoll.

»Na, sehr erbaut war er von der Aktion nicht. Wenn wir Glück haben, verschläft er den Rest des Fluges, wenn nicht …« Monika seufzte leise. »Ich kann das noch nicht so genau einschätzen, werde es aber beobachten. Kann ich noch was für euch tun? Kaffee oder Sandwich?«, fragte sie nach, aber wir bedankten uns, und damit entschwand die Purserette aus der Tür, um in der Galley nach dem Rechten zu sehen.

Wir hatten Glück, der Flug verlief weiterhin ruhig, unser 120-Kilo-Mann träumte friedlich, und wir setzten unbehelligt zum Landeanflug an. Die Sonne wurde schon rot, und als wir wenig später auf das Gate zurollten, geführt von einem gelb-schwarz karierten »Follow-Me-Fahrzeug«, setzte die Dämmerung bereits ein.

Langsam, mit gerade mal zehn Stundenkilometern, rollte ich in die schmale Gasse, die für uns am Flughafen zur Verfügung stand. Kurz vor dem Eindrehen in die endgültige Parkposition sagte ich: »Taxi-light off«, und Rudolf schaltete den Scheinwerfer am Bugfahrwerk daraufhin aus, um niemanden von der Bodenmannschaft zu blenden. Wir konnten genug sehen, das Vorfeld war taghell erleuchtet. Wir identifizierten beide das »Markerboard«, das uns exakt auf der »Centerline«, der zentralen Rolllinie, in Richtung Gebäude führen sollte. Hier an diesen Positionen standen immer zwei dieser Anzeigen zur Verfügung, die eine für Großraumflugzeuge und die andere für Mopeds wie unseren A319. Abweichungen nach links oder rechts konnte man an zwei weißen, senkrecht übereinander angeordneten Strichen erkennen, in deren Mitte eine von hinten angebrachte Neonröhre leuchtete und die Korrekturrichtung anzeigte. Ein sehr einfaches System, jedoch mit Fehlern behaftet. Seit Jahren schon sollte diese »Roll In Guidance«, also die Einrollhilfe, gegen modernere Geräte auf Laserbasis ausgetauscht werden, aber der Flughafen hatte leider eine Ausnahmeerlaubnis der Bezirksregierung, mit dem alten System bis Ende 2012 weiterzuarbeiten.

In dieser Rollsituation ist höchste Konzentration angesagt. Ein Flugzeug ist schließlich nicht nur lang, sondern auch breit und hat weder Rück- noch seitliche Außenspiegel. Plötzlich sah ich aus dem Augenwinkel, wie sich etwas auf meiner linken Seite bewegte. Für einen kurzen Moment war ich abgelenkt, verlangsamte die Maschine noch mehr und erkannte, dass sich die Fluggastbrücke bewegt hatte. Es ist auf der ganzen Welt verboten, diese Brücken auf ein Flugzeug zuzubewegen, solange es auf eine Parkposition rollt! Die Gefahr eines Rollschadens ist groß, aber nur zu gern setzen sich die hiesigen Lademannschaften darüber hinweg. Ich schaute wieder nach vorn, die Geschwindigkeit hatte ich nochmals reduziert, und wir rollten mit circa fünf Kilometern pro Stunde weiter. Ich sah nur noch eine Anzeige, und zwar die, auf die ich genau zurollte. Wie sich später herausstellte, war das zweite Board durch den Holm zwischen den beiden Cockpitscheiben verdeckt. Durch diese Irritation rollten wir zu weit in die Position hinein, aber das merkte ich erst, als ich die Schrift auf dem Markerboard erkennen konnte und dort »A330« entzifferte. Schade, den hätte ich heute gerne gehabt …

Sofort hielt ich an, aber es war bereits zu spät. Nachdem ich die Parkbremse gesetzt und die Triebwerke abgeschaltet hatte, sah ich unten auf dem Vorfeld wild Leute gestikulieren und den Brückenfahrer die Treppe an der Fluggastbrücke runterrennen. Noch war ich nicht sicher, was da los war, und bedeutete dem Rampagenten, sich mit dem »Headset« ans Flugzeug anzuschließen, sodass wir miteinander reden konnten. Einen Moment später erfuhr ich das Ausmaß des Schadens.

»Cockpit – Ground, ihr habt die Fluggastbrücke erwischt«, schrie er aufgeregt ins Mikrofon.

»Wie bitte, die Fluggastbrücke erwischt? Wie meinst du das?«, antwortete ich genervt.

»Na ja«, kam es zurück, »ihr seid zu weit gerollt, und jetzt hängt der Antriebsmotor von der Fluggastbrücke in eurem Triebwerk!«

Ich war wie geplättet, und mir fehlten sämtliche Worte. Alles Mögliche ging mir durch den Kopf. Sollte ausgerechnet ich, der ich immer so vorsichtig war, nach zweiunddreißig Jahren Fliegerei solch einen Bockmist fabriziert haben? Ich versuchte, einen klaren Gedanken zu fassen. Halt dich an die Fakten, sagte ich mir, was ist in den letzten 90 Sekunden schiefgelaufen?

Rudolf war völlig aus dem Häuschen und fragte nur: »Und was jetzt?«

»Ist dir beim Rollen irgendwas aufgefallen, haben wir etwas nicht beachtet? Was ist mit dem zweiten Markerboard? Hast du das gesehen?«, fragte ich ihn so ruhig wie möglich.

»Ich bin mir nicht sicher, ich glaube nicht, aber ich habe mich darauf verlassen, dass du alles siehst.«

Klar, ich war der Kapitän und damit für alles verantwortlich.

Ich beschloss erst einmal, einen Weg zu finden, die Gäste ohne Aufregung von Bord zu bekommen. Gemerkt hatten sie von dem Unfall sicher nichts.

»Ground – Cockpit«, rief ich über das Interphone.

»Ground hört«, rief der Rampagent zurück.

»Habt ihr eine Treppe bestellt, damit wir das Flugzeug deboarden können?«

»Ja, ja, die Treppe wird gerade hinten angefahren, und Busse sind auch schon da.«

Das war wichtig, denn wer jetzt noch Anschlussflüge hatte, der musste zügig von Bord gehen. Ich rief Monika in der Kabine an und bat sie ins Cockpit.

»Hast du irgendetwas mitbekommen von deinem Sitz aus?«, fragte ich. »Wir haben die Fluggastbrücke in das linke Triebwerk bekommen und können die Gäste nicht über die L1-Tür aussteigen lassen. Ihr bekommt hinten an die L3 eine Treppe für die Leute.«

»Viel habe ich nicht gesehen, aber als wir auf die Position gerollt sind, hat sich die Brücke auf uns zubewegt, und kurz darauf rannte der Brückenfahrer weg. Ist viel kaputt?«, fragte sie ruhig.

»Das kann ich noch nicht beurteilen, dazu muss ich erst mal runterkommen aufs Vorfeld.«

»Na gut, dann mach ich jetzt meine Ansage, dass es heute ausnahmsweise mal hinten rausgeht«, stellte Monika trocken fest und verschwand wieder in der Galley. Nach gut zehn Minuten war der letzte Gast von Bord. In dieser Zeit saßen wir im Cockpit und versuchten uns an einer Rekonstruktion des Geschehenen. Ich sah aus meinem geöffneten Cockpitfenster auf die Brücke, die ungewöhnlich nah an unserem Flieger stand, und beobachtete das wuselige Treiben der vielen Menschen dort unten. Plötzlich fiel mir auf, wonach ich die ganze Zeit gesucht hatte! Die Fluggastbrücke stand nicht in der roten Schraffierung mit ihrem Fahrwerk, was letztendlich bedeutete, dass der Brückenfahrer trotz Verbotes die Brücke aus der Parkposition herausgefahren und vorpositioniert hatte. Sie war zu nah und zu tief. Wäre er nicht – wie Monika beobachtet hatte – weggelaufen, sondern hätte er die Brücke, als er eine Kollision kommen sah, einfach ein paar Zentimeter höher gefahren, wäre es niemals zu diesem Unfall gekommen. Sicher, ich hatte mich visuell durch die nicht sichtbare Anzeige täuschen lassen, aber solche Unfälle waren immer eine Verkettung von verschiedenen Ereignissen. Ein Fehler allein hätte nicht diesen Schaden verursacht.

Ich rief im Hauptquartier an, um meinen Chef über den Unfall zu informieren. Es dauerte eine Weile, bis man ihn fand.

»Hier Kisinger, hallo, Herr Maschmann, was ist passiert?«

Kurz und bündig erzählte ich, was ich bisher wusste, und teilte ihm mit, dass ich mich, sobald mir mehr Infos zur Verfügung stünden, wieder bei ihm melden würde. Das Flugzeug sei jedoch vorerst »AOG«, ein Aircraft On Ground und damit flugunfähig. Er blieb erstaunlich ruhig, und das war sehr angenehm. Die Situation verlangte besonnenes Handeln. Nur so konnten wir hier weiterkommen.

»Na gut, Herr Maschmann, rufen Sie nachher noch das Trafficcenter an, wenn Sie mehr wissen. Danke erst mal für die Info. Geht es allen so weit gut?«

»Ja, danke, es ist nur Blechschaden und ein ziemlich angekratztes Ego«, antwortete ich. Am anderen Ende hörte ich ihn kurz lachen, dann legte er auf.

Nachdem die Gäste von Bord waren, rief ich meine Crew in der vorderen Galley zusammen und erklärte die Situation.

»Ist irgendeinem von euch etwas aufgefallen da draußen, während des Hereinrollens? Hat sich das Flugzeug ungewöhnlich bewegt?«, fragte ich. Alle verneinten, und so bat ich noch um Geduld. »Wir müssen an Bord bleiben«, wies ich die Kolleginnen an, »die Luftaufsicht ist schon da, unsere Technik auch, und Rudolf und ich müssen noch ein paar Beweisfotos machen. Dann gehen wir in die Firma und werden gemeinsam ein Debriefing machen. Das Luftfahrtbundesamt und unser Flugbetriebsleiter brauchen meinen Unfallbericht.«

Rudolf und ich gingen durch die Kabine ans hintere Ende unseres Babys und kletterten die Treppe hinab auf das Vorfeld. Einige mir seit vielen Jahren bekannte Prüfer und Techniker schwirrten aufgeregt um unseren Flieger herum und begrüßten uns mit breitem Grinsen.

»Mann, Cornelius, da hast du uns aber viel Arbeit eingebrockt! Schau mal, der Flugsteigmotor ist tief in die Verkleidung des Triebwerks eingedrungen. Hoffentlich ist nur Sekundärstruktur kaputt, sonst müssen wir nämlich das ganze Triebwerk von dem Schätzchen hier abbauen«, erklärte mir Heinz, einer unserer Prüfer.

Etwas kleinlaut fragte ich: »Kann man den Schaden schon beziffern?«

»Nee, nicht wirklich, wenn et nur die Verkleidung is, dann biste mit ner viertel Mio dabei, iset mehr, kannste mal vom Dreifachen ausjehn«, erklärte mir Jupp, ein waschechter Düsseldorfer Jung. »Blöd is dat nur mit de Reparaturdauer, dat Teil wird wohl för de nächsten drei Wochen ausfallen.«

»Na, schöne Aussichten sind das. Gut, dass wir eine Betriebshaftpflicht für die Angestellten haben«, wandte ich mich an Rudolf, der leichenblass neben mir stand. Ich knuffte ihn in die Seite.

»He, Rudolf, alles gut? Die drehen uns schon nicht den Hals dafür um, mach dir mal keine Sorgen. Außerdem bin ich doch hier in der Verantwortung …«

Rudolf schluckte und nickte dann. War schon blöd gelaufen, aber so schnell ließ ich auch nicht locker.

»Heinz!«, rief ich unseren Prüfer. »Habt ihr gesehen,

dass die Brücke nicht in der Parkposition steht und viel zu tief herabgelassen wurde?«

»Ja, haben wir, aber der Brückenfahrer streitet jede Beteiligung ab, und der Einweiser aus dem Follow-Me-Wagen will nichts gesehen haben«, kam es im nächsten Atemzug.

Na, super!

»Das war klar, nichts ist einfacher, als alles auf den Piloten zu schieben, der zu weit in die Parkposition gerollt ist, aber da sind die Herren bei mir an den Falschen geraten.« Inzwischen war ich richtig sauer. Ich ärgerte mich über meinen eigenen Fehler, klar, aber auch über das angebliche Unbeteiligtsein der anderen.

Rudolf machte noch einige Beweisfotos, dann fuhren wir in die Firma.

Mit der Crew besprach ich rasch die Einzelheiten, damit sie alle im Bilde über das Geschehen waren, danach entließ ich sie nach Hause.

»Mach dir nicht solche Sorgen«, verabschiedete mich Monika, aber das war einfacher gesagt als getan.

Am nächsten Tag gab ich meinen Unfallbericht ab, und im Laufe der nächsten Wochen durfte ich zum Rapport ins Hauptquartier, bekannt als Kaffeetrinken ohne Kekse, wo die Sache noch einmal mit unserem Chef besprochen wurde. Seither habe ich nichts mehr davon gehört.

Von unseren Technikern wusste ich, dass der Flieger fast drei Wochen repariert wurde und Airbus ein Task Force Repair Team geschickt hatte, um den Triebwerksträger zu vermessen und zu reparieren. Wenn ich mir überlege, wie klein der sichtbare Schaden war und was letztendlich daraus wurde, dann wird mir jetzt noch schlecht … Einmal Fluggastbrücke küssen – 1,4 Millionen Dollar Schaden!

Unsere Gäste haben von dem ganzen Theater nichts

mitbekommen – von der Tragweite des Schadens sowieso nicht. Sie werden sich nur gewundert haben, warum sie das Flugzeug über die hintere Treppe verlassen mussten. Da war ich froh gewesen, den Flug in trockenen Tüchern zu haben, ohne Auffälligkeiten während der Reise und ohne Stress mit alkoholisierten Fluggästen, und dann passierte buchstäblich auf den letzten Metern so ein Mist. Manches kommt im Leben wirklich anders, als man denkt!

Ungeplanter Zwischenstopp

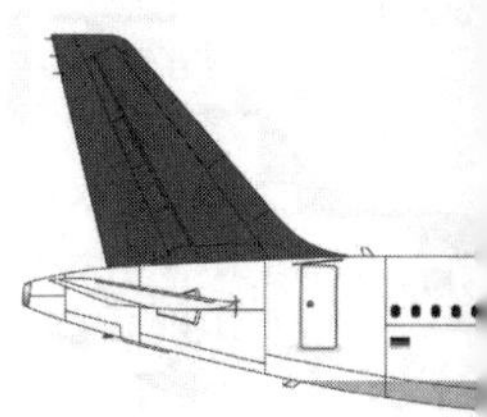

Amerika stand auf dem Plan, und ich freute mich darüber. Die Reise sollte nach Ft. Myers gehen, einer Destination, die viele von uns, besonders die Damen in der Crew, wegen der unzähligen Einkaufsmöglichkeiten in Hotelnähe sehr mochten. Mir gefielen die Staaten, hier konnte man nicht nur faul am Strand liegen und Kokosnüsse zählen wie bei den meisten Destinationen in der Karibik, sondern auch ein bisschen was erleben. Ich miete mir dort gern einen Wagen, vorzugsweise ein Cabrio. In Amerika fährt es sich viel entspannter als in Deutschland, da macht schon das Autofahren an sich Spaß, und es gibt genügend landschaftlich reizvolle Plätze zu entdecken. Diesmal wollte ich einen Ausflug in die Everglades machen.

Am Vortag reiste ich mit meiner Crew von Düsseldorf nach München, um dann am Folgetag ausgeruht den Flug in Floridas Westen, die Heimat der deutschen Rentner mit Wohneigentum in Amerika, anzutreten. Klimamäßig war es dort immer gut zu ertragen, und unser Hotel bot statt eines normalen Zimmers zur Abwechslung eine Art Apartment mit Kochecke und separatem Wohnzimmer. Im Innenhof der Anlage gab es einen kleinen Pool und die Möglichkeit, am Abend die beiden zur Verfügung stehenden Grills für ein gemeinsames Barbecue zu nutzen, was von den Crews immer gern genutzt wurde.

Für diesen Tag war klarer Himmel vorhergesagt, leichter Ostwind und Temperaturen um die 23 Grad Celsius. Nicht viel für einen Augusttag? Zum Glück, denn unser Anliegen war ja nicht, hinter den Fenstern des Cockpits in der Sonne zu brutzeln, sondern einen Transatlantikflug durchzuführen, und dabei konnten einem hochsommerliche Temperaturen schon einmal einen Strich durch die Rechnung machen. Bei niedrigeren Temperaturen unterliegen wir keinerlei Beschränkungen bei der Startmasse – ganz im Gegensatz zum heißen Hochsommer, wo wir schon mal mit spitzem Bleistift nachrechnen müssen, ob wir all das, was da so an Fracht noch auf die Reise mit uns wartet, auch mitnehmen können. Je höher die Außentemperatur und je geringer der Luftdruck ist, desto weniger kann ein Flugzeug an Fracht und Ladung transportieren.

An diesem Tag passte alles, und nach dem üblichen Briefing mit der ganzen Crew machten wir uns auf den Weg zum Flieger. Die Wege in München waren verdammt weit, und so war es nicht weiter verwunderlich, dass die Rampagentin uns schon sehnsüchtig auf der Maschine erwartete.

»Mann, Cornelius, wo wart ihr bloß so lange?«, wurde ich empfangen.

»Hallo, Nadja! Du kennst doch die ewig langen Wege hier«, entgegnete ich.

»Das Dispatch macht Druck, ihr habt inzwischen einen Slot für euer Atlantik Crossing erhalten, und so wie ich das sehe, wird das sehr eng, wenn ihr nicht schnellstens vom Hof kommt«, erklärte Nadja bestimmt.

»Wie sieht es mit dem Tanken aus? Sind die 72 000 kg Sprit schon drin?«, fragte ich die sichtlich nervöse Rampagentin.

»Noch fünfzehn Minuten, dann ist der Tanker fertig, ich habe euch bei der Feuerwehr Tankschutz bestellt.

Wenn die Kabine fertig ist mit den Vorbereitungen, können wir sofort boarden!«, rief sie und sprang im selben Atemzug auch schon wieder in ihr Auto.

Der Tankwagen kam bereits kurz nach unserer telefonischen Spritbestellung an den Flieger und legte mit der Betankung los, aber solche Kerosinmengen brauchten leider ihre Zeit. Zwanzig bis dreißig Minuten waren die Regel bei einem Großraumflieger wie unserem A330. Normalerweise wurde aus Sicherheitsgründen zu Ende getankt, bevor wir die Fluggäste boardeten. Tankschutz per Flughafenfeuerwehr war eine Ausnahme, die noch aus der Ära der Douglas DC6 und anderer Flieger mit Kolbentriebwerken übrig geblieben war. Damals wurden die Flugzeuge noch nicht druckbetankt, sondern der Spritschlauch wurde wie bei einem Auto von oben in den Tankstutzen gehängt, um den Tank zu füllen. Die Gefahr, dass Sprit überlief, war hoch und kam öfter vor. Das Fahrwerk mit den heißen Bremsen von der letzten Landung war nicht weit davon entfernt, und das bedeutete hohe Brandgefahr.

Auch heute im Düsenjetzeitalter steht die Feuerwehr mit einem Löschfahrzeug für den Brandfall hinter dem zu betankenden Flieger in Bereitschaft, wenn die Passagiere aus Zeitgründen schon einsteigen oder bereits an Bord sind.

Zwischenzeitlich bereitete die Kabinencrew den Flieger für die Gäste vor. Alles musste vollständig und ordnungsgemäß verstaut sein, die sicherheitsrelevanten Gegenstände wie Schwimmwesten, Feuerlöscher, Sauerstoffgeräte und die übrige Notausrüstung mussten an ihrem Platz fest verzurrt und funktionsfähig sein, und erst nach gründlicher Prüfung durch die Flugbegleiter durften unsere Gäste an Bord kommen.

Meine Purserette Elke und mein erster Offizier Rainer verdrehten angesichts der forschen, Druck machenden Rampagentin die Augen und wirkten leicht gequält. Wieder einmal kam die Crew zum Flieger und war für alle Probleme verantwortlich. Wann seid ihr fertig? Am besten gestern?! Wir nannten solches Gehabe nur noch salopp SOS – Same Old Shit. So etwas konnte die Motivation schon erheblich beeinflussen. Aber wir ließen uns nicht unterkriegen. Ihr Anliegen war es, den Flieger pünktlich vom Hof zu kriegen, doch wir mussten unsere Vorflugarbeiten gewissenhaft erledigen und konnten dann erst boarden. So einfach war das.

Nachdem das Tanken beendet war, hatten meine Damen in der Kabine in der Zwischenzeit wieder einmal das Unmögliche möglich gemacht. Noch rechtzeitig konnten wir die Gäste zum Einsteigen abrufen lassen und uns so unseren Atlantic-Slot sichern. Anscheinend war der Verkehr in Richtung Amerika heute so stark, dass die wenigen Standardstrecken überlastet waren. Dabei flogen wir in diesen Teil der USA immer ein sogenanntes »Random Routing«: Man wählte aus wirtschaftlichen Gründen eine Route aus, die eine möglichst kurze Flugzeit und damit einen geringen Spritverbrauch brachte. Natürlich wurden dabei auch die Wetterverhältnisse geprüft, denn die Sicherheit kam immer vor der Wirtschaftlichkeit an erster Stelle.

Selten habe ich in meinen über dreißig Berufsjahren gehört, dass über dem Großen Teich Zeitfenster vergeben wurden – vielleicht zwei- oder dreimal? Verpasste man den Atlantic-Slot und war nicht zur vorgegebenen Zeit am Einflugpunkt für den atlantischen Luftraum, um über den Großen Teich zu donnern, gab es kein Schippern über die See mehr. In diesem Fall musste man dann eine andere, weniger ökonomische Route fliegen oder bekam vielleicht nicht die benötigte Flughöhe, um ohne Zwischenlandung in den USA ankommen zu können. Und das brauchte in der Rushhour über dem Atlantik wirklich kein Mensch.

Wir hatten unsere Papiere pünktlich fertig und überreichten sie unserer Rampagentin Nadja. Am Rande erzählte sie noch flink Folgendes zum Abschied:

»Ihr habt da übrigens eine Familie an Bord. Der Vater ist erst vor wenigen Tagen aus dem Krankenhaus gekommen. Ich habe Elke die ärztliche Bescheinigung für seine Flugtauglichkeit übergeben. Also macht euch keine Sorgen, ist alles okay.«

Mit diesen Worten drehte sie sich um, raffte ihre Papiere zusammen und verließ unser Cockpit. Noch ehe ich großartig etwas nachfragen konnte, war die Tür auch schon geschlossen.

Der Buzzer für die Cockpittür brummte. Rainer schaute auf den Monitor der Kamera, sah Elke und ulkte: »Achtung, der Kabinenspieß steht vor der Tür.«

Ich musste trotz der Hetze grinsen und antwortete zackig:

»Stube aufräumen und Spieß reinlassen.«

Wir drückten den Türöffner, und Elke kam herein:

»Habt ihr meine Loadsheet-Kopie? Nadja hat mir keine gegeben ...« Dann hielt sie inne und schaute ungläubig vom einen zum anderen. »He, was ist denn mit euch los, warum salutiert ihr vor mir?«

Rainer antwortete zackig: »Cockpitstube aufgeräumt und mit zwei Mann vollzählig zum Appell angetreten, Frau Oberfeld«, und brüllte los vor Lachen.

»Kleiner Scherz am Rande, wir wollten dich nur ein bisschen hops nehmen«, sagte ich zu Elke, die sich ein Grinsen verkniff. »War gerade zu viel Stress hier, und wir wollten einfach mal wieder lachen. Nimm's uns nicht krumm. Dein Beladepapier haben wir nicht, aber wir drucken dir gern noch eins aus.«

»Na, das kann ja heute noch lustig werden mit euch beiden«, stöhnte Elke und entschwand mit dem Zettel in die Kabine. Dass die Rampagentin in der Eile vergaß, dem Purser seine Papiere zu übergeben, kam öfter mal vor; wenn dafür der Flieger pünktlich von den Klötzen ging, waren trotzdem alle zufrieden.

Behäbig rollten wir zur südlichen Startbahn, nachdem wir aus der Gate-Position zurückgedrückt wurden. Nach wenigen Minuten brummten unsere Pratt&Whittney-Triebwerke gemütlich wie zwei alte Staubsauger vor sich hin. Noch eine landende Maschine mussten wir abwarten, dann durften wir auf die Startbahn 08 Links rollen. »German Transatlantic Airways, 7018 heavy, one aircraft on a 3 miles final, you are cleared for immediate Take-off Runway 08L, Wind 010 with 8 kts. Guten Flug, Jungs!«, quäkte es aus den Lautsprechern. Rainer bestätigte die Startfreigabe, und langsam schob ich die Gashebel vor. Nach fünfunddreißig Sekunden hob langsam das Bugrad ab, und Sekunden später war das Flugzeug frei von Bodenkontakt. Es schraubte sich seinen Weg gemächlich in den Himmel, Nase nach oben, Flügel weit ausgestreckt. Es war immer wieder ein erhebender Moment, wenn der tonnenschwere Vogel abhob – ein kleiner, aber faszinierender Augenblick, wenn die technischen Errungenschaften des Menschen die Naturgesetze für eine kurze Zeit bezwangen.

Wir wurden in Etappen für unsere Reiseflughöhe freigegeben und kletterten für die ersten Stunden unseres Fluges auf 35 000 Fuß Kurs in Richtung Nordwest auf Shannon in Irland zu, von wo wir unsere Atlantiküberquerung starten sollten. Der Steigflug war gerade mal seit zehn Minuten beendet, und wir befanden uns über dem Südwesten Englands, als Elke ins Cockpit platzte:

»Wir haben einen medizinischen Notfall, einer der Gäste hat sehr starke Magen-Darm-Schmerzen. Ich habe vorsichtshalber mal einen Arzt ausgerufen.«

»Gut, dann halte uns auf dem Laufenden, noch haben wir die Möglichkeit, irgendwo in England oder Irland eine medizinische Notlandung zu machen. Sind wir erst über dem Großen Teich, wird es sehr schwierig, schnell Hilfe zu bekommen«, antwortete ich.

»Sobald ich mehr weiß, komme ich wieder zu euch, Cornelius.« Etwas angespannt verließ sie unser Cockpit, um in der Kabine wieder nach dem Rechten zu sehen.

Unser deutsches Notfallrettungssystem am Boden ist grandios, eines der besten auf der Welt. Alarmiert man den Notarzt über den Notruf 112, so ist in einer Stadt Hilfe innerhalb von zehn Minuten verfügbar, in den ländlichen Regionen darf das maximal fünfzehn Minuten dauern. Alles penibel geregelt im Gesetz über den Rettungsdienst.

In der Luftfahrt ist alles anders. Befindet sich der Flieger in der Luft, insbesondere über dem Atlantik, so kann die Crew im Ernstfall nur hoffen, dass sich unter den Gästen ein Arzt befindet, und ihn ausrufen. Nicht immer ist der Gewünschte an Bord, aber es melden sich auch Krankenschwestern, Sanitäter und sonstiges medizinisches Personal, das helfen kann. Amerikaner melden sich äußerst selten bis nie, denn in Amerika gilt nicht das Prinzip der unterlassenen Hilfeleistung, sondern das des Regressanspruchs bei einer Fehlentscheidung. Kaum einer der US-Ärzte ist sich bewusst, dass er bei einer Hilfeleistung an Bord durch unsere Firma versichert wäre, auch wenn wir das in unseren Ansagen immer betonten.

So haben wir über die Jahre gelernt, flexibel zu sein. Eine Leukämiepatientin wurde mitten über dem Atlantik von einem Kinderarzt betreut, ein psychisch Kranker erhielt Medikamente von einem Gynäkologen, und eine Nierenkolik wurde von einem Zahnarzt versorgt. Klingt unmenschlich? Ja, aber was soll man denn machen, wenn in jede Himmelsrichtung stundenlang nur Wasser unter einem ist? Die Flugbegleiter sind in Erster Hilfe ausgebildet und nehmen an jährlichen Schulungen teil. Sie können einen Kreislaufkollaps behandeln, Hypoxie, Flugangst und einen Herzinfarkt erkennen. Sie können Puls messen, wiederbeleben und den Defibrillator bedienen. Nichtsdestotrotz bleiben sie Laienhelfer. Da die ersten Semester in der Medizin für alle Ärzte gleich sind, wäre mir im Notfall sogar ein Tierarzt lieber als gar kein Arzt! We only try to survive!

In jedem Fall versuchen wir im Notfall schnellstens herauszufinden, wo das Problem liegt, dann bespricht der Purser mit dem verantwortlichen Kapitän und dem eventuell anwesenden Arzt, wie weiter zu verfahren ist. In eindeutigen Situationen, wie zum Beispiel einem Herzinfarkt, ist sofortiges Handeln angesagt. Nur geht das mitten über dem Atlantischen Ozean nie so schnell, wie man die Hilfe braucht. Je nach Position des Flugzeugs kann es bis zu drei Stunden dauern, bis nach einem medizinischen Notfall ein Rettungsteam zur Verfügung steht. Also heißt die Devise Vorbeugung. Bei dem geringsten Verdacht in diese Richtung hat der Kapitän das Recht und die Pflicht, einem Fluggast die weitere Beförderung zum Wohl der Person, aber auch der Gemeinschaft an Bord zu verweigern. Nur allzu oft gehen Passagiere fahrlässig mit ihrer Gesundheit um. Manchmal kennen sie ihr Gesundheitsproblem selbst nicht richtig und umfassend, ein anderes Mal informieren sie absichtlich nicht die Crew, damit sie nicht vom Flug ausgeschlossen werden. Oft fliegen Todkranke mit uns, weil sie an einem fernen Zielort sterben wollen. Dann ist es sehr unangenehm, wenn ihre Kraft bis zum Wunschziel nicht mehr reicht. Klingt vielleicht makaber und lieblos, aber mit einer Leiche an Bord wird ein Flug in den Urlaub für 300 andere Menschen zum Trauma. Immerhin hält die Firma praktische Leichensäcke in dezentem Hellgrau für uns an Bord bereit, denn etwa alle sechs Wochen stirbt ein Passagier auf einem unserer Flüge. Ich frage mich nur, wem die Aufgabe zukommen soll – sofern ein Arzt den Exitus während der Reise überhaupt bezeugen konnte –, den verstorbenen Passagier unter den Augen der neugierigen Mitreisenden da hineinzuverfrachten? Der Purser vielleicht? Kann man so einen armen Menschen nicht einfach mit einer Decke verhüllen, anstatt in pietätlos in einen Sack zu stopfen? Im Übrigen – haben wir bei einem Todesfall nicht ganz andere Sorgen in unserem Kosmos Flugzeug als das Verpacken der sterblichen Überreste?

So war es auch in unserem Fall auf dem Flug German Transatlantic 7018 nach Ft. Myers. Nein, es gab keine Leiche, das vorweg. Es dauerte aber keine zehn Minuten, und Elke kam zurück ins Cockpit.

»Also, wir haben einen Arzt an Bord gefunden, der ist zwar nur Urologe und kein Internist, aber er hat dem Passagier ein starkes Schmerzmittel gespritzt. Jetzt geht es ihm wieder etwas besser. Der Passagier hat uns erzählt, dass er vor wenigen Tagen aus dem Krankenhaus entlassen wurde.« Elke holte tief Luft. »Und jetzt halt dich fest!« Sie machte eine theatralische Pause, an der ich wenig bis gar keinen Spaß hatte.

»Er wurde vor gerade mal zwei Tagen nach einer OP wegen eines perforierten Darms aus dem Krankenhaus entlassen, und sein Hausarzt hielt es für problemlos, dass er damit sofort einen Urlaubsflug antritt!«, ergänzte sie ihren Bericht.

»Das ist ja unglaublich! Da hat sein Hausarzt aber einen bösen Fehler gemacht! Wie kann er denn seinen Patienten in diesem Zustand fliegen lassen?«, wunderte ich mich wütend.

Also, was sollten wir tun? So konnte der Gast auf keinen Fall weiterfliegen. Wenn das Schmerzmittel nachließ, würde er höchstwahrscheinlich wieder Krämpfe bekommen, und unsere Medikamentenvorräte würden nicht für den ganzen zehnstündigen Flug reichen.

»Elke, hol bitte den Arzt nach vorn, ich möchte seine Einschätzung über den Gesundheitszustand unseres Gastes hören«, bat ich die Purserette.

Der Arzt kam in die vordere Galley, und ich hörte mir seine Meinung an. Obwohl er sich optimistisch gab, dass wir den Flug ohne weitere Zwischenfälle fortsetzen konnten, hatte er mich nicht wirklich überzeugt. Zu lange war ich in meiner Studienzeit als Rettungssanitäter unterwegs gewesen, und ich kannte mich mit den Auswirkungen der Druckkabine nach einem Vierteljahrhundert an Bord besser aus als die meisten Mediziner. Mein ungutes Gefühl blieb auch nach dem Gespräch, und ich schlug vor, den Zustand des kranken Gastes in einer Viertelstunde nochmals zu überprüfen. Bis dahin waren wir noch in Reichweite der irischen Atlantikküste, und uns stünden alle Optionen einer Rettungsaktion offen.

»Elke, bitte hol den Gast zu mir nach vorn, ich möchte ihm die Möglichkeiten aufzeigen, die er meiner Ansicht nach hat. Ich glaube nicht, dass er bis Ft. Myers durchhält.«

»Gut, mach ich, Chef. Nur zur Info, der Gast heißt Waltering und reist mit seiner Frau und zwei Kindern. Vielleicht denkst du bei deiner Entscheidung daran.«

Herr Waltering erschien mit schmerzverzerrtem Gesicht und setzte sich schwerfällig auf den Flugbegleitersitz. Ich klärte ihn über seine Optionen auf und machte ihm deutlich, dass ich nicht glaubte, er könne diesen Flug fortsetzen.

»Mein Arzt meinte, ich könnte bedenkenlos in den Urlaub fliegen«, sagte er wenig überzeugend – anscheinend glaubte er selbst nicht mehr daran. Er war blass, und die

Schmerzen und die Strapazen waren ihm deutlich anzusehen.

»Hat Ihr Arzt Sie auch darüber aufgeklärt, dass die Druckverhältnisse in einem Flugzeug einen negativen Einfluss auf Ihre Gesundheit haben können? Hier in beinahe 12000 Metern Flughöhe herrschen ganz andere Druckverhältnisse als am Boden, und das wird Ihnen langfristig Schmerzen bereiten, da sich Körpergase in Ihrem Bauchraum ausdehnen. Die werden Sie erst wieder los, wenn Sie nach dem Flug einige Stunden am Boden sind«, teilte ich ihm mit.

»So hat man mir das nicht erklärt, aber ich kann das nachvollziehen«, sagte Herr Waltering erschöpft.

»Das ist gut«, antwortete ich. »Ihre Wahl ist entweder eine Zwischenlandung, um ein Krankenhaus aufzusuchen, oder eine Weiterreise ohne Essen und Getränke und mit einer Menge Schmerzmittel. Fraglich ist, ob diese für einen Transatlantikflug ausreichen. Auf jeden Fall bin ich für meine Gäste hier verantwortlich, und ich muss rechtzeitig eine Entscheidung treffen, zum Wohle aller an Bord.«

Der Gast nickte betrübt und ging nach hinten auf seinen Platz. Ich ahnte irgendwie, dass die Situation sich kurzfristig entscheiden würde. Zu allem Übel durchflogen wir auch noch eine Zone mit sehr heftigen Turbulenzen, sodass unser Patient gut durchgeschüttelt bereits nach Kurzem die nächste Spritze mit Schmerzmittel benötigte.

Elke kam zu uns, schaute Rainer und mich ernst an und sagte:

»Es sieht schlecht aus, der Mann liegt in der Küche auf dem Boden und krümmt sich vor Schmerzen. Der Arzt will keine weitere Verantwortung mehr übernehmen, und wir haben nur noch zwei Ampullen von dem Medikament.«

Ich beratschlagte mich kurz mit Rainer und Elke, und dann war die Entscheidung klar: »Rainer, wir sind westlich von Dublin, da kann dem Gast geholfen werden. Gib Air Traffic Control Bescheid und melde einen medizinischen Notfall. Elke, wir brauchen nicht länger als fünfundzwanzig Minuten, bis wir bei den Iren auf dem Vorfeld an der Parkposition stehen.«

»Alles klar, schaffen wir. Wir räumen sofort die Kabine auf, gib mir bitte die Anschnallzeichen, dann mach ich eine Ansage an die Gäste«, sagte sie und war wie der Wind wieder zur Tür raus. Auch mir schien größte Eile geboten, um unseren Gast schnell von seinen Schmerzen zu erlösen und Schlimmeres zu verhindern.

Jeder Handgriff saß. Während Rainer die Freigabe von der Shannon-Luftverkehrskontrolle für den ungehinderten Sinkflug mit Direktkurs nach Dublin erhielt, drehte ich den Flieger bereits auf Gegenkurs und begann mit einem steilen Sinkflug. Es würde maximal fünfzehn Minuten dauern, bis wir in Anflughöhe waren, nochmals zehn Minuten für den Anflug und fünf weitere Minuten für den Rollvorgang am Boden zur Parkposition. Wenn die Bodenmannschaft alles korrekt vorbereitet hatte, stand ein Krankenwagen mit Notarzt an der Parkposition in Bereitschaft, der Brückenfahrer war an seinem Steuerrad, und sobald die Triebwerke ausgeschaltet waren, konnte der Andockvorgang beginnen. Wenn alle Beteiligten gut zusammenarbeiteten, war unser Gast innerhalb von 25 Minuten unter ärztlicher Kontrolle. Schneller war unmöglich. Während des Sinkfluges beantwortete Rainer per Funk den Notfallmedizinern Fragen nach Alter, Gewicht, Krankengeschichte, Allergien, damit die ärztliche Hilfe exakt vorbereitet werden konnte.

Das Wetter im Anflug spielte mit, wir hatten gute Sichten, und die Controller hatten ihre Arbeit gut gemacht.

Der gesamte Flugverkehr um uns herum war umgeleitet oder mittels Kursanweisungen von uns ferngehalten worden. Solche Vorteile haben sonst nur Flugzeuge von Staatsoberhäuptern, aber in einem Notfall sind wir dann doch alle gleich.

Kaum waren wir gelandet und hatten die Triebwerke abgestellt, hörten wir das Klopfen des Brückenfahrers an der L1. Elke öffnete die Tür und brachte das Notfallteam zu unserem Kranken, der während des Anfluges von den Flugbegleitern zusammen mit dem Arzt in der Businessclass untergebracht worden war, damit er sofort nach der Landung versorgt werden konnte. Alle anderen Gäste hatte ich vorher angewiesen, nach dem Erreichen der Parkposition auf ihren Sitzplätzen zu bleiben und nicht aufzustehen, damit die Gänge frei blieben. Interessanterweise klappte das in solchen Notsituationen immer sehr gut, während unter normalen Umständen nach einer Landung fast immer dreihundert Passagiere gleichzeitig aufstanden und sich wunderten, dass sie keinen Platz im Gang fanden.

Unser kranker Gast hatte sich mit seiner Familie abgesprochen und verließ allein das Flugzeug in Richtung Krankenhaus, umsorgt von seinen Notfallhelfern. Sein Koffer musste an Bord bleiben, seine Familie würde sich nach der Ankunft in den Vereinigten Staaten darum kümmern. Wenn wir jetzt noch einen Frachtraum geöffnet und uns in den Containern auf die Suche nach seinem Koffer gemacht hätten, wäre unsere Dienstzeit abgelaufen, bevor wir in Ft. Myers angekommen wären. All das müsste ich in einem Bericht an das Luftfahrtbundesamt niederschreiben und mich für meine Dienstzeitüberschreitung rechtfertigen. In der Regel waren solche ungewollten und plötzlichen Zwischenlandungen für die Crew eine hohe Belastung, aber es galt natürlich auch im Interesse der Firma und der Wirtschaftlichkeit, den Flug möglichst zügig fortzusetzen. Ein schnöder Koffer war da nun mal zweitrangig.

In der Zwischenzeit war der neue Flugplan bei unserem Handlingsagenten eingetroffen, und die Feuerwehr stand bereit, da wir nun mit Passagieren an Bord nachtanken mussten. Nur wenige Minuten vergingen, bis die fehlende Menge Treibstoff für unsere Weiterreise in die USA an Bord war. Dreißig Minuten nach unserer unplanmäßigen Landung standen wir bereits wieder auf der Startbahn und beschleunigten unseren Vogel für den Start.

Noch neun Stunden Flugzeit lagen vor uns. Am Ende des Tages hatten wir eine Flugdienstzeit von fast vierzehn Stunden auf dem Tacho, aber die Gewissheit, einem Menschen rechtzeitig geholfen zu haben. Dies war wieder ein schönes Beispiel für den Unterschied zur Frachtfliegerei. Die zwischenmenschlichen Herausforderungen – und deren Lösung – machen für mich den Job aus. Und es befriedigt mich weitaus mehr, als leblose Päckchen durch die Gegend zu karren.

Indianer

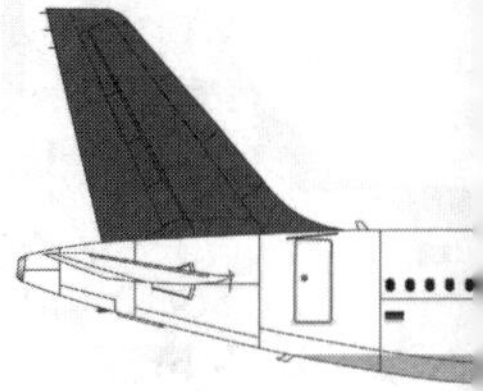

Die meisten Flüge haben immer eine kleinere oder größere Überraschung in petto. Eigentlich kann man auf jedem Flug etwas erleben, denn der Faktor Mensch ist nicht berechenbar. Selbst wenn ich drei Mal hintereinander nach Palma de Mallorca fliege – kein Flug ist wie der andere, sei es, dass Jürgen Drews mit an Bord ist, eine Dame ihren Handtaschen-Fiffi nicht in die dazugehörige Tasche sperren will und einen hysterischen Anfall bekommt oder jemand einen Herzinfarkt an Bord erleidet. Sicher, der Schlagerkönig tut keinem weh, er erhält nur entsprechende Aufmerksamkeit, und zum größten Teil fällt diese Aufgabe in den Bereich des Kabinenpersonals. Die werden auch mit wild gewordenen Zwerghunden und den dazugehörigen Frauchen spielend alleine fertig. Ein Herzinfarkt dagegen erfordert bei uns im Cockpit sofortiges Handeln, eine medizinische Notlandung schiebt Adrenalin in die Haarspitzen, wenn auch nicht so viel wie bei einem technischen Notfall über den Wolken.

Schwieriger als ein wild gewordener Hund sind Gäste, denen die Höhenluft nicht bekommt. Das kann ganz verschiedene Ursachen haben – zu viel Alkohol, Flugangst, zu wenig Privatsphäre. Die Gründe, an Bord auszurasten, sind mannigfaltig und doch oft belanglos. Aber wer konnte sich schon genauestens in die Psyche eines verzweifelten, sich bedrängt und entmündigt fühlenden Passagiers hineinversetzen? Manche flippen sogar derart massiv aus, dass sie mit Handschellen an Bord fixiert werden müssen, weil sie zu einer Gefahr für sich und andere werden. Gut, dass wir immer diese praktischen Helfer dabeihaben.

Aber es gibt auch leise Vertreter dieser besonderen Sorte Fluggast, die einem nicht ganz geheuer sind. So erlebten es Kollegen von mir vor circa einem Jahr, als ein Passagier im Landeanflug auf die thailändische Hauptstadt auf eine der Flugzeugtüren zustürzte und diese öffnen wollte. Er war der Überzeugung, ein Avatar zu sein, und wollte »in das nächste Level aufsteigen« – das zumindest murmelte er die ganze Zeit gebetsmühlenartig vor sich hin … Hätte er es geschafft, den schweren Hebel umzulegen – während des Reisefluges war ein Öffnen der Kabinentüren aufgrund des Kabinendrucks unmöglich, im Sinkflug war das ab einem gewissen Zeitpunkt dann allerdings sehr wohl zu schaffen –, hätte er einen rasanten Freifahrtschein gewonnen, allerdings eher ein paar Level nach unten und nicht nach oben. Beherztes Eingreifen der Kabinencrew konnte diesem Mann noch rechtzeitig das Handwerk legen. Komplett aufbekommen hätte er die Tür nicht, denn der Fahrtwind hätte sie so weit an den Rahmen gedrückt, dass ein Rausfallen unmöglich gewesen wäre. Aber ich hätte nicht die entsetzten Gesichter der anderen Fluggäste sehen wollen, wenn auf einmal der Wind ein wenig frisch durch die Ritze geblasen hätte …

Vor ein paar Monaten stand eine Frau auf einem Flug von Bangkok nach Düsseldorf in der vorderen Galley und war völlig aufgelöst. Sie redete ununterbrochen davon, dass sie ihren Mann verloren hatte. Uns brannte die Zeit ganz gewaltig im Nacken, Asien-Flüge waren wegen ihrer Flugdauer immer dienstzeitkritisch. Eigentlich waren wir reisefertig, das Gepäck war verladen, alle Gäste an Bord, und eine Startfreigabe hatten wir auch schon. Ich wunderte mich über die Frau in der Bordküche und fragte Karoline über die Schulter, was denn los sei. Sie ließ die Frau bei ihrer Kollegin in der Küche stehen und kam zu mir ins Cockpit.

»Du wirst es nicht glauben, aber die Dame hat gerade ihren Mann verloren!«, erzählte sie mir kopfschüttelnd.

»Wie, ist er verstorben?«, hakte ich nach.

»Nein, du Witzbold«, sie knuffte mich in die Seite. »Sie hat ihn hier am Flughafen verloren.«

»Wie bitte? Wie bekommt man denn so etwas hin?« Automatisch kratzte ich mich am Kopf. Wie konnte man seine bessere Hälfte am Airport verlieren?

»Ich weiß es auch nicht so genau. Sie sagte, dass sie nur kurz zur Toilette gegangen sei. Als sie wieder herauskam, war er weg. Und das Kuriose an der Sache: Sie hat beide Flugtickets und beide Handys – er hat das Handgepäck und das ganze Geld.«

»Na, wenn das nicht zum Himmel stinkt …«

»Ja, und jetzt ist sie ganz aufgelöst und weiß nicht, was sie machen soll.«

»Haben wir den Mann schon ausrufen lassen?«

»Ja, natürlich. Er spricht allerdings weder Thai noch Englisch und nur gebrochen Deutsch. Und ich bezweifle, dass sie hier jemanden haben, der Russisch kann …«

»Auch das noch! Wir haben noch zehn Minuten Luft, dann ist unser Slot Geschichte, und wir fallen aus der Dienstzeit. Dann steigen wir hier alle wieder aus. Schick mir doch bitte noch mal den Rampagenten …«

Wie bitte konnte so etwas passieren? Lag da nicht die Vermutung nahe, dass der werte Gatte mit einer hübschen Thailady lieber im Land der Lotusblüten bleiben wollte und seine Frau allein ins eiskalte Berlin zurückfliegen ließ? Oder hatte die Dame ihren Mann auf der Toilette klammheimlich gemeuchelt und schwindelte uns einen vor? Konnte man in einem hochmodernen

Flughafengebäude – der Suvarnabhumi-Airport wurde erst 2006 in Betrieb genommen und ist tatsächlich vom Feinsten – wirklich sein Flugzeug nicht finden? Mir war das alles schleierhaft. Und über allem Chaos baumelte wieder die unbarmherzige Uhr. Wir mussten rechtzeitig vom Hof kommen, damit nicht der ganze Flug platzte. Ich fragte noch einmal bei Karoline nach.

»Wie sieht es denn jetzt aus, hat ihn jemand gefunden?«

Sie schüttelte den Kopf. »Nein, leider nicht. Die Dame ist komplett aufgelöst. Keine Ahnung, wie wir ihr helfen können.«

»Ich muss jetzt eine Entscheidung treffen – will sie mit oder hierbleiben?«

»Warte, ich rede noch mal mit ihr.«

Karoline verschwand aus dem Cockpit und kam wenig später zurück.

»Sie fliegt mit uns. Sie hat drei Kinder zu Hause in Berlin. Es wäre schön, wenn du die Firma informieren würdest, dass der Sohn sie abholen soll. Hier ist die private Telefonnummer.«

»Wissen die Kinder denn nicht, wann die Eltern nach Hause kommen?«, wunderte ich mich.

»Keine Ahnung, aber da sie ja nun kein Geld mehr hat, wäre es doch ein netter Zug von den Kollegen in der Kundenbetreuung, den Sohn zum Airport zu organisieren, oder nicht?«

»Ich versuche mein Bestes. Ich gebe das gleich weiter, sobald wir ein bisschen Ruhe nach dem Start haben. Wir machen dann die Türen zu, okay?«

»Alles klar, Chef, wird gemacht!«

Ich schüttelte den Kopf – was es nicht alles gab! Ehemänner, die sich in Luft auflösten ... Leider habe ich nie erfahren, ob der Gatte wieder aufgetaucht und später vielleicht mit den Kollegen nach Berlin geflogen ist oder ob er doch seinen Wohnsitz nach Thailand verlegt hat.

Keinen Monat später stand ich am selben Gate in Bangkok, diesmal sollte die Reise zurück nach Düsseldorf gehen. Wieder saß uns die Zeit im Nacken, das Boarden ging nur schleppend voran, und als ich schon wieder rechnete, um die maximale Dienstzeit zu bestimmen, preschte auf einmal meine Frau zu mir ins Cockpit.

»Cornelius, gehe ich recht in der Annahme, dass du einen halb nackten Indianer nicht an Bord haben möchtest?«

»Einen halb nackten Indianer?« Ich zog die Augenbraue hoch. »Hast du so jemanden im Angebot?«

»Allerdings. Ich wollte mich nur noch einmal vergewissern. Ich weiß ja, dass du eine Abneigung gegen Muskelshirts und Netzhemden hast. Bei Fensterleder war ich mir da nicht so sicher. Vielleicht solltest du dir diesen Typen mal persönlich ansehen?«

»Fensterleder? Du machst wohl Witze? Haben wir gerade Karneval?«

Manchmal hasse ich es, wenn sich unsere Fluggäste nicht adäquat kleiden. Ich verlange ja keinen Anzug nebst polierten Lackschuhen, sondern nur ein Mindestmaß an Garderoben-Anstand. Dass Jogginganzüge, Flipflops und Hotpants längst zur Reisekleidung unserer Gäste zählen, ist natürlich nicht zu verhindern. Palmenflechthüte, Sombreros, Mickey-Mouse-Ohren und sonstige voluminöse Kopfbedeckungen lassen wir natürlich auch durchgehen, der Großteil landet sowieso nach dem Einsteigen im Gepäckfach. Sie stören nur, wenn sie dem Hintermann den Blick auf den Film an Bord verwehren. Gegen Netzhemden und Muskelshirts bin ich allerdings allergisch, genauso gegen Frauen, die ihre Oberweite in knappen Bikini-Oberteilen versenkt haben, die etwa briefmarkengroß sind. Hier ist doch der dezente Hinweis erlaubt, sich mal eben etwas überzuziehen, denn man sitzt mit minimalem Abstand neben einem gänzlich Fremden, und wenn schon keine Einhaltung der Intimsphäre möglich ist, dann doch bitte wenigstens die Wahrung von Anstand und Respekt. Ich will auch nicht zwölf Stunden neben einem Globetrotter im Netzhemd sitzen, dem das üppige Brusthaar durch die groben Maschen quillt.

Ich schälte mich aus dem Sitz und folgte meiner Purserette in die Kabine. An der mittleren Tür stand er dann – unser Winnetou. Ein weißer Mann um die vierzig, mit fettigen, langen blonden Haaren, verziert mit selbst gefädeltem Perlenstirnband und Adlerfeder. Die nackte Brust wurde spärlich von einer Fransenlederjacke bedeckt, um die Hüften trug er das besagte Fensterleder, ein winziges Stück Waschleder in schmuddeligem Beige als eine Art Lendenschurz, ansonsten war er unbekleidet. Nur die Füße waren in Lederstücke gewickelt, die mit Schnur zusammengebunden waren. Als Handgepäck besaß der Mann lediglich einen kleinen, zerzausten Fellbeutel, und er roch äußerst streng.

»Schönen guten Tag«, begrüßte ich den Indianer. Hätte ich nicht eigentlich »Hugh!« sagen sollen?

»Bitte ziehen Sie sich eine Hose an und schließen Sie Ihre Jacke. So können Sie leider nicht mit uns reisen.«

»Wat soll'n dat heißen? Ich fliech immer so!«, maulte die weiße Rothaut und schwang den Fellbeutel mit Schwung von einer Schulter zur anderen. Beißender Schweißgeruch stach mir in die Nase.

»Tut mir sehr leid, ohne Hose können wir Sie nicht mitnehmen.«

Alle anderen Passagiere waren mittlerweile an Bord und verfolgten unsere Diskussion mit Vergnügen und unverhohlener Neugier. Der Indianer stemmte beide Arme rechts und links in die Hüften. Eine erneute Schweißwolke waberte zu uns herüber, und die Flugbegleiterin von der L2-Tür trat diskret zur Seite, um einer Ohnmacht vorzubeugen.

»Ich denk ja gar nicht daran, wat anzuziehen!«, krähte Winnetou. »Ich wüsste auch nicht, warum ich nur deinetwegen hier wat einsperren soll, Bruder.« Neckisch schaukelte er sein Becken inklusive Fensterlederlendenschurz.

»Es tut mir furchtbar leid«, Mann, konnte ich gut lügen!, »aber in diesem Aufzug reisen Sie nicht mit uns!«

Erstes Gemurmel in den Passagierreihen nahe dem Eingang machte sich breit. Winnetou stand mit verschränkten Armen vor mir und versuchte mir mit einem stechenden Blick zu imponieren: »Ich hab keine Hose dabei – capice, Capitano?«

Oh, Italienisch-Kenntnisse besaß der Komiker auch noch, das passte aber gar nicht ins Klischee.

»Es tut mir leid, aber dann bleiben Sie hier. Wenn ich Sie bitten darf ...« Ich hob den Arm und zeigte auf die Tür. Nun wurde es Winnetou offenbar zu brenzlig, und er grub wütend das Kriegsbeil aus.

»Ich denke ja gar nicht daran!« Er drehte sich zu den Gästen um und brüllte: »Hey, ihr da! Der Dicke hier will, dass ich 'ne Hose anziehe! Ich hab aber keine! Hat mal von euch einer 'ne Hose für mich? Ich darf angeblich sonst nicht mitfliegen!«

Einige der Passagiere lachten, andere nutzten die Gunst der Stunde und drehten einen Film mit ihren Handys, wieder andere brüllten angriffslustig zurück:

»Soll doch der Kapitän seine Hose ausziehen!«

»Ja, genau, soll der doch die Hose hergeben!«

Die Situation drohte zu eskalieren. Aber nicht mit mir. Im Übrigen bin ich nicht dick! Das hier war mein Flieger, und ich brauchte darin weder eine renitente, stinkende Möchtegern-Rothaut noch aufgebrachte Passagiere.

»Es tut mir leid«, wandte ich mich ein letztes Mal an Winnetou. »Man kann niemandem zumuten, zwölf Stunden neben Ihnen in diesem Aufzug zu sitzen. Bitte verlassen Sie das Flugzeug.«

Innerlich machte ich mich auf einen Tomahawk gefasst, aber der war wahrscheinlich von der Security konfisziert worden, sofern er je einen besessen hatte. Er verließ das Flugzeug, nicht ohne mich vorher mit giftigen Blicken zu bombardieren und die Faust zu recken. Mir war das egal, so ging das hier nicht. Wo kamen wir denn da hin? Die persönliche Freiheit in einem Flugzeug endet genau da, wo sie die anderer Mitreisender beeinträchtigt, und dazu gehörte auch das freiheitsliebende Auftreten unseres Pseudo-Indianers.

Knurrig verließ der Passagier mein Flugzeug. Einige Gäste klatschten, andere schüttelten den Kopf. Ob sie den wohl zwölf Stunden neben sich hätten sitzen haben mögen? Ich konnte mir das kaum vorstellen.

Drei Monate später erhielt ich über den Kundenservice der Firma das Beschwerdeschreiben des Winnetous, wieso ich ihn nicht mitgenommen hatte. Man bat mich um Stellungnahme. Als ich den Kolleginnen schilderte, in welchem Aufzug der Indianer vor uns gestanden hatte, war es an ihnen, den Kopf zu schütteln. Wilder Westen im Jahr 2010, den mochte es ja noch geben – aber nicht an Bord von German Transatlantic. Da waren wir uns zum Glück einig.

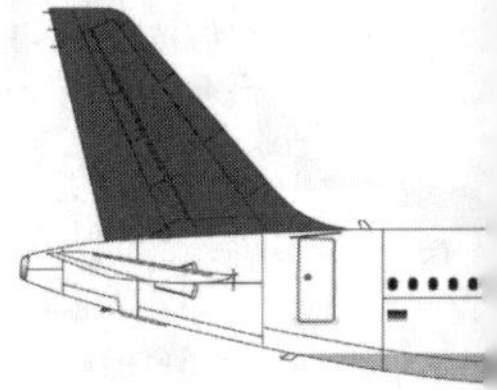

Aliens über dem Himalaja

Auf einem dieser nie enden wollenden Flüge nach Asien verlangten meine steifen Knochen endlich nach Bewegung. Ich angelte nach dem Hebel für die elektrische Sitzverstellung, damit ich ihn nach hinten fahren und aufstehen konnte.

»You have control«, sagte ich zu meinem Copiloten Nils, »ich geh mal kurz vor die Tür. Soll ich dir etwas Leckeres aus der Küche mitbringen?«

Noch bevor er mir antworten konnte, gab es einen höllisch lauten Knall, verbunden mit einer merkwürdigen Vibration des gesamten Fliegers.

»Was war das denn?!« Nils war schlagartig sämtliche Farbe aus dem Gesicht gewichen. Er war zu Tode erschrocken, starrte mich ungläubig an, und dann hetzten seine Augen über die Anzeigetafeln und Monitore im Cockpit, um eine mögliche Erklärung zu finden.

Mir steckte ebenfalls der Schreck in den Gliedern, Adrenalin pumpte meinen Blutdruck hoch, ich fuhr den Sitz sofort wieder nach vorn und zog den Sicherheitsgurt instinktiv stramm. Die Instrumente zeigten allerdings nichts Abnormes an – merkwürdig! Was konnte das gewesen sein?

»Was zum Teufel war da los?«, fragte Nils wieder, immer noch leichenblass. »Ich kann nichts finden! Du lieber Himmel, mir zittern richtig die Knie …« Immerhin konnte er schon wieder fluchen, das beruhigte mich ein wenig.

»Ich habe im Moment keine Idee«, antwortete ich ehrlich, »aber ich habe mich auch höllisch erschrocken. Hast du eine Ahnung, von wo genau der Knall kam?«

Noch bevor Nils antworten konnte, ging der Buzzer der Cockpittür. Ich checkte die Kamera und sah in das entsetzte Gesicht von Karoline. Ich öffnete die Tür, und sie trat ein.

»Jungs, was war denn das? Der ganze Flieger hat gewackelt! Ist irgendetwas explodiert? Hat uns ein Blitz getroffen?«

Sie ließ sich leise stöhnend auf den freien Jumpseat plumpsen.

»Nein, wir haben keine Anzeichen für eine Explosion, und die Verriegelungen der Türen und Frachträume zeigen alle eine grüne Kontrollleuchte«, stellte ich trocken fest. »Es gibt auch keinen Hinweis auf einen Blitzeinschlag, woher sollte der Blitz auch gekommen sein? Alle Systeme funktionieren normal.« Hier kamen wir also nicht weiter. »Kannst du mir sagen, wo der Knall genau hergekommen ist?«, fragte ich Karoline.

»Ja, es war auf der rechten Seite ganz vorne. Luise und ich standen gerade beide in der Galley. Es kam mir wirklich vor wie ein Blitzeinschlag, und dann dieses Wackeln, habt ihr das nicht gemerkt? Der ganze Flieger hat vibriert, als wenn wir irgendwo gegengeflogen wären. Selbst die Kollegen in der hinteren Kabine haben das noch gespürt. Sabine hat gerade angerufen und gefragt, was los ist!«

Nils und ich schauten uns einen Moment lang fragend an.

»Dazu habe ich gar keine Idee«, meinte Nils dann. »Könnte es sein, dass uns irgendetwas getroffen hat?«

Erneut prüften wir die Instrumente und Anzeigen. Die Flugzeugkabine hatte keinen Druckverlust, die Türen waren ordnungsgemäß verschlossen, und es war auch keine Hydraulikleitung geplatzt. Alle Triebwerkparameter waren im grünen Bereich. Im Augenblick hatten wir absolut keine Idee, was den Knall verursacht haben könnte.

»Wie reagieren die Gäste?«, fragte ich meine Frau. »Gibt es Erklärungsbedarf?«

»Nein, hier vorne in der Business sehen fast alle einen Film und haben Kopfhörer auf, oder sie schlafen mit Ohrstöpseln. Ab der mittleren Kabine gab es nichts mehr zu hören, die Kollegen dort haben auch nur die Bewegung des Flugzeugs bemerkt«, erklärte sie.

Das war gut so, was hätte ich den Gästen auch sagen sollen? Dass wir eine fliegende Untertasse gestreift hatten? Flogen die in 10 000 Metern über dem Meeresgrund, mitten über dem Himalaja?

»Ich schlage vor, wir rufen jetzt die Technik über Satellitentelefon an und fragen, ob sie in ihren Flugdatenaufzeichnungen der letzten 30 Minuten irgendwelche Abnormitäten auf ihren Monitoren aufgezeichnet haben. Falls nicht, können wir sicher sein, dass alle Systeme in Ordnung sind.«

»Guter Gedanke«, pflichtete Nils mir bei, erleichtert, endlich etwas tun zu können. »Ich wähl mal schnell die Nummer.«

»Wir brauchen einen Moment. Sobald ich etwas Konkretes weiß, melde ich mich bei dir«, wandte ich mich an Karoline.

»Okay, ich bin dann mal wieder in der Business, bis später.« Sie verließ das Cockpit, und die schwere Tür knallte ins Schloss. Wenig später nahm im Technik-Hauptquartier der Wachhabende das Telefon ab. Ich schilderte die Situation, aber er bestätigte, dass kein Ereignis über Datenfunk zu ihm auf den Bildschirm geschickt worden war, welches unser Flugzeug betreffen würde. Verdammt, das ging doch nicht mit rechten Dingen zu?

So entpuppte sich eine schlichte Shoppingtour nach Bangkok mal wieder als adrenalinreiches Abenteuer.

Den Flug nach Thailand hatten meine Frau und ich beantragt, weil zu Hause mal wieder diverse Gewürzmischungen und Räucherstäbchen fehlten und die Mobiltelefone der Kinder wegen nicht ganz sachgemäßer Nutzung dringend Ersatzteile brauchten. Was war da naheliegender, als kurz nach Bangkok zu jetten und dort günstig alle benötigten Sachen einzukaufen oder Mitgebrachtes flott und preiswert reparieren zu lassen? Manche Diensteinsätze waren wirklich äußerst praktisch.

Die Kinder waren begeistert, als sich herausstellte, dass Karoline und ich den gewünschten Flug auch bekommen hatten, obwohl sie zu Hause bleiben mussten. Sie hatten bereits ihre ganz eigenen Vorstellungen, was wir ihnen alles mitbringen sollten. Schon Tage vor der eigentlichen Abreise drückten sie uns ihre Wunschzettel in die Hand. Angesichts dieser liebevoll, aber detailreich gekritzelten Listen empfahl es sich, vorsichtshalber mit möglichst großem, aber fast leerem Koffer die Reise nach Asien anzutreten. Wir waren uns sicher, dass die Koffer bei der Heimreise bis auf die letzte Lücke gefüllt sein würden. Shoppingparadies Thailand, wir kommen!

Ich faltete gerade das Uniformhemd für den Rückflug, als unser Jüngster ins Schlafzimmer schneite:

»Papa, ich brauche unbedingt ein paar Spiele für mein Nintendo, kannst du mir noch ›Mariokart‹ mitbringen?«

»Sicher kann ich das. Hast du dir auch schon überlegt, ob dein Taschengeld für all deine Bestellungen ausreicht?«, antwortete ich grinsend. Man konnte ihm so leicht keinen Wunsch abschlagen, und das wusste der junge Mann leider ganz genau. Rein zufällig tauchte hinter ihm der große Bruder auf:

»Ich möchte eine Playstation III, die wünsche ich mir

schon so lange, bitte, Papa«, quengelte er direkt los und plinkerte mich mit seinen grünen Augen an. »Ich habe Geld dafür vom Zeitungsaustragen gespart. Du weißt doch, wo es die gibt, da oben in der fünften Etage, in dem großen Einkaufszentrum. Warte, wie hieß das noch mal … MBK-Mall oder so.«

Erstaunlich, woran er sich noch erinnern konnte, obwohl wir ihn erst einmal nach Bangkok mitgenommen hatten.

»Glaubst du, dass die Spielekonsole dort so viel billiger ist? Ich muss erst mal nach den Preisen fragen, wenn wir da sind. Außerdem darfst du nicht vergessen, dass wir noch die Zollgebühren bei der Einreise in Deutschland bezahlen müssen.«

»Musst du ja nicht bei der Einreise anmelden, dann kostet es gar keinen Zoll«, erwiderte mein Sohn altklug.

»Schlaumeier! Eine Playstation kann ich wohl schlecht in einem Paar getragener Socken verstecken. Macht auch nicht wirklich einen guten Eindruck zu schmuggeln, tut mir leid, da spiel ich nicht mit. Schon gar nicht als Kapitän.«

»Könnte Mama dann nicht …?«

»Nein, könnte sie auch nicht!« Karoline kam gerade mit einem Korb Wäsche die Treppe herauf und grinste über so viel Hartnäckigkeit.

»Ich fürchte, so viel günstiger wird das Ding dann nicht mehr«, gab ich zu bedenken.

»Hundert Euro dürfte ich aber sicher sparen«, beharrte mein Sohn, schließlich ein nicht zu verachtender Betrag für einen Sechzehnjährigen. Aber war eine Playstation wirklich lebensnotwendig? Manchmal frage ich mich, wie wir es in unserer Jugend jenseits von Gameboys, Spielekonsolen und Handys überhaupt geschafft haben, unsere Freizeit zu füllen.

Gegen sechzehn Uhr verließen wir das Haus mit reichlich Gepäck in Richtung Flughafen. Die Kinder standen in der Tür und winkten fröhlich zum Abschied – vier Tage sturmfreie Bude, hurra! – und erinnerten uns sicher zum x-ten Mal daran, dass wir doch bitte alle gewünschten Sachen auch wirklich mitbringen sollten. Die beiden Ältesten luden freundlicherweise unsere Koffer ins Auto, nicht ohne diskret zu prüfen, ob auch wirklich genug Platz darin frei war – diese Halunken!

Einerseits freue ich mich immer über gemeinsame Flüge mit meiner Frau. Gemeinsame Zeit war ansonsten rar gesät, Zeit nur zu zweit gab es eigentlich nur auf den Stopps. Natürlich fliegt auch manchmal der Gedanke mit, ob das wohl immer gut geht – beide Eltern im gleichen Flugzeug unterwegs, was ist, wenn mal etwas passiert? Wer kümmert sich dann um die Kinder? Andererseits dürfte man als Ehepaar dann auch nicht zusammen in einem PKW reisen; die Unfallquote auf den Straßen ist weitaus höher als in der Luft, aber wenn es dort tatsächlich zum Knall kam …

Je mehr ich über die Ursache des Knalls nachdachte, desto sicherer war ich mir, dass wir es mit Vögeln zu tun hatten. Es würde zu dem Gefühl passen, »gegen etwas geflogen zu sein«, und es würde auch den Knall erklären. Mit 900 Stundenkilometern gegen ein paar Pfund Geflügel zu brettern geht nicht lautlos vonstatten. Ich konnte mich erinnern, dass es Gänse gab, die bei dem Flug zu ihrem Winterquartier Hunderte von Kilometern in großen Höhen zurücklegten. Ich weihte Nils in meine Idee ein.

»Eine Gans? In 10 000 Metern? Kann ich mir nicht vorstellen!« Er blieb skeptisch und zog die Stirn kraus.

»Doch, ich bin mir inzwischen ziemlich sicher.« Das Satellitentelefon klingelte in meine ausgesprochenen Gedanken hinein.

»OCC, Petra hier. Wir sollen euch vom Flugbetriebsleiter ausrichten, dass ihr euch keine Sorgen machen sollt. Ihr habt wahrscheinlich Kontakt mit einem Wetterballon gehabt.«

Der Anruf verwunderte mich doch sehr, seit wann kümmerte sich der Chef persönlich um solche Kleinigkeiten?

»So, so, du bist sicher, dass wir mitten in der Nacht einen Wetterballon getroffen haben? Tut mir leid, aber das halte ich für absoluten Quatsch. Ich tippe eher auf eine Gans.«

»Na, wenn du meinst. Wir sagen der Technik von Thai Airways in Bangkok Bescheid. Die können dann mal nachsehen. Gute Nacht, Jungs«, verabschiedete sich die diensthabende Kollegin vom Operation Center.

Wir setzten unseren Flug nach Bangkok fort. Unsere Kolleginnen und Kollegen waren froh, dass nichts Ernsteres passiert war. Ich fertigte meinen Bericht an und machte einen Eintrag ins Bordbuch. Nach der Landung würde sich der Vorfall sicher klären lassen.

Bangkok empfing uns mit einem freundlichen Sawadee-kap und 35 Grad Celsius bei einer herrschenden Luftfeuchtigkeit von 80 Prozent. Nach der Landung rollten wir den langen Weg zu unserem Gate und wurden dort bereits von einem Pulk Mechanikern erwartet.

Unsere Gäste verabschiedeten sich freundlich beim Aussteigen. Von unserem nächtlichen Adrenalinschub hatten sie nichts mitbekommen. Trotz einiger unangenehmer Turbulenzen hatten sie einen hervorragenden Service an Bord genossen und freuten sich nun auf den Urlaub.

Unser Airline-Repräsentant empfing uns nach dem Deboarding mit den Worten: »Good morning, Captain, I have heard you met some chicken tonight, did you grill it in the engine?«, und grinste übers ganze Gesicht.

Da hatte die Firma wieder mal für klasse Gerüchte gesorgt.

»That's what they told you tonight?«, fragte ich.

»Yes, yes, Captain, but they don't believe«, führte er fort.

Na, denn. Wenn ich gleich die Fluggastbrücke runtergehen würde, um einen Blick auf den Rumpf zu werfen, würde ich sicher einen Beweis für meine Theorie finden. Bei der Härte des Aufpralls musste das Tier getötet worden sein, konnte jedoch an der glatten Außenhaut nicht hängen bleiben. Blutreste wären aber mit Sicherheit am Rumpf zu finden.

»Komm, Nils, bevor wir zur Crewabfertigung gehen, werden wir uns unseren Flieger einmal von unten ansehen.«

Wir verließen das Cockpit, sprachen Karoline auf dem Weg nach unten an und baten sie mitzukommen. Als wir die Treppe am unteren Ende verließen und uns in Richtung Flugzeugbug bewegten, sah ich ungefähr acht thailändische Techniker mit den Händen auf den Rumpf zeigen und wild gestikulieren.

»Sieht so aus, als hätte ich mit meiner Theorie recht gehabt«, sagte ich zu den beiden anderen.

Die Mechaniker sahen uns und traten beiseite. Einer von ihnen, der aussah wie der Chef, kam auf mich zu und zeigte auf den Rumpf unterhalb des Copiloten-Fensters, wo im Inneren unter dem Cockpit ein Teil der Elektronik des Fliegers untergebracht war.

»Look, Captain, you have big dent in aircraft. At home you need to repair«, erklärte er mir.

Rund um die Beule war alles blutverschmiert, und trotz der hohen Strömungsgeschwindigkeit der Luft entlang des Rumpfes waren Teile von Federn kleben geblieben. Die Beule war nicht sehr tief, vielleicht 1,5 Zentimeter und circa 25 Zentimeter im Durchmesser. Bei näherem Betrachten wurde uns auch klar, warum nicht mehr passiert war. Der Vogel hatte unseren Flieger genau vor einem Spant getroffen, einer Versteifung im Inneren der Flugzeugzelle, auf der die Außenhaut aufgenietet war.

Wäre das Ganze einen halben Meter vor dieser Stelle passiert, hätten wir sehr wahrscheinlich ein Loch im Rumpf gehabt. Und das hätte durchaus unangenehme Folgen haben können.

Gut, dass ich die vermeintliche Begegnung mit dem Vogel in das technische Bordbuch eingetragen hatte. Spätestens wenn die neue Crew käme und den Flieger für den Rückflug nach Deutschland übernehmen würde, wäre die Stelle aufgefallen.

»Noch mal Schwein gehabt«, warf ich in die Runde.

Der Kommentar meiner Frau war etwas ironischer: »Nee, ist ja klar, das war ein Wetterballon, mitten in der Nacht. Du hast doch gehört, was unser Chef dazu gesagt hat. Gibt es eigentlich Wetterballone mit Federn?«

Nils war ziemlich sprachlos. Letztendlich hatten wir Glück gehabt, dass die Sache so glimpflich abgelaufen war. Ein halber Meter hatte darüber entschieden, ob wir weiterfliegen konnten oder in Indien hätten notlanden müssen. Das brauchte ja nun wirklich kein Mensch! Arme Gans. Sie hatte so oder so den Kürzeren gezogen.

Wieder zu Hause, ließ mir die Sache keine Ruhe, und ich recherchierte im allwissenden Internet. Dabei ergab sich Folgendes: Die Übeltäter waren höchstwahrscheinlich Streifengänse. Die können bis in diese Höhen fliegen, um Gebirgszüge wie den Himalaja zu überqueren. Ermöglicht wird ihnen das durch eine spezielle Variante ihrer roten Blutkörperchen, die in großen Höhen den Sauerstoffgehalt der Luft extrem schnell binden können. Das hatte unserem touchierten Modell leider nichts genützt, Luft konnte offensichtlich auch in diesen Höhen Balken haben, wenn auch nur temporär in Form eines »Artgenossen« aus Aluminium.

Notlandung auf Militärbasis

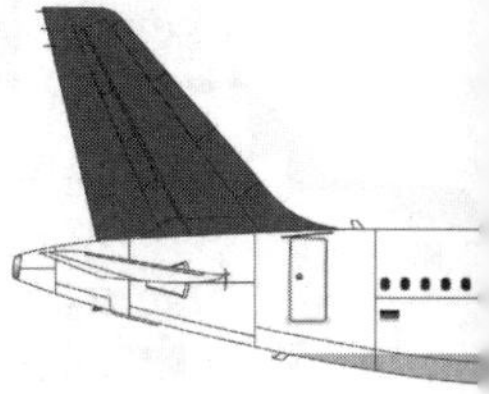

Es war Winter in Deutschland, und ich hatte mal wieder einen dreitägigen Aufenthalt in Havanna gewonnen. Wer sich die Mühe machte, hinter die Fassaden dieser geschichtsträchtigen Stadt zu schauen, erkannte eine wahre Perle in der Karibik. Aber wie das mit Perlen so ist, sie glänzen meist im Verborgenen.

Abgeblätterte Farbe, verfallene Häuser und unvollendete Bauruinen täuschten zunächst über Havannas Werte hinweg. Nachdem über Jahrzehnte nichts getan wurde und die Gemäuer verfielen, war die Regierung inzwischen bemüht, die alten Gebäude mit ihren schön geefliesten Fluren und den riesigen Balkonen zu restaurieren. In den letzten vier bis fünf Jahren hatte sich sehr viel verändert, aber nur wer regelmäßig herkam, konnte den zarten Wandel auch erkennen.

Die Menschen dort waren sehr lebensfroh und aufgeschlossen. Sprach man ein bisschen Spanisch und merkten die Kubaner, dass man kein Gringo war, so fingen sie gern eine Unterhaltung an. Natürlich gab es auch hier die üblichen Halunken, die überall auf der Welt rumliefen und nur unser Geld wollten, aber der Großteil der Kubaner war offen, herzlich und neugierig.

Unseren letzten Abend in Havanna genossen wir in der Altstadt und landeten mal wieder in der berühmten »Bodeguita del Medio«, meiner Lieblingskneipe. Wir amüsierten uns, aßen fangfrischen Fisch und ließen uns von der Sorglosigkeit der kubanischen Musik anstecken.

Gegen Mitternacht beendeten wir unser fröhliches Beisammensein und ließen uns mit einem alten Amischlitten zurück zum Hotel bringen. Ein kurzes »Gute Nacht« in die Runde beendete den gemeinsamen Abend, und jeder verschwand in seinem Zimmer. Es war schwer, bei den herrschenden Temperaturen Schlaf zu finden, aber die Hitze hatte uns über den Tag doch geschafft. Ich streckte mich auf den weißen Laken aus, Salsa und Merengue immer noch im Ohr, und schlief dann irgendwann ein.

Gegen zehn Uhr am Morgen traf ich mich mit meiner Crew zum Frühstück. Zum Wachwerden gab es den typischen, starken kubanischen Kaffee. Man konnte ihn eigentlich nur als »café con leche« trinken, also mit viel Milch, sonst war er von der Wirkung her schlimmer als Red Bull. Das Gebräu war auf jeden Fall nichts für Herzkranke und schwache Gemüter.

In aller Ruhe packte ich eine Stunde später meinen Koffer und versuchte schon mal, über das Internet den Flugauftrag anzusehen. Aber das hiesige Netz ließ keine schnellen Verbindungen zu und wurde außerdem zu 100 Prozent von der Staatssicherheit kontrolliert. Es gab absolut kein Durchkommen, Downloads kamen nicht zustande, und das ganze System stürzte immer wieder ab. Also verwarf ich die Idee; später musste die Zeit auf dem Flieger dafür reichen.

Gegen vierzehn Uhr traf sich die gesamte Crew für den Rückflug in der Hotellobby. Kurze Zeit später waren wir unterwegs zu Havannas internationalem Verkehrsflughafen José Martí. Der Fahrer hörte natürlich Merengue im Radio und sang lautstark mit. Hörte sich gut an, aber entsprechend rassig war auch sein Fahrstil.

Ein letztes Hindernis auf dem Weg nach Hause mussten wir noch überwinden, die kubanische Zoll- und Sicherheitskontrolle, ein bei uns nicht gerade beliebtes Event. Wie bei der Einreise, so wurden auch jetzt *alle* Passseiten kontrolliert, die Beamtin in der Kabine hinter ihrer Sicherheitsscheibe schaute mir mehrfach kritisch ins Gesicht und dann wieder in den Pass. Allen Ernstes fragte sie mich dann barsch: »Sind Sie das auf dem Foto?«

Ich war geneigt zu fragen: Wieso? Wer soll das sonst sein? Aber um Ärger zu vermeiden, antwortete ich sehr freundlich: »Si, Señora. Ja, das bin ich.«

Wieder schaute sie mich eindringlich an. Endlich sagte sie bestimmt: »Das Foto ist schon ein paar Jahre älter, Sie brauchen dringend ein neues!« Dann klappte sie meinen Pass zu, klatschte ihn mit Schwung auf den schmalen Tresen, der uns beide voneinander trennte, grinste und wünschte: »Bon viaje.«

Ich grinste zurück und hielt meine Klappe. Was mochte sie über mich denken? Hätte es sein können, dass ich in der Zwischenzeit die Insel verlassen und etwas Unerlaubtes getan hätte? Aber wie? Die Küste war im ganzen Norden scharf bewacht. Immerhin betrug die Entfernung zum Klassenfeind nach Key West in Florida gerade mal 168 Kilometer in nord-nordöstliche Richtung. Bei ruhiger See und gutem Wetter versuchten immer wieder Menschen dem hiesigen Regime übers Wasser zu entfliehen. Als viel reisendes Crewmitglied entwickelte man besser eine gewisse Gleichgültigkeit gegenüber diesen immer wiederkehrenden Ritualen bei der Ein- und Ausreise. Einfach lächeln und fertig. Gegen Willkür war leider kein Kraut gewachsen, und Diskussionen waren fruchtlos.

Die Gepäckkontrolle war etwas entspannter, und der diensthabende Beamte begrüßte mich fröhlich, als er mich erkannte. Gerade mal vor zwei Wochen war ich ebenfalls durch seine Kontrolle gegangen – auch da hatte ich, wie an diesem Tag, eine Kiste Zigarren dabei.

»Hola Señor, qué tal? Haben Sie wieder eine Kiste gute kubanische Zigarren gekauft? Schmecken gut, nicht?«, brummte er in warmem Bariton und strahlte mich an.

Ich konnte mir ein Lachen nicht verkneifen und antwortete mit dem Brustton der Überzeugung: »Si, Señor, bessere gibt es nicht!«

Er war stolz wie Oskar und winkte mich dann problemlos durch:

»Kommen Sie bald wieder, Señor, wir haben noch mehr davon.«

Quer durch das Abfluggebäude führte uns der Weg zu unserem Gate. Noch ein kurzer Ausweis-Check, und endlich waren wir in unserem Allerheiligsten angekommen.

Marvin, unser Copilot, setzte sich ins Cockpit, verstaute sein Flightkit rechts neben seinem Pilotensitz und meinte: »Cornelius, ich überprüfe schon mal die Unterlagen, bis du von deinem Außencheck wiederkommst, und überlege mir die finale Betankungsmenge. Die Vortankmenge ist laut Plan 50000 kg, und der Sprit läuft auch schon in die Tanks.«

»Alles klar, ich bin dann mal eben draußen«, antwortete ich. »Wenn ich wiederkomme, kannst du mir ein Wetterbriefing geben. Dann legen wir die endgültige Spritmenge fest.« Dieses Vorgehen hatten wir schon an der Homebase in Düsseldorf abgestimmt, da ich den Hinflug als pilot flying gemacht und Marvin den Funk übernommen hatte. Jetzt wurden die Aufgaben getauscht.

»Cornelius, mir fehlen diverse Ausrüstungsgegenstände, kannst du bitte den Rampagenten informieren?«, platzte Michel, unser Purser, ins Cockpit, als ich gerade die Warnweste aus dem Kleiderschrank fummelte.

»Selbstverständlich, bin eh auf dem Weg nach unten. Ich werde es ihm ausrichten. Wenn ich wieder an Bord komme, treffen wir uns in der Business zum Kabinenbriefing.«

Ich verließ den Flieger wieder, diesmal mit einer feschen neongelben Warnweste bekleidet, in Richtung Fluggastbrücke und begann den Outside-Check. Obwohl sich der Tag schon langsam dem Ende zuneigte, waren es immer noch gefühlte 60 Grad auf dem heißen Asphalt des Rollfeldes. In der feuchten, flimmernden Luft und dem Gestank von Abgas und Teer machte dieser Spaziergang einen Bärenspaß. Man konnte leicht nachempfinden, wie sich ein Brathähnchen im Grill wohl fühlen musste, doch der Job war in Vorbereitung auf unseren Flug leider unerlässlich.

Nachdem ich den Rundgang beendet hatte, kletterte ich zurück ins Cockpit, um von Marvin das versprochene Flugwetterbriefing zu erhalten. Die Routenführung der Firma fand unsere Zustimmung, außergewöhnliche Turbulenzen waren auf der Karte nicht verzeichnet, und wir legten die endgültig zu tankende Spritmenge mit 56 500 kg fest.

»Ich gehe zur Kabine, die Girls warten schon auf mich. Du kommst ja alleine klar, oder?«

»Hab alles im Griff«, murmelte Marvin, schon wieder in den Flugplan vertieft.

Der Purser war gerade mit seinem Briefing an die Kabinencrew fertig, und so konnte ich direkt loslegen.

»Liebe Kolleginnen und Kollegen, heute Nacht haben wir recht gute Rückenwinde über dem Atlantik. Die Flugzeit beträgt nur 9 Stunden und 10 Minuten, und unser Flugweg führt uns etwa 400 Nautische Meilen östlich der US-Ostküste über Wasser zunächst in Richtung Bermuda. Von dort aus geht es weiter in Richtung Ost-Nordost. Europa erreichen wir in Höhe der Bretagne, mit weiterem Kurs über Paris nach Düsseldorf. Es bleibt ruhig, Turbulenzen sind nicht vorhergesagt. Hat noch jemand Fragen?«

Man schüttelte unisono den Kopf.

»Dann wünsche ich euch einen angenehmen Flug und nette Gäste.«

Die Kolleginnen und Kollegen begaben sich auf ihre Arbeitspositionen, ich verschwand wieder im Cockpit.

Fußgetrappel hallte durch die Fluggastbrücke, die Gäste waren bereits im Anmarsch.

»Cornelius, können wir boarden?«, fragte der Purser.

»Na klar, lass einsteigen«, sagte ich. »Und wir hätten gern noch zwei Kaffee lästig, bitte. Der Flugzeugkaffee ist ja fast flüssiges Gold im Vergleich zu dem kubanischen Gebräu.«

Michel verdrehte die Augen, sagte aber nichts. War auch besser so. Er hätte uns ja schon mal vorher nach Getränken fragen können, aber offenbar waren da die noch fehlenden Klorollen wichtiger gewesen. Nun, wir waren ja nicht nachtragend.

Eine gute halbe Stunde später befanden sich alle Gäste an Bord. Herr Fuente, der Rampagent, verabschiedete sich mit einem fröhlichen »hasta luego«, und los ging's. Marvin hatte bereits die Startfreigabe geholt, und nachdem wir unsere Checklisten gelesen hatten, wurden wir von einem Pushback-Schlepper aus der Parkposition zurück auf den Taxiway gedrückt. Schnell war der Anlassvorgang für die Triebwerke beendet, und wir vernahmen das sonore Brummen unserer Motoren. Nach einem letzten Systemcheck und dem Ausfahren der Vorflügel und Landeklappen – zum Start brauchten wir die größtmögliche Fläche für den erforderlichen Auftrieb – signalisierten wir Rollbereitschaft. Nachdem der Startmechaniker, der aus Sicherheitsgründen unterhalb des Cockpits mit seinem Kopfhörer zu uns Verbindung hielt, den Anlassvorgang der Triebwerke überwacht und alles für gut befunden hatte, verabschiedete er sich, trennte die Sprechverbindung zu uns und gab das Freizeichen. Damit war sichergestellt, dass unter uns keine Menschen und Gegenstände in Gefahr kamen, wenn wir jetzt Gas gaben und in Richtung Startbahn rollten.

Wenn alles weiter so gut lief, konnten wir vor der geplanten Zeit zu Hause sein. Unser Start führte uns an diesem frühen Abend in Richtung Osten, sodass wir nur eine leichte Linkskurve fliegen mussten, um an der US-Ostküste entlang in Richtung Bermuda auf Kurs zu gehen. Viel Funkverkehr war um diese Zeit nicht zu hören, und so konnten wir für ein paar Minuten die wunderbare Aussicht aus dem Cockpit genießen, bevor wir zehn Minuten vor der Grenze zum amerikanischen Luftraum uns bei Miami Center über Funk anmelden mussten.

»Miami, guten Abend, hier German Transatlantic Airways 909 heavy, erreichen Ihre Grenze in zehn Minuten. Passieren Flugfläche 250 und steigen weiter auf Flugfläche 320«, rief ich auf der Miami-Frequenz.

»Guten Abend, GTA 909 heavy, Sie sind Radar-identifiziert, steigen Sie weiter auf Flugfläche 370«, antwortete der Controller. Demnach konnten wir spritsparend in einem durch auf unsere Reiseflughöhe steigen. Das war gut, denn so mussten wir uns später nicht Sorgen machen, ob wir die beantragte Flughöhe über dem Atlantik auch erhalten würden.

An der Cockpittür klingelte es.

»Kaffee kommt«, rief Marvin, der Roswitha im Videosystem mit zwei Pappbechern in der Hand gesehen hatte und den Türöffner betätigte.

»Hallo, Jungs, hier ist eure Bestellung. Vor dem Start war es doch etwas hektisch, und das Wasser in der Kaffeemaschine war noch nicht richtig heiß. Noch ein Mineralwasser oder eine Apfelschorle dazu?«

»Gern, ich habe jetzt schon das Gefühl, völlig ausgetrocknet zu sein«, sagte ich, und Marvin meinte:

»Ich bitte auch, die Luft ist heute wirklich sehr unangenehm.«

Roswitha brachte das Gewünschte wenig später und erklärte:

»Wir sind denn mal im Service, bis später, Jungs.« Was bedeutete, die nächsten anderthalb Stunden würde von der Crew niemand auf einen längeren Plausch hereinschneien, denn nun wurden erst mal die Gäste gefüttert. Aber die Nacht war ja noch lang, und für einen schnellen Kaffee zwischendurch hatten die Mädels zum Glück irgendwie immer Zeit. Wusste Marvin eigentlich, wo der Kaffee in der Galley verstaut war? Konnte nie schaden, obwohl es auch Flugbegleiter gab, die es nicht ausstehen konnten, wenn man in »ihrer« Küche herumfuhrwerkte.

Inzwischen war es draußen dunkel, aber da keine Wolke weit und breit zu sehen war, konnten wir weit im Westen die Lichter der Städte an der Küste erkennen. Unsere Route führte bis Snow Hill parallel zur US-Ostküste. Dort änderte sie sich, und wir flogen etwas weiter östlich in Richtung Bermuda. Es war eigentlich zu früh für weiteren Cockpitservice, aber es klingelte erneut, und da ich einen Moment verträumt die Sterne am Himmel beobachtet hatte, zuckte ich unweigerlich zusammen. Roswitha huschte herein und berichtete Folgendes:

»Wir haben ein Problem – da sitzt ein älteres Ehepaar in Reihe 14. Es sieht so aus, als hätte die Frau einen Herzinfarkt bekommen, sie kann den rechten Arm nicht mehr bewegen, und ihr tut die Brust um das Herz herum sehr weh. Reden kann sie auch kaum noch. Michel ruft gerade einen Arzt aus, ich nehme schon mal den Arztkoffer mit.«

»Gut, halt uns auf dem Laufenden, wir suchen uns vorsichtshalber schon mal einen Notlandeplatz an der Ostküste aus«, antwortete ich ihr. »Man weiß ja nie.« Damit war die Ruhe im Cockpit schlagartig vorbei, und wir schauten uns die Flugkarte der Ostküste in unserem Bereich an.

»Es gibt ja viele Plätze hier«, brummte Marvin, »aber die sind nicht unbedingt für unseren großen Drachen geeignet.«

»Ja, stimmt«, entgegnete ich. »Wir brauchen einen Platz mit mindestens dreitausend Metern Bahn, ausreichend Technik und internationaler Abfertigung.«

»Weißt du, was mir gerade einfällt, Cornelius?! Wir kommen aus Kuba, die Amis werden austicken, wenn wir da jetzt landen.«

Marvin hatte recht, ein Flugzeug, das aus Kuba kam und in den USA landen wollte, brachte aufgrund des immer noch existierenden US-Embargos gegen Kuba ziemliche Probleme mit sich. Allerdings galten in einem Notfall immer andere Regeln, die auch die Amerikaner akzeptieren mussten, da sie alle internationalen Luftfahrtabkommen unterschrieben und ratifiziert hatten. So konnte man uns eine Landung nicht verweigern. Immerhin waren wir ein deutsches Verkehrsflugzeug und kein kubanisches.

»Du hast recht, aber das ist leider noch nicht alles«, bestätigte ich ihm. »Wir sind auch noch viel zu schwer. Unser Gewicht beträgt im Moment 205 000 kg. Damit liegen wir satte 23 Tonnen über dem zulässigen Landegewicht von 182 000 kg.«

»Scheiße!«, fluchte Marvin und sprach mir damit aus der Seele. In aller Eile rechneten wir die Leistungsdaten für einige Plätze in der Nähe aus. Auf jeden Fall würden wir fast fünfzig Minuten benötigen, bis wir zur Landung die Küste erreichten. Es kamen eigentlich nur Jacksonville, Norfolk, Richmond und Washington in Betracht. Wir entschieden uns dafür, im Notfall in Norfolk zu landen. Bis dorthin hatten wir die kürzeste Flugzeit und konnten auch die beste medizinische Versorgung durch die nahe gelegene US-Marine-Basis erwarten.

Marvin bereitete auf seinem Bildschirm eine Notfallmeldung für den Datenfunk vor, während ich New York Radio auf dem Kurzwellensender eindrehte und den Funkverkehr mithörte.

Erneut klingelte es an unserer Cockpittür. Diesmal kam Michel herein: »Wir brauchen sofort ärztliche Hilfe, wir haben keinen Arzt an Bord, und die Dame bringen wir alleine so nicht durch.«

»Okay, Michel, wir haben schon alles vorbereitet«, antwortete ich. »Sofort geht aber leider nicht, dafür haben wir zu viel Wasser unter dem Kiel. Wir landen in knapp fünfzig Minuten in Norfolk, Virginia. So lange müsst ihr es irgendwie schaffen, die Dame am Leben zu halten. Ich mache gleich eine Ansage für die Gäste.«

»Na, super«, stöhnte Michel. »Wir sind auch noch mitten im Service. Bin mal gespannt, wie schnell die Gäste sich von ihren Tabletts wieder trennen können.« Die Cockpittür fiel hinter ihm ins Schloss, und er war verschwunden.

Das Chaos in der Kabine konnte ich mir lebhaft vorstellen, und ich wünschte ihm von Herzen verständnisvolle Passagiere. Aber ich hatte wenig Zeit, darüber zu grübeln, denn jetzt hatten wir alle Hände voll zu tun.

»Marvin, schick deine Meldung raus, ich versuch es über Funk. Mal sehen, wer als Erster die Freigabe hat.«

Mein Copilot tat, wie ihm geheißen, während ich auf der New-York-Frequenz einen ruhigen Moment zwischen zwei Funksprüchen abpasste, um meinen Notruf abzusetzen.

»Panpan, panpan, panpan …«, so lautet der internationale Notruf für Dringlichkeit. »New York, hier ist German Transatlantic Airways 909. Position 450 Nautische Meilen östlich Norfolk auf Atlantik-Route 699. Wir haben einen medizinischen Notfall. Erbitten sofortige Freigabe zum Direktanflug auf Norfolk, Virginia.«

Für einen Moment war absolute Stille im Funk, dann

kam die Bestätigung unseres Notrufes. Im nächsten Moment erhielten wir die Freigabe über Datenfunk.

»German Transatlantic Airways 909, drehen Sie nach links Steuerkurs 265 Grad. Sie sind freigegeben für den Direktanflug auf Norfolk. 150 Meilen vor Norfolk rufen Sie Jack Radar auf 124,025 MHz. Flughafen ist informiert. Kein Verkehr auf Ihrem Routing.«

Das war gut zu hören, denn hier draußen auf dem Atlantik ist ein Abstand von zehn Flugminuten bei gleicher Geschwindigkeit zwischen den einzelnen Maschinen vorgeschrieben. So konnten wir sicher sein, dass wir keinem anderen Flieger in die Quere kamen.

Wie immer in solchen Situationen überschlugen sich die Ereignisse. Trotz guter Vorbereitung war für die gesamte Besatzung jetzt Stress angesagt.

»Marvin, ich erzähl den Gästen eben, was sie erwartet, dann bin ich wieder bei dir«, sagte ich.

»Okay, ich bin im Funk.« Er setzte die von New York angegebene Frequenz im Radio, und ich informierte die Gäste per Bordansage über das Nötigste und wies sie an, nach der Landung unbedingt auf ihren Plätzen sitzen zu bleiben, damit die Rettungswege frei blieben. Ich war sicher, dass Michel seine Leute im Griff hatte und notfalls energisch auftreten würde.

Marvin kämpfte in der Zwischenzeit mit den Anflugkarten für Norfolk. Die Lage der Rollwege und der Landebahn zueinander gab uns nur eine einzige Möglichkeit, nach der Hälfte der Landebahn schnell zum Terminal abzubiegen. Wenn wir diesen Abzweig verpassten, müssten wir noch mal acht Minuten länger rollen – in einem Notfall wie dem unseren nicht akzeptabel. Außerdem waren wir immer noch zu schwer. Nach unseren Vorschriften musste in diesem Fall der Kapitän die Landung durchführen.

»Marvin, ein kurzes Briefing, bevor wir mit dem Anflug beginnen. Den Anflug haben wir besprochen, du musst nachher noch die Checkliste für ›Overweight Landing‹ lesen. Ich halte die Sinkrate von 360 Fuß pro Minute ein, und nach dem Aufsetzen auf die Bahn nehmen wir die volle Schubumkehr und das automatische Bremssystem, damit wir den ersten Rollweg zum Verlassen der Landebahn schaffen. Noch Fragen?«

»Nö, alles klar und einverstanden«, meinte er und fügte besorgt hinzu: »Da wird der Flieger aber ganz schön heiße Füße kriegen …«

Schon meldete sich Jacksonville und fragte nach detaillierten Informationen über die hilfsbedürftige Person, Geschlecht, Alter, Gewicht, Art der Erkrankung und so weiter. Für Medizinlaien nicht ganz einfach. Einen Teil der Infos hatte uns Michel schon gegeben, aber wie hießen noch mal Herzinfarkt und Schlaganfall auf Englisch? Richtig, »heart attack« und »stroke«, wie konnte ich das nur vergessen. Kam beides leider öfter an Bord vor, als uns lieb war.

Die wichtigste Auskunft des Controllers für uns lautete, dass Rettungswagen und Notarzt zur Ankunft da sein würden. Diese Information gab Marvin sofort an Michel weiter. Wer schon öfter mit amerikanischen Behörden in solchen Situationen zusammengearbeitet hatte, der wusste, dass da gerade so ziemlich alles aufgefahren wurde, was der Fuhrpark zu bieten hatte. Nur nichts dem Zufall überlassen.

Unsere Anspannung nahm immer mehr zu. Immerhin galt es, auf einem fremden Flugplatz bei Nacht eine Landung über dem maximal zulässigen Landegewicht durchzuführen. Aber wir hatten uns gut vorbereitet, miteinander abgestimmt und waren zuversichtlich, das Ding zu rocken. Über eine Sache hatte ich mir nur am Rande Gedanken gemacht. Kamen wir rechtzeitig wieder aus Norfolk raus? Reichte die Dienstzeit? Wie würden die Fluggäste reagieren, wenn die Behörden aufgrund unseres Abflugortes Havanna eine politisch motivierte Tat vermuteten? Bei den Amis wusste man nie, wie sie reagieren würden.

Fragen, für die jetzt aber keine Zeit mehr war. Ich beschloss, das nach der Landung zu überdenken, jetzt musste ich mich auf den Anflug konzentrieren!

Wir kamen über Virginia Beach auf den Airport zugeflogen und waren schon weit draußen für die Landung freigegeben. Unter uns erkannten wir Unmengen von Kriegsschiffen, was uns daran erinnerte, dass wir hier die größte amerikanische Marine-Basis ansteuerten. In einer Rechtskurve drehten wir auf die Landebahn ein, Landeklappen und Fahrwerk hatten wir schon sehr früh ausgefahren, um das Flugzeug bei seinem hohen Gewicht rechtzeitig zu stabilisieren. Mit 280 Stundenkilometern segelten wir auf die Bahn zu. Bei dreißig Fuß über der Landebahn erfolgte der automatische Callout des Radiohöhenmessers: »Thirty!« Ich nahm die Triebwerkleistung zurück auf Leerlauf und setzte den Flieger sachte auf die Bahn. Geschafft! Mir fiel ein Stein vom Herzen!

»Man, klasse, du hast nur 200 Fuß pro Minute an Sinkrate gehabt«, krähte Marvin beeindruckt. »Das war ja ein Anflug wie mit einem Segelflieger, trotz des Gewichts! Echt super, damit kommen wir sicher wieder aus dem Platz raus!«

Ich war erleichtert! Hätte diese sanfte Landung nicht geklappt, wäre ab einem gewissen Wert eine Überprüfung des Flugzeugs durch eine Technikcrew notwendig gewesen – denn zu schwer für eine Landung waren wir ja immer noch reichlich. Und so eine Überprüfung hätte Stunden gedauert, ein Weiterflug wäre dann nicht mehr nahtlos möglich gewesen.

Ich öffnete die Schubumkehr, sodass ein Teil der Triebwerksleistung zum Bremsen des Fliegers nach vorne umgeleitet wurde. Das automatische Bremssystem tat ebenfalls seine Arbeit und bremste den Flieger zusätzlich ab. Bei der gewählten Bremsverzögerung wurden wir ganz schön in die Sitzgurte gepresst. Kurz vor dem von uns ausgesuchten Taxiweg hatten wir unsere Rollgeschwindigkeit von 15 Knoten erreicht. Einen Follow-Me-Wagen, diese netten gelb-schwarzen Autos, die einen zur Parkposition lotsen, gab es in den USA nicht, und so erhielten wir unsere Rollanweisung vom Tower. Wenige Hundert Meter entfernt war unsere Parkposition zu sehen, und wie erwartet stand da bereits eine ganze Armada von Helfern. Ambulanz, Feuerwehr, Immigration, Sheriff und – wie sollte es anders sein – die FAA, die amerikanische Flugsicherheitsbehörde, vergleichbar mit unserem Luftfahrtbundesamt. Ich kam mir schon etwas blöd vor, aber andererseits war ich dankbar für die schnelle und gute Unterstützung. Sobald der Immigration-Officer an Bord wäre, würde der nervige Bürokratismus seinen Lauf nehmen.

Inzwischen waren wir an der Abstellposition angekommen, ich setzte die Parkbremse, und nachdem die Triebwerke endlich schwiegen, konnte eine Treppe an die erste Tür links angefahren werden. Michel stand im Cockpit, und bevor er etwas sagen konnte, fragte ich ungeduldig: »Haben wir es geschafft? Ist die Hilfe für die Dame rechtzeitig genug gekommen?«

»Ja«, antwortete er. »Es geht ihr nicht gut, aber sie lebt. Rosi macht gerade noch eine Passagieransage, damit die Leute auch wirklich sitzen bleiben.«

»Gut, das Notfallteam kommt jetzt die Treppe hoch. Sobald ich hier weg kann, komme ich zu euch.«

Der Tower wies uns an, über die Feuerwehrfrequenz

mit dem Einsatzleiter Kontakt aufzunehmen, was wir sogleich taten.

»Firechief, hier German Transatlantic Airways 909.«

»GTA 909, hier Firechief, welche Hilfe benötigen Sie außer dem Notfallteam?«

Die Temperatur unserer Bremsen war inzwischen auf über 500 Grad Celsius gestiegen, und wir mussten dringend tanken, daher entschieden wir uns für eine Gebläsekühlung der Bremsen. Die Gefahr eines Reifenbrandes war bei solchen Temperaturen sehr hoch, und unser Flieger war nicht mit eigenen Bremsen-Ventilatoren ausgerüstet.

»Firechief, wir benötigen dringend Kühlung der Hauptfahrwerksbremsen und Feuerschutz beim Tanken mit Passagieren an Bord.«

»Verstanden, GTA 909, wird sofort ausgeführt«, knarzte es von unten über Funk.

»Marvin, rufst du bitte die Firma an und informierst die Verkehrszentrale? Ich will kurz in der Kabine nach dem Rechten sehen.«

»Mach ich, Cornelius«, bestätigte Marvin, und ich öffnete die Cockpittür.

Weit kam ich nicht, die Jungs von der Immigration, der Feuerwehreinsatzleiter und ein Beamter der FAA standen da und warteten schon auf mich.

»Gentlemen, ich bin gleich für Sie da, aber erst will ich sehen, wie es meinem Gast geht.«

»Okay, kein Problem«, donnerte der FAA-Beamte, »die Nacht ist für uns jetzt sowieso vorbei. Wir warten hier auf Sie.«

Na toll, dachte ich mir, was die wohl noch alles wissen wollen, bevor wir hier wieder rauskommen! Wie so oft in solchen Situationen passierten viele Dinge gleichzeitig, und alle Beteiligten wollten Informationen. Da half nur eins: Prioritäten setzen.

Der Frau ging es einigermaßen. Die Kolleginnen in der Kabine hatten die Gäste, die um sie herumgesessen hatten, woanders platziert, und Arzt und Sanitäter waren noch voll in Aktion. Ein älterer Herr fasste mich am Arm:

»Herr Kapitän, glauben Sie, wir können unseren Koffer mitnehmen, wenn wir jetzt hier aussteigen?«

Für einen Moment war ich unsicher, aber dann fiel mir ein, dass der Herr nur der Ehemann sein konnte.

»Ich glaube, das wird sehr schwierig«, bedauerte ich. »Wichtig ist, dass Sie mit Ihrer Frau sofort ins Krankenhaus fahren. Meine Kolleginnen werden Ihnen Ihr Handgepäck holen, und die Herren von der Feuerwehr werden Ihnen beim Tragen sicher behilflich sein. Wenn ich jetzt aber Ihre Koffer suchen soll, dann wird das so lange dauern, dass wir die anderen Fluggäste in dieser Nacht nicht mehr nach Hause fliegen können.«

»Ja ... ja, dann muss das wohl so sein ...«, stammelte der Mann verunsichert. Ihm waren seine Sorgen wohl über den Kopf gewachsen, aber die amerikanischen Helfer nahmen sich seiner an, und Michel, der inzwischen neben mir stand, und ich hatten das Gefühl, das Ehepaar würde hier gut versorgt werden. Mit heulenden Sirenen fuhr die Ambulanz wenig später mit beiden in Richtung Hospital.

»Cornelius«, rief mich Marvin aus dem Cockpit, »die Verkehrszentrale ist am Telefon, sie wollen mit dir reden.«

»Ich komme«, antwortete ich und eilte wieder nach vorn.

»Verkehrszentrale, der Volker hier«, kam es durch die Leitung. »Cornelius, Mann, ihr macht ja Sachen, das ist meine zweite Notlandung heute Nacht! Weißt du schon, wann ihr da wieder rauskönnt? Ich habe euch einen neuen Flugplan zum dortigen Operations Center geschickt.

Müsste gleich zum Flieger gebracht werden. Euren Abflug habe ich in einer Stunde ab jetzt geplant.«

»Hallo, Volker«, rief ich ins Telefon. »Wir haben den ganzen Behördenkram noch zu erledigen, müssen tanken, und die FAA steht auch noch hier und will Informationen. Von der Technik brauche ich eine Freigabe, damit wir ohne technische Kontrolle wegen der übergewichtigen Landung wieder starten dürfen.«

»Gut, Cornelius, wenn es später wird, kann ich den Flugplan auch noch nach hinten schieben. Der Technik sag ich Bescheid, die schauen sich eure Daten hier am Computer an und rufen zurück. Bis nachher mal …«

Kaum hatte ich das Telefon beiseitegelegt, kam Michel und erinnerte mich an die Beamten, die auf mich warteten. Also dann …

Der FAA-Inspektor und der Immigration-Officer stellten sich vor und erkundigten sich nach den genauen Gründen für die außerplanmäßige Landung, woher wir kamen, wohin wir fliegen wollten, ob es ein Linienflug sei, wie viele Gäste wir an Bord hätten und alles Mögliche andere noch dazu. So gut ich konnte, beantwortete ich die Fragen, die der FAA-Mann auf einer Liste abhakte. Dieses Quiz dauerte schier endlos, und kurz bevor ich dabei war, auch noch Schuh- und Hutgröße preiszugeben, fragte er abschließend nach den Flugzeugpapieren und unseren Lizenzen. So wurde aus unserer medizinischen Notlandung schnell noch eine Überprüfung eines ausländischen Verkehrsflugzeugs. Immerhin konnten wir alles hinreichend beantworten oder erklären, und an unseren Papieren gab es nichts zu bemängeln.

Der Immigration-Officer wollte vor allem wissen, ob alle an Bord deutsche Touristen auf dem Heimflug seien oder eventuell ein Kubaner dabei sei, der um politisches Asyl bitten könnte. Nachdem ich ihm bestätigen konnte, dass hier nur Touristen aus dem Urlaub nach Hause flogen, entspannten sich seine Gesichtszüge sichtlich. Er bedankte sich und wünschte einen guten Heimflug, bevor er den Flieger verließ.

Auch der FAA-Inspektor war zufrieden und überreichte mir zackig eine Kopie seines Berichts für die Firma, hob zum Gruß seine Hand an die Mütze und verließ das Flugzeug.

In der Zwischenzeit hatte die Feuerwehr es geschafft, die Bremsen so weit abzukühlen, dass wir bedenkenlos tanken und weiterfliegen konnten. Fehlten nur noch die Freigabe durch die Technik und der benötigte Flugplan, um die nachzutankende Spritmenge festzulegen.

Michel kam ins Cockpit.

»Was denkt ihr, wie lange wir noch warten müssen? Unsere Gäste werden allmählich unruhig.«

»Wir auch«, entgegnete ich inzwischen leicht genervt. »Ich glaube, ich rufe noch mal im Hauptquartier an.«

Doch noch während ich die Wahlwiederholungstaste unseres Diensttelefons drückte, kam der Rampagent mit den Unterlagen. Uns fehlten knapp fünfzehn Tonnen Sprit, die wir durch die Aktion verbraucht hatten, und so entschlossen wir uns, sicherheitshalber sechzehn Tonnen nachzutanken.

»Michel, mach bitte die Betankungsansage für die Gäste«, bat ich den Purser, und dann legten wir los. Seitens der Kabine durften keine elektrischen Geräte während des Tankens benutzt werden, und die Notausgänge mussten freigehalten werden. Das bedeutete, dass alle Passagiere wieder ihre Sitzplätze einzunehmen hatten. Da die meisten Gäste in den Gängen und vor den Türen standen, um sich die Füße zu vertreten, galt es nun, hier einmal per Ansage aufzuräumen. Knappe fünfzehn Minuten später waren die Tanks für den Weiterflug gefüllt.

Die Technik rief kurz darauf an und meldete den Flieger startklar. Wir waren bei der Landung unter dem zulässigen Limit für die Vertikalgeschwindigkeit geblieben, so, wie Marvin es angesagt hatte – nur 200 statt der erlaubten 360 Fuß pro Minute. Damit stand dem Weiterflug nichts mehr im Weg.

Wir bedankten uns bei den Leuten, die uns hier in Norfolk geholfen hatten, und erhielten kurz darauf unsere Starterlaubnis und die Streckenfreigabe. Keine fünfzehn Minuten später hoben wir ab und setzten unseren Kurs Ost-Nordost auf den Atlantik.

»Sag mal, Cornelius, wie oft kommen solche Sachen eigentlich in einem Pilotenleben vor?«, fragte Marvin nach einer Weile. Es war sein erstes Mal, dass nicht alles nach Plan lief.

»Hmm, also mir ist das schon öfter passiert, aber da steckst du nicht drin. Der Faktor Mensch ist eben nicht berechenbar. Ich finde, dass diese Ereignisse sehr lehrreich sind, und versuche immer, möglichst viel Positives für mich daraus mitzunehmen.«

Marvin antwortete nicht, aber ich konnte aus dem Augenwinkel sehen, wie er nachdenklich aus dem Fenster schaute.

»Hey, Steuerberater, alles gut?«, versuchte ich ihn zurück ins Boot zu holen. Anscheinend wurde ihm der Stress der letzten Stunden gerade erst so richtig bewusst.

»Das war echt knapp, oder?« Marvin sah mich an.

»Ja, aber die Dame hat es geschafft, das ist doch die Hauptsache.«

»Und das hat die Firma gerade einen Haufen Geld gekostet.«

»Das ganz sicher. Aber Menschenleben sind unbezahlbar.«

»Da hast du wohl recht.«

Marvin grübelte immer noch.

»Hey, Marvin, weißt du, was das Allerschlimmste an so einer Aktion ist?«, versuchte ich ihn aufzuheitern.

»Was meinst du?«

»Die Nacht wird jetzt gefühlt doppelt so lang sein als geplant. Wir sollten uns bei nächster Gelegenheit noch einen Kaffee bestellen.« Ich kniff ein Auge zu und grinste.

»Blödmann!« Marvin lachte.

Übermut tut selten gut

In der Zeit vor dem 11. September 2001, als wir Piloten auch mal aus der Kombüse mit den Knöpfen kommen durften, ohne eine Notdurft zu verrichten oder um zwischendurch bei den freundlichen Stewardessen einen Kaffee zu bestellen, ereignete sich folgende Geschichte: Wir waren vier Tage zuvor aus dem Kohlenpott nach Male auf die Malediven geflogen und hatten dort unseren Flieger an die wartende Crew übergeben. Mit einem Motorboot wurden wir in einer zwanzigminütigen Fahrt zu einer dem Flughafen nahe gelegenen Insel gefahren. Dieses Eiland war in der Tat so klein, dass ein Spaziergang am Strand entlang, einmal komplett um die Insel herum, keine zwanzig Minuten dauerte. Ein Teil der zweigeschossigen Häuser mit jeweils vier Apartments lag mitten in einem Palmenhain. Der andere, etwas komfortablere Bereich mit Bungalows war auf Stelzen ins Meer hineingebaut. Hier konnten die Gäste auf der Rückseite des Gebäudes über eine Treppe direkt ins warme Wasser gehen. Wir hatten diesmal das Glück, dass die Anlage nicht ausgebucht war und wir diese Luxus-Bungalows für uns bekamen. Die Insel war sehr schön und lud in der Tat ein, mal einen längeren Urlaub hier zu verbringen.

Abends, nach dem Dinner, traf man sich an der Bar. Dort konnte man bei einem leckeren Drink in rustikalen Holzmöbeln auf der Veranda sitzen und den Blick über den Indischen Ozean schweifen lassen. Nahe der Bar war das Meer mit zahlreichen Unterwasserscheinwerfern beleuchtet, was Hunderte neugieriger Fische anlockte. Seit einigen Jahren gehörten auch ein paar Rochen zu den ständigen Besuchern. Ein besonders zutrauliches Exemplar wurde zur Belustigung der Gäste regelmäßig von einem Hotelangestellten mit Resten aus der Küche gefüttert. Ein beeindruckendes Schauspiel, wenn man die gigantische Größe des »Unterwasserfliegers« mit seinen eineinhalb Metern Spannweite in Relation zu dem 1,60 Meter kleinen Maledivianer setzte …

Wem Fische- und Sterne-Gucken zu langweilig war, der konnte innerhalb von fünf Gehminuten an der nächsten Palme in der Open-Air-Disco abrocken oder als Karaoke-Star sein Unwesen in der danebenliegenden Indoor-Diskothek treiben. Immerhin fand die Mikrofon-Quälerei hinter verschlossenen Türen statt und konnte nicht ungehindert in den Nachthimmel entkommen. Wobei es durchaus auch Talente gab. Edgar zum Beispiel, unser Kollege aus der Aftcabin, konnte »Delilah« von Tom Jones so inbrünstig schmettern, dass man sich allen Ernstes fragte, warum der Mann noch keinen Plattenvertrag angeboten bekommen hatte.

Karoline und ich beschlossen, den Abend in Ruhe abseits der Bar zu genießen. Blasse Krebse huschten am Strand in Scharen hin und her, die etwas schwerfälligeren Einsiedlerkrebse staksten bedächtig durch den Sand, ihr Einzimmerapartment stets am Mann. Muscheln sammeln war hier auf den Malediven nicht möglich, die schönsten Modelle waren stets schon von diesen langbeinigen Krabblern besetzt. Aber die Ausfuhr solcher schönen Schnecken und Muschelschalen wäre ohnehin nicht erlaubt gewesen. Karoline und ich saßen im warmen Sand, lauschten in der lauen Abendluft dem rhythmischen

Schwappen der Wellen und taten gemeinsam – nichts. Welch ein Luxus!

Der nächste Tag beglückte uns mit strahlender Sonne und wolkenfreiem Himmel. Das Wasser war exakt so warm wie die Luft – 28 Grad – und hatte nur eine ganz geringe Strömung. Mit unserer importierten Schnorchelausrüstung von daheim machten wir uns unter Wasser auf Entdeckungsreise. Die Flora und Fauna war wirklich unbeschreiblich! Farbenprächtige Fische begleiteten uns neugierig schon in Strandnähe, wo das Wasser nur knietief war. Hatte man einmal das Dach des Korallenriffs schnorchelnd überwunden, fiel es steil ab und führte circa 15 Meter senkrecht in den blauen Abgrund. Hier konnte man die ganze Farbenpracht der Fischschwärme sehen, Rochen tanzten vor unseren Taucherbrillen, und selbst kleinere Haie zogen majestätisch an uns vorbei. Karoline war ihr Anblick nicht geheuer, und als ein etwas größeres Exemplar aus dem Nichts emporstieß, schwamm sie im Turbogang zurück in Richtung Strand. Ich hatte sie noch nie so schnell paddeln sehen. Eigentlich war ich mir fast sicher, dass der Hai mehr Angst vor ihr hatte als sie vor ihm, aber im Wasser war die Kommunikation nicht einfach. Mich fand der Flossen-Kollege eher uninteressant, sicherlich passte ich mit meinen 96 Kilo Lebendgewicht nicht mehr in sein Beuteschema.

Für den frühen Abend hatte eines unserer Crewmitglieder mit der Hotelleitung einen Angeltrip arrangiert. Mit einem nicht sehr vertrauenswürdig aussehenden Kutter fuhren wir hinaus auf das offene Meer. Jeder von uns bekam eine professionelle Touristen-Angel in die Hand, dazu gratis eine Kurzanweisung durch die einheimischen Bootsführer, wie man am besten fischte. Alles kein Problem! Die »Angel« bestand aus 25 Metern Nylonschnur, die man mehr oder weniger geschickt hinauswarf und dann geschwind um ein flaches Holzbrettchen wickelte, der dazugehörige Angelhaken musste zuvor mit einem Stück Fisch als Köder bestückt werden. Wenigstens dienten hier keine zappeligen Würmer als Anlockmittel, Karoline hätte sonst sicher ihren Einsatz verweigert. Aber so spießte sie energisch Fischstückchen für Fischstückchen auf den Haken, warf die Angel aus und zog einen zappelnden Red Snapper nach dem anderen aus dem Meer. Unglaublich, wie machte sie das nur? Wahrscheinlich pures Anfängerglück. Mein störrischer Angelhaken blieb ständig an irgendwelchen Felsen oder Korallenriffen hängen, nach dem dritten versenkten Haken und dem missbilligenden Blick des Bootsführers gab ich auf. Ich konnte vielleicht nicht mit den ortsüblichen Angeln umgehen, dafür aber Flugzeug fliegen. Man musste auch gönnen können ... Der Eimer füllte sich auch ohne mein Zutun zügig mit Beute, und am nächsten Abend gab es im Inselrestaurant den von uns gefangenen Fisch. Köstlich!

Am nächsten Mittag sollte unsere Reise heimwärts gehen. Der Flieger kam wie üblich aus Düsseldorf und würde über Colombo in Sri Lanka weiter nach Hause fliegen.

Zum Frühstück gab es schwarzen Tee und kleine Butterhörnchen, wer die amerikanische Küche bevorzugte, bekam gebackene Eier und Speck. Längst waren wir schick in Uniform gewandet, und so war nach dem morgendlichen Imbiss nur noch der Weg zum Bootssteg zurückzulegen. Bei den herrschenden Temperaturen eine schweißtreibende Angelegenheit durch schwüle Luft und den allgegenwärtigen Sand. Der krabbelte wirklich in jede Ritze.

Die Fahrt zum Flughafen mit dem Boot war bei den wenigsten Crewmitgliedern beliebt. Meine liebe Gattin hatte jedes Mal Schweiß auf der Stirn, und das, obwohl sie an der Küste aufgewachsen war und mit Transportmitteln auf dem Wasser eigentlich vertraut sein müsste. Aber der sportive Stil unseres Motorbootfahrers war nicht wirklich jedermanns Sache. Er bretterte in Kamikazemanier über die Wellen, als ob es kein Morgen gäbe, das Boot hopste bei dem Tempo wie ein räudiges Karnickel über die Wellenkämme und warf die Passagiere hart in den Plastiksitzen hin und her. Nach dem Flug mochte es einem ja gefallen, sich die Gischt und den Fahrtwind um die Ohren wehen zu lassen, vor dem Flug war dieses Meerwasserstyling jedoch eher unerwünscht. Wer wollte schon nach 20 Minuten Fahrt aussehen, als wäre zu Hause der Föhn explodiert?

Die Ausreise war für Crewmitglieder in Uniform in diesem Inselstaat recht unkompliziert, und so waren wir zeitig genug an unserem Abfertigungsschalter, um unseren Flieger bei der Landung beobachten zu können. Ein imposanter Anblick, der mich bis heute fasziniert: 165 Tonnen Flugzeug, die mal so eben auf eine kleine Insel einschwebten. Wenige Minuten später rollte unser Vogel den Taxiweg entlang und hielt direkt vor dem Gebäude, in dem wir warteten. Nachdem die Triebwerke ausgeschaltet waren, rollte aus jeder Richtung ein Fahrzeug auf unseren A330 zu, Treppen wurden angefahren, Bremsklötze an die Reifen gelegt, Arbeitsbühnen für die Containerentladung in Position gebracht, und der Toiletten- und Wasserservice wurde vorbereitet. Der Tankwagen stand etwas abseits und wurde durch zwei lange Druckschläuche mit dem Flieger verbunden. Alles klappte wie am Schnürchen. Die Gäste, die auf den Malediven Urlaub machen wollten, stiegen aus, die Herrschaften, die weiter nach Colombo wollten, durften an Bord bleiben.

Endlich kam unser Einsatz: Eine Passage-Mitarbeiterin öffnete die Tür für uns, und wir marschierten frontal über das kochende Vorfeld zu unserem fliegenden Büro, was uniformbefrackt leider nur wenig Spaß machte. Tiefgefroren von den eisigen Temperaturen im Warteraum, erschlugen uns jetzt gute 35 Grad Celsius mit hundert Prozent Luftfeuchtigkeit. Das Baumwollhemd klebte ad hoc im Kreuz, und binnen Sekunden schwamm man im eigenen Saft. Da gab es nur eins – noch einen Zahn zulegen und nix wie hinein in den kühlen Flieger!

Die ankommende Crew begrüßte uns mit großem Hallo, glücklich, nach zwölf Stunden endlich die Maschine verlassen zu können. Während Karoline in der vorderen Galley mit der hereinkommenden Purserette die Flugübergabe machte, begrüßten Joachim und ich die Cockpitkollegen.

»Wir haben euch die Vortankmenge schon eingestellt, und die ersten zehntausend Liter sind bereits im Tank«, teilte mir der Kapitän mit. Er sah müde aus.

»Wir haben die finale Tankmenge etwas erhöht wegen der Verkehrssituation auf dem Weg nach Colombo«, erklärte ich. »Anscheinend ist dort wieder der Teufel los. Wir werden wohl erst einmal in niedrigerer Höhe fliegen, auch wenn das viel Sprit frisst.

Dann können wir jetzt die Plätze tauschen, wir übernehmen den Flieger. Schönen Feierabend!«

»Prima, dann wollen wir mal schauen, wie schnell wir ins Bett kommen, war eine verdammt lange Nacht«, bedankte sich der Kollege. Sie packten ihre Taschen, und Momente später hatten Joachim und ich unseren Arbeitsplatz für uns allein.

»Mach bloß die Tür zu, Jo«, bat ich meinen Co. »Sonst haben wir hier drinnen gleich einen Brutkasten. Ich schwitze jetzt schon wie eine Elchmutti in den Wechseljahren!«

»Na klar, mach ich. Wann willst du denn den Outside-Check machen?«, fragte er.

»Sobald der Tankvorgang beendet ist. Kannst du in der Zeit den Computer füttern?«

»Sicher, Chef, geht gleich los.«

Wir starteten pünktlich und waren noch nicht lange in der Luft, da bollerte jemand mit Händen und Füßen gegen die Cockpittür. So heftig und ausdauernd, dass man eher einen Flugzeugentführer dahinter vermutete denn ein normales Crewmitglied! Auf den Überwachungsmonitoren zeigte sich statt eines Attentäters aber nur Gina, eine Kollegin aus der hinteren Kabine. Joachim und ich schauten uns fragend an.

»Mach auf, wird schon dringend sein«, brummte ich, denn ich war gerade dabei, die aktuelle Position ins Flightlog einzutragen. Mein Copilot betätigte den Türöffner.

»Gott sei Dank!«, prustete Gina los. Sie fiel buchstäblich mit der Tür ins Haus, knallte die Cockpittür wieder zu, stand einen kurzen Moment mit völlig verheulten Augen da und ließ sich dann auf den freien Sitz fallen. Gina war eine mittelgroße, platinblond gefärbte Endzwanzigerin mit einer sehr weiblichen Figur. Ihre Haare türmte sie gern zu opulenten Frisuren auf, ihre Stimme klang so rau, als würde sie jeden Morgen mit Hochprozentigem gurgeln, und die Uniform saß, als wäre sie darin eingenäht worden, was ihre üppigen Rundungen unübersehbar in Szene setzte.

»Atme mal tief durch und krieg dich wieder ein, hier passiert dir nix«, meinte Joachim und versuchte sie zu beruhigen.

»Ja, nee – ist schon klar!«, zeterte Gina. »So was ist mir in meinem ganzen Leben noch nicht passiert! Dieses Oberarschloch! Der hat sie doch nicht mehr alle! Dem reiße ich gleich die Eier ab! Wo ist die Notaxt?!« Es fiel ihr sichtlich schwer, sich abzuregen.

»Nun erzähl mal in Ruhe, was passiert ist. Hast du Stress mit einem Passagier?«, fragte ich vorsichtig.

Gina kochte. Sie saß auf dem freien Jumpseat und atmete viel zu schnell. Sie sah auf ihre pinkfarben lackierten Fingernägel, rutschte auf dem Sitz herum und strich sich dann energisch eine widerspenstige Haarsträhne hinter das Ohr. Ganz allmählich erlangte sie ihre Fassung wieder. Ich begriff, dass sie nicht aus Kummer heulte oder aus Angst, sondern vor Wut. Ich konnte die kleinen Rauchwölkchen aus ihren Ohren quasi puffen sehen, und ihre dunkelbraunen Augen blitzten vor Zorn. Ich fragte mich, was sie – eine normalerweise äußerst resolute junge Frau – so aus der Bahn gebracht haben konnte.

»Da ist so ein halb besoffener Kerl in der hinteren Kabine in meiner Sektion. Neben ihm sitzt seine Freundin. Die ist auch schon total fertig, weil er sich nicht benehmen kann, der Arsch. Mit seinem angetrunkenen Kopf hat er schon sämtliche Passagiere in Reichweite angepöbelt. Von mir wollte er dann Whiskey haben. Hat er aber nicht gekriegt, der versoffene Sack …«

»Na, na, na, Gina …«

»Na, ist doch wahr! Der Proll kam schon ziemlich angeschickert an Bord, das hat mir die Kollegin bereits bei der Übergabe gesteckt. Von mir hat der auf jeden Fall keinen Alkohol mehr gekriegt!«

Gina sammelte sich langsam, die Wut ließ ihre Stimme aber immer noch beben. Zornig wischte sie sich eine weitere Trotzträne von der Wange und ein halbes Pfund schwarze Wimperntusche gleich mit. Ich reichte ihr meine Kleenex-Box. Erleichtert zog sie ein halbes Dutzend Tücher heraus.

»Ich sehe bestimmt aus wie ein Monster!«, schimpfte sie, als sie die schwarze Schminke auf den Tüchern betrachtete. »Und das alles wegen diesem … diesem …«

»Nun beruhig dich mal, war doch völlig okay, dem keinen Drink mehr zu geben. Was ist denn dann passiert?«, fiel ich ihr in die nächste inbrünstige Schimpftirade. Gina konnte ihre italienischen Wurzeln in solchen Situationen nicht verleugnen und besser fluchen als jeder Bierkutscher.

»Er wurde total aggressiv und hat mich festgehalten! Dann hat er nach einem Whiskey gequengelt und rumgemault, ich solle mich nicht so anstellen. Daraufhin habe ich mich gewehrt und mich losgemacht, schließlich hat der blöde Sack kein Recht, mich anzufassen. Ich bin an ihm vorbeigelaufen, da langt der mir mit seiner hässlichen Hand unter den Rock, voll in den Schritt! Der tickt ja wohl nicht mehr richtig!«

Gina schaute mich erwartungsvoll an. Sie straffte ihren Oberkörper und brachte ihren Busen in Position, ohne BH, wie immer. Und wie immer hatte sie auch zwei Blusenknöpfe zu viel auf. Ein durchaus netter Anblick. Tja, so war Gina. Allerdings war dies bei Weitem keine Einladung für einen Gast, hier oder da mal tatkräftig hinzulangen.

»Der Typ hat sie doch nicht mehr alle!«, brummte ich missbilligend und schüttelte den Kopf.

»Nee, gibt mir die Axt, den Affen frisier ich jetzt!«, zeterte Gina. Sie wischte sich mit dem Handrücken die Nase und schien zu allem bereit.

»Das ist ganz klar ein ›Unruly Pax‹«, stellte Joachim trocken fest.

»Das sehe ich auch so. Weiß die Purserette Bescheid?«, fragte ich Gina.

»Nein, ich hab hinten alles stehen und liegen lassen. Irgendwie musste ich da weg. War vielleicht blöd …«

»Nee, war gar nicht blöd. Aber wir müssen uns diese Pfeife vorknöpfen. Ich hole mal die Chefin ins Cockpit.«

Ich wählte »Purser« auf der bordeigenen Telefonleitung, ließ anklingeln, und wenig später kam Karoline zu uns rein. Gina erzählte ihrer Vorgesetzten im Schnelldurchgang, was ihr widerfahren war.

»Na, der Tag fängt ja gut an«, meinte Karoline und zog die linke Augenbraue hoch. »Jetzt müssen wir uns mal schnell überlegen, wie wir den Herrn am besten einnorden. Lang ist die Flugzeit nach Colombo ja nicht mehr. Gina, wo sitzt der Gast noch mal?«

»Auf 35G.«

»Okay, dann werd ich mir den mal vorknöpfen. Du bleibst so lange am besten im Cockpit.«

»Nee, ich muss mich dringend restaurieren, ich geh zu den Mädels in die Midgalley. Ich seh ja aus wie aus der Rocky Horror Picture Show!«

»Okay, dann bleib da erst mal, bis wir die Sache geklärt haben«, empfahl ihr Karoline.

»Lass dich von dem nicht ärgern, und wenn er dir blöd kommt, kassierst du sofort Pass und Ticket!«, wandte ich mich an meine Frau.

»Nee, Chef, ich mach das schon. Bin gleich wieder da.« Karoline verschwand in der Kabine, und Gina ging zu den Kolleginnen in der mittleren Küche.

Ein paar Minuten später erreichte mich ein Anruf aus der Aftcabin.

»Hier Ausguck links.«

»Hier ist Karoline. Der Typ ist untragbar, unbelehrbar und frech obendrein. Ich solle mich verpissen, ich wäre ja auch nur ein billiges Flittchen, meinte er gerade zu mir. Er ist im Übrigen nicht bereit, seine Papiere auszuhändigen, von einer Entschuldigung bei Gina ganz zu schweigen. Ich schlage vor, wir verabschieden uns zeitnah von ihm.«

»Ganz großes Kino, das geht ja gar nicht! Was ist denn das für ein verwirrter Macho? Hol den bitte mal nach vorn!«

»Willst du dich wirklich mit dem rumärgern?«, gab Karoline zu bedenken.

»Ja, doch, will ich. Wir treffen uns in der Küche.«

Heutzutage müssen die Mädels mit solchen Situationen allein klarkommen, wir stehen aus Sicherheitsgründen nur noch im Cockpit beratend zur Verfügung, doch damals waren die Vorschriften, wie eingangs gesagt, noch etwas weniger streng.

Wenige Minuten später kam Karoline mit dem Mann in die vordere Galley. Er schien Ende zwanzig zu sein, ein unscheinbarer Geselle. Seine Gesichtszüge wären unter anderen Umständen vielleicht sympathisch gewesen, aber mit seinem Alkoholpegel wirkte er auf mich eher abstoßend. Sein Blick war fahrig, er strich sich mit der Hand durch den fettigen Blondschopf und versuchte die Schultern durchzudrücken, was ihm nur leidlich gelang. Eine dritte Person betrat die kleine Bordküche, zweifelsfrei seine Freundin. Sie wirkte hilflos, verheult und verängstigt.

»Schönen guten Tag, mein Name ist Cornelius Maschmann, ich bin der verantwortliche Kapitän auf Ihrem Weiterflug nach Colombo. Mit wem habe ich denn die Ehre?«

»Was geht Sie das denn an? Sind Sie hier Mr. Wichtig oder so was? Schicke Uniform das …«

Er streckte seine Hand nach mir aus, überlegte es sich aber im letzten Moment und steckte sie in die Tasche seiner Shorts.

»Eine ganze Menge. Würden Sie mir bitte schildern, was da eben zwischen Ihnen und meiner Kollegin passiert ist?«

»Was meinen Sie?«, fragte er frech. »Ich verstehe das ganze Theater hier nicht!«

»Hatten Sie nicht gerade Streit mit meiner Kollegin?«, versuchte ich ihm auf die Sprünge zu helfen.

»Mit der da?« Der Komiker zeigte auf Karoline. »Was will die mit meinem Ticket? Ich hab überhaupt nichts mit der zu tun!« Er schwankte leicht und musste sich am Küchentresen festhalten.

»Nein, ich meine Frau Lugani, die in Ihrer Sektion für den Service zuständig ist.«

»Ach, das blonde Gift mit der Turmfrisur? Scharfe Braut, die Sie da haben, gebe ich neidlos zu.«

Seine Freundin packte ihn am Ärmel, als wolle sie Schlimmeres verhindern. Er schüttelte sie ab wie eine lästige Fliege und beugte sich vor:

»Aber das ist kein Serviermädchen! Wollte bloß 'nen Whiskey, sonst nix, und die Alte hat mir den nicht gegeben. Keine Ahnung, warum! Super Kundenservice hier! Können Sie gleich mal aufnehmen in Ihr Protokoll!«

»Und Sie haben sonst nichts gemacht, außer sich zu ärgern?«, fragte ich, und dabei blickte ich abwechselnd zwischen ihm und seiner Freundin hin und her.

»Nö, ich war ganz freundlich. Stimmt's, Melanie?«

Seine Begleitung zuckte zusammen und sah betreten auf ihre Schuhe.

»Laut meinen Informationen haben Sie meiner Kollegin unter den Rock gelangt, und das gehört nun wirklich nicht zum Kundenservice dazu. Ich verlange von Ihnen eine angemessene Entschuldigung sowie Ihren Pass und Ihr Ticket!«, erklärte ich trocken.

»Ich? Ich soll der unter den Rock gegrabscht haben? Was sind Sie denn für ein Märchenerzähler?«

»Na gut, wenn Sie sich nicht daran erinnern können, helfen wir Ihnen mal kurz nach. Sie haben ja sicher kein Problem damit, wenn wir Frau Lugani dazubitten und uns die Situation aus ihrer Sicht schildern lassen?« Ich griff zum Interphone und wählte die mittlere Küche an.

»Elli hier auf der Zwei«, meldete sich die dort diensthabende Kollegin, die natürlich längst Bescheid wusste.

»Hier ist Cornelius, könnte Gina mal kurz nach vorne kommen?«

Gina hatte sich längst gefangen, nichts anderes hatte ich erwartet. Auch wenn der für sie typische dicke schwarze Lidstrich noch fehlte, war sie schon wieder ganz die Alte. Der Schreck war Geschichte, aber die Wut kochte noch ungesühnt in ihr, als sie ungestüm den Vorhang zur vorderen Kombüse aufriss.

»Gina, sei so doch gut und wiederhole bitte noch einmal, was du uns eben erzählt hast«, bat ich sie ohne weitere Höflichkeitsfloskeln. Bekannt waren sich die Herrschaften ja schließlich schon.

Immer noch aufgebracht und voller Zorn blickte sie den Passagier an. Bei ihrem italienischen Temperament hätte es mich nicht gewundert, wenn sie ihm gleich an den Hals gesprungen wäre, dachte ich und schob sie ein bisschen weiter von ihm weg. Die Notaxt hing immer noch wohlbehütet im Cockpit, aber scharfe pinke Krallen konnten auch nicht ohne sein.

Gina wiederholte ihre Aussage, und unser Gast fing lautstark an zu protestieren. Mich wunderte, dass seine Freundin gar nichts zu seiner Verteidigung sagte.

»Alles gelogen! Ich hab nix gemacht! Lassen Sie mich in Ruhe, ich will jetzt in Ruhe weiterfliegen«, rief er entrüstet.

»Tja, gerade da haben wir ein Problem«, stellte ich fest.

»Sie haben sich auf äußerst unsittliche Weise meiner Kollegin genähert und bringen noch nicht einmal eine Entschuldigung über die Lippen«, stellte Karoline fest. »So ein Verhalten ist nicht zu tolerieren. Was sagt denn eigentlich Ihre Freundin dazu?«

Die junge Frau versuchte ihren Freund zur Einsicht zu bewegen, aber der hatte auf stur geschaltet.

»Die soll mich in Ruhe lassen, ihr könnt mich alle in Ruhe lassen!«, keifte er.

Seine Freundin brach in Tränen aus. Sie war völlig fertig und mit den Nerven am Ende.

»Kommen Sie«, sagte Karoline und nahm sie am Arm. Sie führte Melanie zu einem Platz in der fast leeren Businessclass und organisierte eine Schachtel Kleenex aus der Toilette.

Die Sicherheit und Ordnung an Bord hatten höchste Priorität, und einen frauenverachtenden, angetrunkenen Passagier konnte ich nicht gebrauchen. Wir benötigten unsere Nerven für wirkliche Notfälle und nicht für einen Notstand im unterversorgten Hirn eines unbefriedigten Fluggastes. Irgendwo hörte der Spaß auf. Es gab für mich inzwischen kein Zurück mehr, ich musste handeln. Die in der Nähe sitzenden Gäste hatten die kleine Anhörung sicher mitbekommen und erwarteten von mir eine Entscheidung, ebenso wie meine Kolleginnen und Kollegen und ganz besonders Gina.

»Ich sehe mich leider nicht in der Lage, Sie weiter in meinem Flugzeug nach Düsseldorf mitfliegen zu lassen. Wir werden jetzt die zuständigen Behörden in Colombo informieren. Dort können Sie dann das Flugzeug in Begleitung der Polizei verlassen und Ihren Urlaub noch ein wenig verlängern.«

Ich ging zurück ins Cockpit, mit diesem Typen hatte ich schon zu viel Zeit vergeudet. Ich besprach mich noch kurz mit Joachim und Karoline. Beide waren meiner Ansicht, dass Gast 35G, der ja immer noch keinen offiziellen Namen hatte – welcher aber über die Passagierliste in null Komma nichts herauszufinden war –, ein Risiko für die weitere Beförderung nach Düsseldorf darstellte. Wir wollten einer möglichen handgreiflichen Auseinandersetzung keinen Raum bieten und entschieden uns, ihn in Colombo auszuladen.

»Lass ihn da, ein Tag in einer Ausnüchterungszelle tut ihm sicher ganz gut«, sagte Joachim.

35G merkte immer noch nichts von der drohenden Situation, zuerst schimpfte er herum, beleidigte weiterhin die Mädels, doch als er langsam gewahr wurde, was ihm blühte, fing er an zu heulen und zu jammern. Späte Reue. Leider zu spät. Unsere Entscheidung war gefallen.

Keine halbe Stunde später landeten wir in Colombo. Entgegen unseren Erwartungen stand kein Empfangskomitee auf dem Vorfeld. So hatten wir uns das nicht vorgestellt! Karoline bat die Rampagentin kurzerhand ins Cockpit, wo wir ihr die Situation erklärten und sie aufforderten, die Flughafenpolizei herzubringen, um unseren Gast von Bord zu entfernen. Die Dame tat so, als verstünde sie nicht, was wir wollten, und es dauerte einen Moment, bis wir begriffen, dass sie den Flieger einfach vom Hof haben wollte und nicht im Geringsten daran dachte, diesen Menschen hier in Polizeigewahrsam nehmen zu lassen. Deutsche, die sich nicht benehmen konnten, waren hier offenbar nicht erwünscht. Nun, an Bord wollte ich ihn auch nicht mehr haben.

Insgesamt diskutierten wir eine knappe halbe Stunde mit der Rampagentin und hatten damit das nächste Problem an der Backe. Die Dienstzeit für den Rückflug lief uns davon!

»Joachim, ich schlage vor, wir rufen im Hauptquartier an. Sollen die mal die Leute hier auf Trab bringen und uns unterstützen. So wird das nix.«

»Guter Gedanke, ich verbinde dich gleich, Cornelius.«

Sobald die Verbindung stand, schilderte ich dem OCC kurz die Situation und bat um Unterstützung.

»Wird umgehend geregelt«, hörte ich am anderen Ende. Ich dankte und legte auf. Es dauerte keine zehn Minuten, und dann erschienen die gewünschten Polizisten. Manchmal konnte der Anruf der Firma wirklich Wunder bewirken, Allah sein Dank! Während meines Telefonats hatte die Freundin von 35G noch mehrfach versucht, meine Frau umzustimmen, um ihren Freund doch mit nach Deutschland mitzunehmen.

»Da sehe ich keine Chance«, sagte Karoline, »der Kapitän hat seine Entscheidung getroffen, und die wird er nicht mehr zurücknehmen.«

Er hätte mich zu dieser Entscheidung nicht zwingen müssen. Manche Dinge im Leben haben einfach keinen Rückwärtsgang. Passagiere, die aufgrund ihres Verhaltens auffällig geworden sind, indem sie stark alkoholisiert herumpöbeln, andere Gäste oder Crewmitglieder schlagen, unsittlich anfassen oder randalieren, sind ein Sicherheitsrisiko, und ihr Verhalten wird, wie ich an anderer Stelle ja schon einmal erwähnt habe, als gefährlicher Eingriff in den Luftverkehr geahndet. Die Strafen für solche Aktionen sind inzwischen drastisch. Hat der Kapitän entschieden, dass ein Gast wegen eines solchen Vorfalls das Flugzeug zu verlassen hat, weil die Sicherheit gefährdet ist, muss zur Not eine Zwischenlandung eingeplant werden. Auf jeden Fall wird das Verhalten strafrechtlich verfolgt, in einigen Ländern geht es dafür sofort ins Gefängnis, außerdem hat der Missetäter für alle dadurch entstandenen Kosten aufzukommen und muss auch seine Weiterreise selbst bezahlen. Manchmal wird das sehr schwierig, denn die Airlines setzen solche Personen auf die sogenannte Black List – ein Ticket werden diese Fluggäste nie wieder bekommen.

Nach anderthalb Stunden konnten wir unseren Flug nach Düsseldorf endlich fortsetzen. Als wir unsere Reiseflughöhe erreicht hatten und etwas Ruhe einkehrte, dachte ich noch einmal an den Gast von 35G. Ich traf die Entscheidung, jemanden von der Beförderung auszuschließen, nicht gern, aber die Sicherheit an Bord muss oberste Priorität haben. Jemand, der weder Zunge noch Hände schon zu Beginn eines Langstreckenfluges im Griff hatte, war leider nicht tolerabel. Die Auswirkungen von Alkohol an Bord habe ich schon zuvor erklärt, und da man in niemanden hineinschauen kann, ist vorbeugen besser, als Scherben aufzufegen. In einem Flugzeug gelten eben andere Gesetze als am Boden, wo man jederzeit 110 anrufen kann, wenn jemand kurzfristig ausflippt. Seine Freundin tat mir leid. Sicherlich hatte sie sich das Ende des Urlaubs anders vorgestellt. Kannte sie dieses Verhalten von ihrem Freund schon, oder war das für sie neu?

»German Transatlantic 1107, you are cleared to climb Fight Level 380«, quäkte es auf einmal aus dem Äther. Ich nahm mir das Mikrofon und antwortete dem Lotsen. Noch 10 Stunden 45 bis nach Düsseldorf – hoffentlich ohne weitere Zwischenfälle.

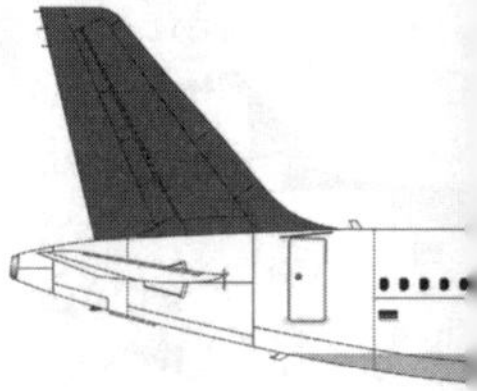

Night stop Corfu

Natürlich ist Fliegen eine zuverlässige und sichere Art des Reisens, das weiß jeder. Zumindest wenn es sich nicht gerade um Drachenfliegerei oder um das Fahren in einem Ballon handelt. Nicht umsonst beweist eine Statistik glaubhaft, dass die meisten Unfälle bei Reisen mit dem Flugzeug nicht in der Luft, sondern auf dem Weg von zu Hause zum Flughafen passieren – nämlich auf der Autobahn oder im ungünstigsten Fall im Treppenhaus durch einen Sturz mit überschwerem Gepäck. Dennoch sollte man immer, wenn man eine Flugreise antritt, auch das Allerungewöhnlichste mit einplanen – Meetings mit angeblichen Außerirdischen inklusive. Der Mensch ist nun mal genauso wenig zum Fliegen geschaffen wie zum dauerhaften Leben im Wasser, unter der Erde oder gar im Weltall. Nur aufgrund der speziellen Maschinen, die wir entwickelt und stetig verbessert haben, können wir uns den Lebensraum Luft auch ohne eigene Flügel zunutze machen, und das leider auch nur für eine sehr begrenzte Zeit. Die Maschine – also das Flugzeug, das Raumschiff, das U-Boot oder der Erdbohrer, die unseren Lebensraum kurzfristig erweitern –, ist empfindlich, sensibel und manchmal auch ganz schön bockig. Heute im 21. Jahrhundert fliegt man auch nicht mehr so burschikos durchs Leben wie damals Elli Beinhorn, die Grande Dame der Fliegerei, die schon in den Dreißigerjahren des vorherigen Jahrhunderts Rekordgeschichte schrieb: erster Alleinflug nach Afrika, erster Alleinflug um die Welt – und das alles mit einer einmotorigen Klemm mit gerade mal 80 PS. Elli Beinhorn schrieb wirklich Fliegergeschichte, sie stürzte mehrfach ab, galt einmal tagelang als verschollen und marschierte nach einer Havarie 150 Kilometer zu Fuß durch den Iran, bis sie endlich Bushire erreichte und von dort kurzerhand die Bergung ihres Flugzeugs organisierte. Das war noch Abenteuergeist pur. Mit dem feinen Unterschied, dass Kollegin Elli nur für sich allein verantwortlich war und wir mindestens 174 Gäste plus Crew mit im Schlepptau haben – auf dem großen Airbus sind es insgesamt sogar knapp 400 Seelen. Da ist Abenteuergeist nicht mehr gefragt, außer vielleicht spontan im Notfall. Unser Credo heißt: Safety comes first!

Und so packte ich auch an diesem Morgen meine Tasche sehr sorgfältig. Unterwäsche, ein frisches Hemd, Zahnpasta und -bürste nebst einigen anderen persönlichen Unverzichtbarkeiten reisten immer im schwarzen Pilotenköfferchen mit. *Immer.* Ich kenne genug Geschichten von Triebwerken, die mal kurz den Dienst verweigerten, sodass ein Technikteam inklusive neuem Motor eingeflogen werden musste, von einer kaputten Aircondition, ohne die man auch nicht fliegen konnte, weil sonst die Luft an Bord verdammt dünn gewesen wäre, einem bockigen, verbogenen Blech vom Umkehrschub, das Fachpersonal zum Geraderücken notwendig machte, welches es vor Ort dann leider nicht gab – und natürlich auch Geschichten von den ganzen anderen widrigen Umständen, die kein Mensch vorhersehen kann, wie Aschewolken, Fluglotsenstreiks, den 11. September und vieles mehr. So ist das eben in der Fliegerei! Man kann bei Unregelmäßigkeiten genauso wenig rechts ranfahren und in Ruhe unter die Motorhaube schauen, wie man ein ungelöstes Problem einfach auf den nächsten Tag verschieben kann.

Ich muss zugeben, dass mir als gelerntem Ingenieur und Pilot mit Herz und Seele die Herausforderung, einem technischen Fehler auf die Spur zu kommen, einerseits gefällt; andererseits weiß ich sehr gut, wie weit meine Kompetenzen gehen und wann es Zeit ist, den Flieger der Technik zu überlassen. Ich kann dann nur noch entscheiden, was wichtig und in meinen Augen richtig ist. Und das ist beileibe nicht immer einfach, wie der folgende Flug nach Korfu beweist.

Ich sprintete am frühen Vormittag in unseren Aufenthaltsraum. Viel nerviger Stau im Ruhrgebiet hatte meine 100 Kilometer Distanz zur Dienststelle wieder zur Herausforderung werden lassen, aber ich hatte es doch noch rechtzeitig zum Check-in geschafft. Mein Kollege im Cockpit war gerade mal ein halbes Jahr im Unternehmen, stellte sich äußerst freundlich vor und machte eigentlich einen ganz sympathischen Eindruck. Ich hätte mich gefreut, wenn er die Flugunterlagen schon mal bearbeitet und damit nicht bis zu meinem Eintreffen gewartet hätte. So kamen wir zeitlich etwas in Verzug. Aber ich war ja auch mal neu gewesen und sah einfach darüber hinweg.

Was mir ein wenig Bauchschmerzen bereitete, war unser heutiges Fluggerät, ein A321. So wie der liebe Gott bei der Erschaffung der Esel seltsamerweise auf die kurzen Beine und die langen Ohren gesetzt hatte, so hatte er wohl die Ingenieure von Airbus Industries beim Designen des A321 auf denselben Trip geschoben: lange Kabine – 210 Passagiere statt 174 –, aber kleine Beine, will sagen, schlappe Triebwerke. Diese waren nämlich die gleichen Motoren, die auch unseren A320 in die Luft beförderten. Sie hatten nur ein paar PS mehr, obwohl der A321 immerhin 11 000 Kilogramm mehr wog! Ein Fotograf würde dieses Flugzeugmodell wohl ganz pragmatisch als unterbelichtet darstellen. Ich hasste die lahme Kiste, ganz besonders an warmen Tagen, wenn sich das Flugzeug nur mühsam in den Himmel quälte – je wärmer die Außentemperatur, desto geringer war die Leistung der Triebwerke, ich mochte mir gar nicht vorstellen, wie das im Notfall mit nur einem Triebwerk gehen sollte. Natürlich würde es funktionieren. Aber wenn man bei untermotorisierten Autos salopp davon sprach, mit dem Fuß in der Ölwanne zu stehen, wenn es galt, auf der Autobahn zu beschleunigen oder gar zu überholen, dann hatte ich beim A321 ständig das Gefühl, aussteigen und schieben zu müssen. Oder etwas Ballast abzuwerfen, damit die Möhre endlich anständig flog. Anscheinend war ich, was Triebwerksleistung anging, doch sehr von den großen Airbusbrüdern verwöhnt. Die fliegenden Fahrräder waren so gar nicht meine Baustelle, aber leider konnte ich mir meinen Arbeitsplatz nicht täglich aussuchen.

Wir reisten also nach Korfu, ins hochsommerliche Griechenland. Korfu ist die siebtgrößte Insel des Götterstaates und liegt südöstlich des Stiefelabsatzes von Italien. Während in Deutschland lächerliche 15 Grad den Sommer verspotteten, sollten uns auf Korfu Temperaturen um die 30 Grad erwarten. Die Kabinencrew war genauso jung wie mein Copilot Jeff, ich hätte sie alle aus dem Stand adoptieren können. Spontan kam ich mir vor wie der Opa im Ring, lediglich die Purserette kannte ich schon etwas länger. Der Generationswechsel fand in unserer Firma manchmal sehr sprunghaft statt, daran würde ich mich wohl nie gewöhnen. Aber was den jungen Leuten an Erfahrung fehlte, machten sie durch Motivation und Energie wieder wett, und wie so oft war ein Cuvée aus alt und jung eine gelungene Mischung. Wir hielten unser Briefing mit der Kabine ab, während der Flieger noch auf der Parkposition becatert und gereinigt wurde. Nachdem wir die Wetterkarten studiert und unsere Spritmenge inklusive der Reserven festgelegt hatten, informierten wir das Operation Center, damit die Beladung entsprechend verstaut werden konnte. Dies war wichtig, da der Schwerpunkt des Flugzeugs sich in einem vorgegebenen Bereich bewegen muss. Beachtet man dies nicht, gibt es Probleme mit der Balance im Flug. Man kann es sich wie bei einer Kinderwippe vorstellen. Ist eines der Kinder viel schwerer als das andere, so kommt die Wippe aus dem Gleichgewicht, und das schwerere Kind sitzt am Boden, während das andere zappelnd in der Luft hängt: bei einem Flugzeug eine durchaus unerwünschte Konstellation.

Der Hinflug verlief recht unspektakulär, das Wetter war gut und ermöglichte uns einen Sichtanflug auf Korfu, was bedeutete, dass wir während des gesamten Anfluges den Flugplatz bis zur Landung im Auge behalten mussten – also ganz ohne die in den Navigationskarten veröffentlichten Anflugverfahren, bei denen bestimmte Vorschriften und Richtungen vorgegeben waren. Ein Abweichen von den vorgeschriebenen Anflugverfahren wäre an deutschen Verkehrsflughäfen aufgrund strenger Auflagen wegen der Lärmsensibilität der Anwohner gar nicht möglich gewesen. Für meinen jungen Kollegen war dies ein interessantes Erlebnis. Korfu dürfen laut betriebsinterner Vorschrift nur Kapitäne anfliegen, da der Flugplatz zwischen Bergen liegt, von Hindernissen umgeben ist und eine recht kurze Landebahn mit schwierigen Windverhältnissen hat.

An der Parkposition angekommen, verließen uns unsere Gäste über zwei Treppen und gingen zu Fuß zum Terminal. Dabei fiel mir erst jetzt auf, wie viele Kinder wir dabeihatten, obwohl es ja auf dem Loadsheet vermerkt gewesen war. Die Sommerferien in einem der bevölkerungsreichsten Bundesländer Deutschlands hatten unverkennbar begonnen.

Unser griechischer Handlingsagent hatte größte Eile,

uns wieder loszuwerden, und machte Druck, wo er nur konnte – bei uns, beim Tanker, beim Reinigungspersonal und beim Caterer, der die Zeitungsbeladung aus dem Gepäckabteil im hinteren Flugzeugbauch in die Kabine umladen musste, damit die Gäste sich während des Fluges die Zeit vertreiben konnten.

Auf einem Flugzeug mit nur einem Mittelgang waren so viele Menschen an Bord eigentlich kontraproduktiv, der Staubsaugermann kämpfte mit seiner Endlosschnur gegen den Trolleyschieber, ein Ausweichen war in der Enge kaum möglich, und man stand sich wechselseitig im Weg. Draußen glühte die Hitze auf dem Asphalt, drinnen waberten kleine weiße Kondenswölkchen aus der Aircondition.

Nach fünfundfünfzig Minuten war unser Flieger wieder betankt und bereit, mit neuen Gästen an Bord nach Hause zu fliegen. Es war inzwischen dunkel geworden, der Mond stand bei wolkenlosem Himmel über der Insel und tauchte alles in ein gespenstisches Licht.

Wir hatten schon die Triebwerke angelassen, und der Rampagent, der mit dem Cockpit bis zuletzt über ein Kopfhörerset in Verbindung stand, hatte seine rechte Hand nach oben ausgestreckt, uns mit dem Daumen sein Klarzeichen gegeben, dass draußen alles in Ordnung war, und sich daraufhin verabschiedet. In sicherer Entfernung wartete er nun darauf, dass sich unser Flugzeug in Bewegung setzte und er seine Startmeldung in das EDV-System eingeben konnte. So wusste die Firma durch die sogenannte Movement-message, wann wir wieder in Düsseldorf landen würden.

Wir im Cockpit mussten noch die Landeklappen in Startposition fahren, um beim Start mehr Auftrieb mit den Tragflächen zu erzeugen, und ein paar Systeme vor dem Losrollen überprüfen. Dabei zeigte sich ein Fehler im System, der nichts Gutes versprach. Die Steuerung für das Höhenruder, das unter anderem dafür sorgt, dass das Flugzeug sich beim Start vom Boden lösen kann, meldete ein größeres Problem, was einen Start nach den geltenden Vorschriften verbot. Verdammt – musste das sein? Ich konnte nur hoffen, dass uns möglichst schnell eine Lösung für dieses Problem einfiel. Auf eine ungeplante Übernachtung auf Korfu konnte ich gut verzichten! Abgesehen von dem Stress, dem Ärger, den Kosten für die Firma und natürlich dem Unmut der Gäste hatte ich selbst einen wichtigen Termin beim Anwalt am nächsten Vormittag. Aber so weit war es ja noch nicht.

Bevor wir weitere Entscheidungen treffen konnten, versuchten wir, die Ursache des Fehlers zu finden, indem wir die verschiedenen Systeme überprüften, die das Höhenruder ansteuerten. Dies bedeutete, sie auszuschalten und nach einer kurzen Pause, in der sie stromlos waren, wieder in Betrieb zu nehmen. Für den ersten Moment sah das erfolgversprechend aus. Bei einem erneuten Test der Steuersysteme, den wir vor dem Abrollen aus Sicherheitsgründen immer durchführen müssen, erschien die Warnung mit dem gleichen Fehler erneut. Das würde wohl eine sehr lange Nacht werden.

Wir telefonierten mit unserer Technik zu Hause, schilderten das Problem und informierten die Kollegen über die von uns bereits durchgeführten Maßnahmen. Nachdem sie erfahren hatten, dass wir all das, was sie uns auch geraten hätten, schon versucht hatten, gab es nur noch eine Möglichkeit, einen allerletzten Versuch, in dieser Nacht doch noch nach Hause zu fliegen: Das Flugzeug musste komplett stromlos geschaltet werden. Da es inzwischen Nacht war, konnte niemand dabei an Bord bleiben. Es war zu gefährlich, der plötzliche Ausbruch einer Panik, weil einer in der Dunkelheit im engen Flugzeug mit so vielen Menschen Angst bekam – unvorstellbar.

Diese Verantwortung konnte ich nicht übernehmen. Die Gäste mussten mit ihren Habseligkeiten mit Bussen in das Flughafengebäude gebracht werden und abwarten.

Also forderte ich den Rampagenten per Handzeichen durch das Cockpitfenster auf, die Treppen wieder anzufahren und die externe Stromversorgung zu sichern, dann schaltete ich die Triebwerke ab. Ich konnte mir in diesem Moment buchstäblich die sorgenvollen Gesichter unserer Gäste vorstellen. Eigentlich sollten wir bereits zur Startbahn rollen, Kurs Nord-Nordwest in Richtung Heimat. In der Zwischenzeit waren fast dreißig Minuten vergangen, und ich hatte währenddessen noch nicht mit den Gästen sprechen können. Ich machte also eine Ansage, stellte mich dabei in die vordere Galley, sodass ich gesehen werden konnte, und schilderte wahrheitsgemäß das Problem und seine Folgen. Es wurde laut in der Kabine, die ersten Passagiere ließen ihrem Unmut freien Lauf, aber letztendlich sahen sie die Maßnahme ein und verließen das Flugzeug. Fast zwanzig Minuten dauerte das Aussteigen, und ich bekam in dieser Zeit ungezählte fragende Gesichter und übernächtigte Kinder zu sehen, die an meiner Tür vorbeizogen. Ob es wohl an diesem Abend noch nach Hause gehen würde? Ehrlich gesagt, ich wusste es nicht, aber noch war Hoffnung. Ich konnte mich gut in die Eltern hineinversetzen, schließlich war ich selbst Vater – aber eine andere Lösung gab es nicht. Ich fing an, mir Sorgen zu machen, denn in der Zwischenzeit kam weiterer Druck auf die Crew dazu, unsere Dienstzeit gab uns noch 1,5 Stunden Luft. Wenn wir bis dahin nicht gestartet waren, mussten wir erst mal für zehn Stunden unsere gesetzliche Ruhezeit einhalten und konnten erst dann den Rückflug antreten. Äußerst unangenehm für alle: für die Gäste, die über Nacht in ein schnell organisiertes Hotel müssten, für die Firma, die nicht nur für die Übernachtungskosten aufkommen musste, sondern der auch am nächsten Morgen eine Maschine fehlen würde, und für die Mitglieder der Crew, von denen einige zu Hause dem Babysitter Überstunden aufbrummen mussten – sofern der überhaupt so flexibel war – oder andere Termine hatten. Meine Kinder warteten auch auf mich, aber zum Glück waren sie schon groß genug, die Nacht auch mal allein zu überstehen.

Ungezählte Telefonate mit dem Traffic Center, der Crewplanung, der Technik und dem Dispatch folgten. Wir schalteten nach Anweisung der Technik alle Verbraucher ab, machten das Flugzeug für zwanzig Minuten komplett stromlos und hofften inständig, dass ein eventuelles Computerproblem in der Ansteuerung des Höhenruders damit gelöst werden konnte. Jeff und ich standen während dieser Zeit vor unserem toten Flieger und beobachteten den sternklaren Himmel. Das war schon ein seltsamer Job, den wir da hatten, immer wieder lauerten neue Überraschungen, neue Herausforderungen auf einen. Aber vielleicht machte gerade das den besonderen Reiz für mich aus – die fast perfekte Technik, in der der Faktor Mensch oft das unzuverlässigste Teil war, der aber im Umkehrschluss bei technischen Problemen als Einziger infrage kam, um die Technik zu überlisten. Und schlussendlich ging es hier nicht nur darum, einen lahmen Vogel wieder ans Fliegen zu kriegen – dort draußen standen knapp 200 Menschen, für die wir die Fürsorgepflicht hatten.

Eine Sternschnuppe purzelte aus dem nachtschwarzen Himmel, und ich wünschte mir was. Ein bisschen Aberglaube und Romantik konnten meines Erachtens bei aller Rationalität und Abgeklärtheit nicht schaden.

Jeff grinste. Er hatte sich in diesem Moment offenbar Ähnliches gedacht. Für ihn war das Ganze noch viel mehr Abenteuer als für mich. Der Wind hatte mich schon öfter mal wohin geweht, wo ich eigentlich nicht hinwollte. In den vergangenen Jahren gab es so einige Städte, die mich mit ungeplanten Übernachtungen beglückt hatten, angefangen bei Hamburg über Palma, Kingston, Atlanta, Bangor und New York bis Bangalore. Aber im Laufe der Zeit bekam man Übung darin, die Unwägbarkeiten mit einem Lächeln im Knopfloch hinzunehmen und einfach das Beste daraus zu machen. Meinen Enkeln – auf die ich zahlreich hoffe – werde ich am Kamin stundenlang Geschichten aus der Fliegerei erzählen können, so viel ist sicher.

Das Verfahren mit dem stromlosen Flieger stammte noch aus der Anfangszeit der ersten A330er, die unser Unternehmen seinerzeit angeschafft hatte. Die Crews wurden damals von sogenannten »Airbus Technical Field Representatives« auf den ersten Flügen begleitet, speziell ausgebildeten Technikern, die den Flieger in- und auswendig kannten, damit eventuell auftretende Störungen schnell im »Turnaround«, der Umdrehzeit am Flughafen, beseitigt werden konnten. Erstaunlich, wie oft zu der Zeit mit dieser Maßnahme Fehler behoben werden konnten, die sich partout nicht anders lösen lassen wollten. Neunzehn Jahre nach Einführung der Maschinen waren diese ausgereift, und man wendete das Verfahren eigentlich nicht mehr an. Aber uns hatte trotz aller Sternschnuppen und guten Wünsche das Glück verlassen, dem Fehler war nicht so schnell beizukommen. Nachdem alle Systeme wieder hochgefahren waren, zeigte der Flight Control Check immer noch eine defekte Ansteuerung des Höhenruders an. Verdammt, irgendwo musste da ein Problem mit der Hydraulik sein. Wo kam das auf einmal her?

Ich telefonierte wieder mit der Technik mit dem Resultat, dass Techniker einer anderen Gesellschaft, die hier auf Korfu stationiert waren, vom Hauptquartier beauftragt werden sollten, das Flugzeug zu reparieren. So etwas war in der Luftfahrt üblich. Auch wenn sich die Gesellschaften nach außen gern als Gegner gaben und öffentlich bekriegten, so halfen sie sich untereinander doch – der Kostendruck machte es möglich, und letztendlich waren wir Flieger alle eine große Familie, die in Notzeiten zusammenhielt.

Nach weiteren zwanzig Minuten Warten stellte sich bei mir ein Technikerduo vor, denen wir alle Details erzählten, damit sie zügig mit ihrer Arbeit beginnen konnten. Recht schnell bestätigten mir die Männer meine Vermutung, dass in dieser Nacht kein Flug mehr nach Düsseldorf abheben würde. Es mussten Ersatzteile her, die nur in den großen Lagern von Airbus in Frankfurt oder unserer Technikbasis in Düsseldorf verfügbar waren. Nichtsdestotrotz hatte sich unser Dispatch schon dreimal telefonisch bei mir gemeldet und freundlich mitgeteilt, dass man unseren Flugplan nun mit höherer Geschwindigkeit neu gerechnet hätte, damit wir noch in Düsseldorf landen konnten.

»Wann könnt ihr denn starten?«, kam die neugierige Frage aus dem Telefonhörer. Ich hatte in diesem Moment viele Antworten parat, aber sie wären alle sehr unhöflich gewesen.

»Dieses Flugzeug wird heute überhaupt nicht mehr starten, kommuniziert denn niemand mit Ihnen? Seit zwei Stunden weiß die Zentrale Bescheid. Das Ding ist fluguntüchtig, die Gäste gehen ins Hotel«, antwortete ich. Am anderen Ende der Telefonleitung folgte betretenes Schweigen, dann die Frage, wer das entschieden hätte. Ich antwortete wahrheitsgemäß:

»Diese Entscheidung habe ich als Kommandant nach Abwägung aller verfügbaren Fakten getroffen.« Ob man denn im Hauptquartier damit nicht einverstanden wäre?

Anscheinend nicht. Der Kollege legte erst mal auf, versprach aber, sich wieder zu melden, was ich genau so erwartet hatte. Die Entscheidungsfindung an der Basis war in den letzten Jahren immer schwieriger geworden, der Druck, jedem gerecht zu werden und alles richtig zu machen, immer größer. Kaum einer war bereit, eine Entscheidung zu treffen, die Verantwortung dafür zu übernehmen und dazu zu stehen. Das war aber unser tägliches Brot, und meine Kapitänskollegen und ich mussten ständig gegen diese Lethargie ankämpfen.

Inzwischen hatte sich meine Befürchtung bestätigt. Die Reparatur würde bis in die frühen Morgenstunden dauern, und unsere zulässige Dienstzeit lief noch genau 45 Minuten. Dann war erst mal gesetzlich angeordneter Schlaf angesagt. Mir taten die Gäste leid, vor allem die vielen kleinen Kinder, die völlig übermüdet bei ihren Eltern auf dem Schoß saßen und quengelten. Rechtzeitig hatte ich den Stationsleiter vorgewarnt, Hotelzimmer und Busse zu organisieren, hatte die Gäste persönlich und wahrheitsgemäß informiert und gehofft, mit meiner Crew alles gegeben zu haben, um die Leute bei Laune zu halten. Aber hier hörte meine Kompetenz auf. Andere Mitarbeiter des Passagierservice und des Bodendienstes waren nun zuständig und mussten versuchen, das Beste aus der Situation zu machen. Leider mangelte es hier offenbar an Informationswillen. Oder einfach nur an Schneid?

Nachdem wir der Technik das Flugzeug überantwortet und unsere Aufgaben an Bord erledigt hatten, waren wir froh, uns endlich in ein Taxi zu einem unbekannten Hotel setzen zu können, um dort eine Mütze Schlaf zu tanken.

Vielleicht mag sich der eine oder andere fragen, warum in der Luftfahrt so penibel auf das Einhalten der Flugdienst- und Ruhezeiten geachtet wird. Ärzte arbeiten ja schließlich auch 36 Stunden am Stück und müssen am Ende der Schicht vielleicht noch eine Operation durchführen – in meinen Augen ist auch das unverantwortlich! In der Fliegerei ist das Produzieren von Sicherheit unser tägliches Leben. Die Dienstzeiten des Flugpersonals sind per Gesetz auf das Penibelste geregelt, und jedes Besatzungsmitglied ist verpflichtet, diese Zeiten einzuhalten und darüber Buch zu führen. Die in den einzelnen Luftfahrtunternehmen geltenden Tarifverträge sind teilweise noch restriktiver, Überschreitungen der Dienstzeiten müssen der Aufsichtsbehörde angezeigt werden. Nur so lassen sich Fehler durch Übermüdung vermeiden, und nur so ist der hohe Sicherheitsstandard in der Fliegerei zu halten. Trotzdem sind immer noch Dienstzeiten von 12 Stunden nachts und 14 Stunden tagsüber möglich, ohne die so manche Flugreise gar nicht durchführbar wäre.

Im Hotel angekommen, kehrten nach einer erfrischenden Dusche die Lebensgeister kurzfristig wieder zurück, und meine Müdigkeit schwand für eine Weile. Ich bat meine Crew zu mir aufs Zimmer, um ein kurzes Debriefing zu machen. Da die meisten noch sehr jung waren und ihnen die Erfahrung mit unerwarteten Stopps wegen eines defekten Flugzeugs fehlte, hatte keiner Ersatzhemden oder gar Privatkleidung dabei. So setzten wir uns zwar erfrischt, aber immer noch in Uniform auf meinen Balkon und besprachen die Ereignisse des Tages. Jeder sollte die aktuellen Informationen bekommen, und ich musste mich davon überzeugen, dass alle noch willig waren, den nächsten Tag mit den gleichen Gästen und einem reparierten Flugzeug nach Hause zu fliegen, ohne plötzlich erschöpft zusammenzuklappen, einen hysterischen Anfall zu kriegen oder in Tränen auszubrechen. Die Fürsorgepflicht gehörte ebenfalls zu den Aufgaben eines Flugkapitäns, und ich spreche hier aus Erfahrung. Flugbegleiter sind schließlich auch nur Menschen und nicht unbegrenzt belastbar.

Bald darauf verschwand jeder auf seinem Zimmer – die verbleibende Nacht war kurz. Inzwischen war es bereits zwei Uhr morgens griechischer Zeit. Eine Information, wann wir wieder zum Airport kommen sollten, hatte ich noch nicht erhalten, aber nach den gesetzlichen Bestimmungen stand uns eine Minimum-Ruhezeit von zehn Stunden zu – und die zählte ab dem Check-out am Flughafen und nicht ab dem Zeitpunkt, an dem man alle viere von sich streckte.

Die Ruhe im Hotel tat gut, und ich musste wohl sofort eingeschlafen sein. Am nächsten Morgen trafen wir uns alle zum Frühstück und machten im Anschluss einen kleinen Spaziergang zum Strand. Jetzt ein paar Tage Urlaub auf der Insel wären sicher sehr schön, dachte ich, als ich die salzige Seeluft tief inhalierte. Mit meiner blauen Uniformhose und dem weißen Hemd kam ich mir jedoch ziemlich deplatziert unter all den Badegästen vor. Also schüttelte ich den Sand aus meinem Hosenumschlag und packte meine Sachen zusammen.

Pünktlich kamen unsere bestellten Taxis, keine zehn Minuten dauerte die Fahrt zum Flughafen. Unsere Gäste waren schon da und winkten hoffnungsvoll in unsere Richtung.

Einige kamen auf uns zu und erzählten, dass sie mit den Kindern teilweise erst um zwei Uhr morgens in ihren Hotels angekommen seien. Sie wollten wissen, ob denn der Flieger nun repariert sei. Viele Fragen schossen aus allen Richtungen auf uns zu. Ich versprach, an Bord eine erklärende Ansage zu machen, musste mich aber auch erst mal auf den aktuellen Stand bringen.

Auf unserem Flieger angekommen, trafen wir Mike, einen unserer altgedienten Mechaniker. Er war in der

Nacht mit mehreren Kisten Werkzeug und den Ersatzteilen aus Köln eingeflogen worden. Man hatte extra für ihn eine voll besetzte Boeing 737 umgeleitet, um ihn auf Korfu abzusetzen, bevor der Flieger zu seinem Hauptziel Kos weiterfliegen konnte. Die beiden Griechen und unser Techniker waren die ganze Nacht mit der Reparatur beschäftigt gewesen und erst vor eineinhalb Stunden mit der Überprüfung fertig geworden. Müde, aber sehr freundlich verabschiedeten sich die griechischen Techniker und entschwanden schlurfend übers Vorfeld. Mike zeigte mir das Bordbuch.

»Hier schau: Ich habe deine Eintragungen erledigt und den 48-Stunden-Check gemacht. Jetzt können wir in Ruhe nach Hause fliegen – ist alles wieder schön.«

»Na, dein Wort in Gottes Ohr«, brummte ich. »Gleich kommen die Gäste, und ich möchte uns nicht blamieren.« Mike grinste und stieg die Gangway hinab, um seine Werkzeugkisten in den vorderen Frachtraum zu verladen.

Inzwischen waren die Passagiere abgerufen. Ich hatte die Crew für den Rückflug gebrieft und nochmals daran erinnert, dass sie mit den gestressten Gästen nachsichtig sein sollten. Ich dachte darüber nach, wie ich mich in der Situation gefühlt hätte – mit quengelnden Kleinkindern auf dem Arm und zu wenig Schlaf – und war mir sicher, dass ich mit keinem von ihnen hätte tauschen wollen.

Mike kehrte zu uns ins Cockpit zurück.

»Du, Mike?«, sprach ich ihn an.

»Hmmm?«

»Ich habe einen Anschlag auf dich vor!«, eröffnete ich ihm und grinste. »Ich werde dich gleich nach dem Boarding den Gästen vorstellen. Das kommt gut an und nimmt ihnen die Angst.«

»Ach nö, muss das sein?«, maulte Mike.

»Ja, das muss«, sagte ich. »Wir haben noch was gutzumachen, und die Gäste werden es dir danken.«

»Na gut, aber dafür organisierst du mir noch 'nen Kaffee – extrastark!« Mike grinste müde, aber verschmitzt. Ich wusste, dass ich mich auf ihn verlassen konnte.

Kaum hatte Mike sein Heißgetränk, hörte ich, wie die ersten Passagiere die Treppe erklommen und ins Flugzeug huschten. Ich stand neben unserer Purserette im Durchgang zum Cockpit. Wir waren uns einig, dass es gut war, Flagge zu zeigen.

So ein schnelles Boarding hatte ich schon lange nicht mehr erlebt. Im Nu waren alle Gäste an Bord, und wir konnten die Türen schließen. Wie abgesprochen, nahm ich das Bordmikrofon in die Hand und begrüßte unsere Gäste.

»Guten Morgen, meine Damen und Herren, ich hoffe, Sie konnten heute Nacht noch einigermaßen Ruhe finden. Sicherlich war das alles sehr unbequem für Sie, und im Namen unserer Firma möchte ich mich natürlich für die entstandenen Unannehmlichkeiten bei Ihnen ganz herzlich entschuldigen. Ich kann Ihnen nun mitteilen, dass unser Flugzeug repariert ist. Bevor wir nach Düsseldorf abfliegen, möchte ich Ihnen noch meinen Kollegen vorstellen, der heute Nacht extra für uns eingeflogen worden ist: unseren Chefmechaniker Mike Svensson. Er war die ganze Nacht zusammen mit zwei weiteren Technikern mit der Reparatur unseres Vogels beschäftigt, und ihm haben wir nun den Heimflug zu verdanken.«

Während ich das sagte, zog ich den bescheidenen Mike aus der Galley in den Gang, sodass ihn jeder Fluggast sehen konnte. Tosender Beifall erschallte in unserem kleinen Flieger. Ich bedankte mich und verschwand mit Mike im Cockpit. Anscheinend hatten wir alles richtig gemacht.

Schnell erhielten wir unsere Startfreigabe nach Düsseldorf und ließen die Triebwerke an. Nun kam der entscheidende Moment – der Flightcontrol-Check. Ja! Es klappte alles wie erwartet, und wir rollten zur Startbahn, um dann endlich in Richtung Heimat zu starten.

Man kann sich denken, dass viele Gäste noch recht erschöpft waren, und so wurde es trotz des ganzen Chaos für die Kabine ein sehr ruhiger Flug. In Düsseldorf angekommen, stiegen zufriedene Passagiere aus, dankbar, endlich daheim zu sein und von ihrer Crew mit viel Aufmerksamkeit und Geduld bedacht worden zu sein. Viele vergaßen beim Aussteigen nicht zu erwähnen, dass sie der Geschäftsführung schreiben wollten. Wäre ja mal was anderes als die Standard-Meckerbriefe …

Für uns als Crew gingen mit diesem Dienst 24 sehr anstrengende Stunden zu Ende. Ich fühlte mich, als wenn ich mit einem Zehntonner kollidiert wäre. Aber so kaputt ich auch war, wir hatten alles in unserer Macht Stehende für die Gäste getan, viele wussten es trotz des Stresses zu schätzen und waren um eine Erfahrung reicher. Fliegen hat tatsächlich auch in Zeiten der hochmodernen Düsenjets noch etwas Abenteuerliches.

Müde, aber höchst zufrieden, fuhr ich auf die Autobahn in Richtung Norden.

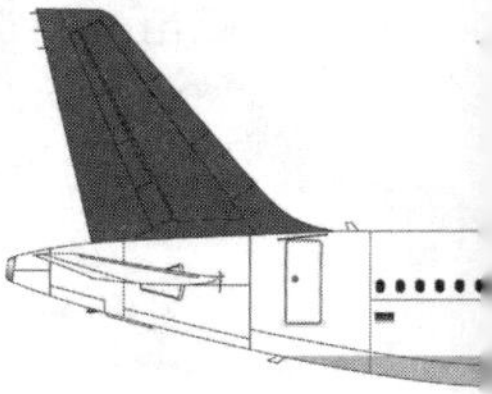

Fracht aus Kamerun

Ein Flugzeug ist bekanntlich ein eigener Kosmos. Hier gelten besondere Regeln sowohl im Umgang miteinander als auch bei der Beförderung von Mensch und Fracht. Dabei ist es egal, ob die Reise von Düsseldorf nach München geht oder von Frankfurt nach Timbuktu. Ungezählte Vorschriften gilt es zu beachten in Bezug auf Verpackung, Transport und die allgemeine Beförderung. Die Masse und das Gewicht des Handgepäcks eines jeden Gastes sind detailliert vorgeschrieben und limitiert, jeder Passagier wird mit 80 Kilogramm Lebendgewicht für den Beladeplan kalkuliert, und was sonst noch in die Kabine oder in den Frachtraum darf, ist natürlich auch genauestens festgelegt. So kann ein Kontrabass als wertvolles Instrument trotz seiner sperrigen Ausmaße zum Beispiel gern in der Kabine mitfliegen, allerdings nur, wenn er auf einem Fensterplatz in seiner Transportbox mit einem Spezialgurt verzurrt wird. Ein Hund bis 6 Kilo darf in der Kabine in einem geeigneten Behältnis mitreisen (und während des gesamten Fluges dort drinhocken!), ansonsten verschwindet er in einer geeigneten Kiste im Frachtraum. Es sei denn, er ist ein Therapiehund: Der darf auch gänzlich ohne Behältnis mit auf die Reise, der Glückliche. Nagetiere aller Art hingegen dürfen überhaupt nicht mitfliegen – die Gefahr, dass sie wichtige Teile des Fliegers anknabbern, wäre bei einer eventuellen Flucht zu groß. Und dann gibt es natürlich auch noch eine meterlange Liste von »Dangerous Goods«, also gefährlichen Gütern, die genauestens katalogisiert und reglementiert sind: Was darf in welcher Menge und in welcher Verpackung überhaupt in einem Flugzeug transportiert werden?

Ein anderes heikles Thema bei der Beförderung sind Verstorbene. Es kommt des Öfteren vor, dass auf einer Urlaubsreise ein Passagier unverhofft seinen letzten Tag erlebt, und natürlich möchte man den Reisepartner nicht spontan in der Fremde bestatten, sondern lieber wieder mit nach Hause nehmen. Ich kann mich noch gut an einen Abend in Punta Cana in der Dominikanischen Republik erinnern, als wir beim Afterlanding am Strand saßen und mal wieder in die große Geschichtenkiste griffen. Wir kamen über Umwege auf das Thema »Tod an Bord«, und die Purserette erzählte von einem Todesfall unter den Passagieren, der erst nach acht Stunden Flugreise aufgefallen war, da die Kolleginnen und Kollegen sowie die Begleitperson des älteren Herrn gedacht hatten, er würde einfach mit offenem Mund an das Fenster gelehnt schlafen. Beim Frühstücksservice fiel dann auf, dass der Gast verstorben war.

Ein Steward berichtete daraufhin, dass in England jüngst jemand pfiffig versucht hatte, den Aufwand des aktuellen Paragrafenwaldes in Bezug auf die Beförderung von Verstorbenen zu umgehen. Man verfrachtete kurzerhand die verblichene Oma in einen Rollstuhl, dick vermummt mit Hut, dunkler Brille und Wolldecke über dem schlaffen Körper, und versuchte sie so als »handicapped passenger« an Bord zu schmuggeln. Den fleißigen Beamten an der Sicherheitskontrolle fiel es dann aber doch auf, dass in der Oma so gar kein Leben mehr steckte, und sie durfte nicht mitfliegen. Das wunderte mich kaum, denn in der Fliegerei hat sich in den letzten Jahren und Jahrzehnten viel gewandelt, der 11. September 2001 war nur das Tüpfelchen auf dem i für die allgemeinen Sicherheitskontrollen. Weit davor waren allerdings die Regeln in der Luftfahrt noch lange nicht so streng wie heute. Mit Beziehungen, dem nötigen Know-how und genügend Schmiergeld ließ sich so einiges unkompliziert richten und regeln. Und so konnte ich zu unserem Gruselabend noch die folgende Geschichte beitragen, die mir mein Freund Wolfgang, ein pensionierter Buschpilot a.D., bestimmt schon fünfmal erzählt hat. Sie trug sich in Afrika zu, dem Land der Sonne und Sehnsucht, irgendwann Anfang der Siebziger ...

Die Reisesaison in Kamerun neigte sich dem Ende zu, und Wolfgang, der zu diesem Zeitpunkt für einen der größten Reiseveranstalter Deutschlands arbeitete, war für die reibungslose Abreise der Gäste des letzten Rückfluges von Douala nach Frankfurt verantwortlich. Wolfgang sprach ausgezeichnet Französisch und kannte sich mit den Sitten und Gebräuchen afrikanischer Behörden gut aus. Es war für ihn ein Leichtes, bei den Verantwortlichen Genehmigungen zu erlangen, die für andere allzu deutsch denkende Menschen unerreicht blieben. Dieses Talent erwies sich eines Tages als nahezu unbezahlbar.

Am Vorabend der Abreise gab es an der Hotelbar eine feuchtfröhliche Party, die Gäste feierten den Abschied von ihrem Afrika-Aufenthalt. Erlebnisreiche Tage lagen hinter ihnen mit aufregenden Safaris, faszinierenden Eindrücken von Land und Leuten, gutem Essen und phantastischem Wein. Ein paar von ihnen schlugen über die Stränge und wussten am nächsten Morgen nicht mehr so genau, wann und wie sie zurück auf ihr Zimmer gekommen waren. Einer dieser Spezialisten, wohl im Kampftrinken geübt, musste es anscheinend übertrieben haben. Seine Ehefrau hatte ihn in dieser Nacht nicht ins Zimmer kommen hören, sie lag mit Ohrstöpseln gegen das

Schnarchen ihres Gatten gewappnet in ihrem Bett und bemerkte nichts. In seinem Bett hatte er es trotz alledem wohl nur einige wenige Stunden ausgehalten, und am Morgen der Abreise – immer noch mit einem extrem niedrigen Blutgehalt im Alkohol – war er offenbar zum Strand gegangen, um sich durch Schwimmen im erfrischenden Golf von Guinea wieder in einen reisefähigen Zustand zu versetzen. Leider vergaß der gute Mann aufgrund seines Zustands, dass man im Wasser Hände und Beine bewegen muss. Die fehlenden Schwimmbewegungen, kombiniert mit seinem Promillegehalt, gaben ihm leider den Rest für eine Reise in die ewigen Jagdgründe der Savannen Afrikas.

Als die Ehefrau den Verlust ihres Gatten bemerkte, fragte sie im Hotel herum, ob jemand ihren Ewald gesehen hätte. Der Ehemann hatte niemanden von seiner Badetour in Kenntnis gesetzt und unbemerkt die Lodge verlassen. Nachdem er nirgends zu finden war, wurde von der Hoteldirektion eine Suchmannschaft losgeschickt. Schließlich galt es ja, die Reisegruppe rechtzeitig nach Douala zum Flughafen zu bringen.

Die Truppe, ausnahmslos schwarze Buschmänner und äußerst erfahren in der Spurensuche, sollte einen 45-jährigen weißen Mann mit blonden, sehr kurzen Haaren und untersetzter Figur suchen. Zunächst vermutete man ihn irgendwo im Buschwerk in der Nähe der Lodge, in der Annahme, dass er sich mit angeschickertem Kopf nicht mehr zurechtgefunden hatte und dort in der Nacht schlicht und ergreifend eingeschlafen war. Mehr durch Zufall kam der Suchtrupp auf die Idee, auch mal am Strand nach dem Vermissten Ausschau zu halten. Wenig später wurden seine sterblichen Überreste im Sand zwischen Büschen und Baumwurzeln gefunden.

Der Hoteldirektor informierte Wolfgang, der gerade die Busse für die Fahrt zum Flughafen organisiert hatte und an der Rezeption mit dem Flugplatzkommandanten telefonierte. Nun lag es an ihm, der bedauernswerten Witwe mitzuteilen, dass ihr Mann das Leben ausgehaucht hatte und bis zum Rückflug nur noch knapp vier Stunden für die Formalitäten übrig blieben. Nicht nur für afrikanische Verhältnisse eindeutig zu wenig Zeit.

Was tun? Entweder musste der Mann in Kamerun blitzartig in einem Jutesäckchen unter die Erde gebracht werden, oder es galt, mit riesigem Aufwand eine Expressüberführung nach Deutschland zu organisieren. Dazu gehörte die Ausstellung eines Leichenpasses ebenso wie die Bereitstellung eines Zinksarges. Es gab nur diese beiden Möglichkeiten.

»Was wollen Sie tun, Frau Kramer? Sie haben kaum eine Option. Sie allein bekommen das hier mit den Behörden nicht geregelt. Also muss ich auch hierbleiben, und wir beide werden die Formalitäten mit dem hiesigen Polizeipräfekten und der Deutschen Botschaft erledigen. Nach meiner Erfahrung wird das zwei bis drei Wochen dauern, demnach wird diese Chartermaschine ohne uns nach Hause fliegen.« Wolfgang sah Frau Kramer bedauernd an.

»Oh, Gott, was hat mir dieser Irre bloß angetan«, jammerte Frau Kramer. »Nicht nur, dass ich jetzt zusehen kann, wie ich die Firma allein am Leben erhalte, nein, da muss er sich hier auch noch volllaufen lassen und in der Hitze krepieren. Wir hätten nie herkommen dürfen …«

Eine trauernde Witwe sah eigentlich anders aus, Frau Kramer versprühte Frust und Wut, aber gleichzeitig auch eine wilde Entschlossenheit, nicht ohne ihren Ewald Afrika zu verlassen.

»Jammern hilft uns jetzt überhaupt nicht, wir müssen sehen, dass wir die Leiche, Verzeihung, Ihren Gatten, hier wegbekommen.«

Frau Kramer räusperte sich und bemühte sich um Contenance.

»Ja natürlich ... Sie haben recht, Herr Schwarz. Was raten Sie mir?«

»Nun, wenn wir keine schnelle Lösung finden, um mit Ihrem Mann nach Hause zu fliegen, müssen wir eine amtliche Untersuchung beantragen. Mit etwas Schmiergeld schaffen wir es bis nächste Woche, einen Termin zur Leichenschau zu bekommen. Wo kühlen wir den Toten bis dahin? Er kann nicht die ganze Zeit im Kühlraum des Hotels liegen, das macht der Manager nicht mit. Der Transport muss organisiert werden, und Sie müssen einen Zinksarg bestellen. Den müssen wir einfliegen lassen, so etwas gibt es in Kamerun nicht. Die nächste Linienmaschine von Air France kommt nächste Woche Freitag und könnte ihn mitbringen. Dann müssen wir mit dem Totenschein und dem Pass zur Deutschen Botschaft gehen und uns Transportpapiere besorgen. Nicht zu vergessen die Zollformalitäten. Für alles, was etwas schneller gehen soll, müssen Sie den Leuten hier Geldgeschenke machen. Ich schätze, ein paar tausend Mark werden Sie dabei auf jeden Fall los. Allein der Transport nach Deutschland kostet ein Prozent des Erste-Klasse-Tickets je Kilogramm des Sarges.«

Wolfgang hatte in Gedanken die Kosten schon überschlagen. Wahrscheinlich würden die Kameruner den zeitlichen Druck ausnutzen, um sich noch weiter zu bereichern – so war das leider damals in Afrika. Ob zwei Wochen überhaupt reichen würden? Eher nicht, und auf diese unfreiwillige Verlängerung seines Aufenthaltes konnte er wirklich gut verzichten. Er brauchte unbedingt eine unkonventionelle Lösung, doch welche?

Frau Kramer war inzwischen den Tränen nah: »Bitte, versuchen Sie alles, damit ich meinen Mann mitnehmen kann. Es muss doch eine Lösung geben ...«, schluchzte sie auf einmal herzzerreißend.

»Gut, ich werde sehen, was ich tun kann. Wir sprechen

in einer halben Stunde noch mal miteinander, dann sollte ich erste Ergebnisse haben.« Wolfgang drehte sich um und ging.

Den Kapitän, der den Rückflug durchführen sollte, kannte er seit ein paar Jahren durch seine Tätigkeit am Flughafen in Douala. Sie hatten ihre Afrika-Erfahrungen schon bei diversen Bierchen beim Afterlanding im Hotel ausgetauscht. Franz war seit einigen Jahren auf der B727 Kapitän und bediente unter anderem die Afrikaroute der Fluggesellschaft.

Der Zwischenfall hatte sich während der Ruhezeit ereignet, die die Crew im selben Hotel verbrachte, und die Information vom Tod des Reisenden hatte sich bereits wie ein Lauffeuer herumgesprochen.

»Franz, wir haben da ein Problem mit einer Leiche«, meinte Wolfgang geradeheraus. »Hast du eine Idee, wie wir die Sache regeln können, sodass die Witwe ihren toten Ehemann noch heute mit nach Hause nehmen kann?«

»Wolfgang, vergiss es!«, brummte der Kapitän. »Eine Leiche kommt mir nicht an Bord, ich kann unmöglich einen Toten mitnehmen, aus und fertig.«

Diese Antwort des Kapitäns hatte Wolfgang sowohl befürchtet als auch erwartet, aber so leicht gab er nicht auf.

Der Pilot aber blieb hartnäckig: »Dass du Bescheid weißt, ich nehme keine *Leiche* mit, weder oben noch unten.« Sollte heißen, weder in der Passagierkabine noch im Frachtraum.

Aber hatte Wolfgang richtig gehört? Hatte die Betonung auf dem Wort Leiche gelegen? Gab es also doch eine Transportmöglichkeit? Konnte er vielleicht den Toten als Gepäck deklarieren? Noch ehe er seine Gedanken ordnen konnte, half ihm Franz auf die Sprünge.

»Sag mal, Wolfgang, wie beförderst du eigentlich deine ganzen Souvenirs und die Schnitzereien für deine Wohnung nach Hause? Nach einem mehrmonatigen Aufenthalt in Kamerun hast du doch sicher große Kisten mit Gepäck, oder nicht? Hast du dafür Transportbehälter vor Ort anfertigen lassen – oder wie stellst du das an?«

Das war es also! Warum war er da nicht früher draufgekommen? Wolfgang schlug sich mit der flachen Hand vor die Stirn und grinste dankbar.

»Du hast recht, ich habe hier schon so viel Krempel gekauft, ich könnte gut einen ganzen Container damit füllen.«

»Na, dann weiß ich nicht, wo dein Problem ist. Du solltest jetzt packen gehen, nicht dass du etwas vergisst! Dein persönliches Cargo nehmen wir natürlich mit. Ich werde mit dem Flughafen telefonieren, dass man dir großzügig Platz im Gepäckraum zur Verfügung stellt.« Franz kniff verschwörerisch ein Auge zu, und Wolfgang hatte verstanden. Die erste Hürde war überwunden, jetzt hieß es Gas geben!

In Windeseile verabschiedete sich Wolfgang und suchte die Witwe auf. Wenn alles klappte, und dafür würde er ganz sicher sorgen, konnte der Tote seine Reise noch heute mit der Boeing 727 nach Frankfurt antreten. Wolfgang kannte den Flughafenkommandanten gut, ebenso die Leute von Kamerun Airways. Die waren kein Problem, sie würden mitspielen und keine Fragen stellen. Jetzt musste nur noch geklärt werden, was in Deutschland bei der Einreise passieren würde.

In einer stillen Ecke in der Hotellobby fand Wolfgang Frau Kramer. Die Boys hatten ihre gepackten Koffer neben sie gestellt, und der Hoteldirektor hatte ihr einen dreifachen Scotch auf den Schock spendiert.

»Frau Kramer, da sind Sie ja!« Wolfgang war etwas atemlos, aber äußerst zuversichtlich. »Wir müssen in Deutschland anrufen, Ihren Hausarzt. Wir wollen doch sicherstellen, dass Sie zu Hause den entsprechenden Totenschein für Ihren Gatten bekommen!«

Die Witwe ließ sich unverzüglich an der Rezeption mit dem Fernamt verbinden. Nach einer gefühlten Ewigkeit hörte sie das Rufzeichen in Deutschland.

»Hier Dr. Korthorn, wie kann ich helfen?«

»Hallo, Herr Doktor, Kramer hier. Ich rufe aus Douala an. Wir hatten Ihnen doch von unserer Safari erzählt, die wir in Kamerun machen wollten. Mein Mann ist leider heute Morgen hier im Meer ertrunken. Ich brauche dringend Ihre Hilfe.« Frau Kramer bemühte sich um Fassung und übergab den Telefonhörer an Wolfgang, der sich als Reiseleiter der Familie Kramer vorstellte und die Problematik in knappen Worten schilderte. Der Arzt überlegte einen Moment und meinte dann trocken:

»Es wäre kein Problem für mich, wenn Sie den Toten in sein Haus bekommen könnten. Die Leute haben meines Wissens einen Pool im Keller, da können wir es so darstellen, dass Herr Kramer nach dem anstrengenden Flug in den Pool gesprungen und vor Erschöpfung ertrunken ist. Ich kann zu den Kramers nach Hause kommen und den Totenschein dann vor Ort ausstellen. Wann werden Sie in Deutschland landen?«

»Sehr wahrscheinlich in achtzehn Stunden, also morgen am Mittag«, teilte Wolfgang erleichtert mit. »Ich werde Sie vom Flughafen aus benachrichtigen.«

Dr. Korthorn war damit offenbar zufrieden, und die Sache galt als abgemacht. Wolfgang legte auf und hastete zum Hotelschreiner. Er gab ihm die Maße für eine Holzkiste, die innerhalb der nächsten Dreiviertelstunde fertig und mit Plastik ausgeschlagen vor dem Hotelkühlraum auf ihren Inhalt warten sollte.

»Oooh, Monsieur geht doch weiten Weg nach Hause? Nicht hier begraben bei unsere Stamm? Habe Stammesführer schon um Erlaubnis gefragt, gibt große Fest.« Mit fetter Zahnlücke grinsend, stand der groß gewachsene Schreiner vor Wolfgang und steckte höchstzufrieden das

Schmiergeld ein, welches ihm bereits bei der Begrüßung in die Hand gedrückt worden war. Er würde keine weiteren Fragen stellen. Mit dem Geld konnte er seine Familie ein halbes Jahr ernähren und dazu komplett neu einkleiden.

»Tout est bien, Monsieur Wolfgang, Kiste schnell fertig, genau wie Sie wünschen.«

Eine knappe Stunde später packten der Schreiner, einige seiner Gehilfen und Wolfgang die Souvenirs des Reiseleiters – Verzeihung, den armen Ewald – im Kühlraum des Hotels in die Holzkiste und nagelten sie zu.

Alles war genau durchgeplant. In der Zwischenzeit hatte der Kapitän die Abfertigungsgesellschaft in Douala benachrichtigt und unter anderem eine große Transportkiste für Monsieur Wolfgang Schwarz angemeldet. Man hatte ihm gegen Zahlung einer Bearbeitungsgebühr von zweihundert Mark eine problemlose Zollabfertigung versprochen.

Eine weitere Stunde war vergangen und Frau Kramer etliche Mark ärmer. Immerhin führte dies dazu, dass die Kiste mit »Souvenirs« im Frachtraum unter ihrem Fluggastsitz fest verzurrt war und alle Gäste des Rückfluges nach Deutschland bevorzugt abgefertigt worden waren. Ihre Nervosität war unübersehbar, und noch dominierte die Angst, es könnte einer kommen und ihr Fragen stellen. Aber wie war das? Stand nicht die Adresse von Herrn Schwarz auf der Kiste und dazu in riesigen Buchstaben: »Company Mail, Priority Baggage, nur auf Anweisung ausladen«? Na, da konnte doch eigentlich nichts schiefgehen.

Wolfgang war vom Kapitän zum Start ins Cockpit eingeladen worden. Während er auf dem Beobachtersitz Platz nahm, fragte ihn Franz:

»Und, Wolfgang, alle Souvenirs an Bord?«

»Selbstverständlich, all meine Souvenirs und Gepäckstücke sind im hinteren Cargo verstaut. Sonst habe ich heute nichts dabei.«

»Wunderbar!« Franz grinste schelmisch und zupfte sich an der Krawatte. »Meine Herren, dann lassen Sie uns losfliegen. Hier weiß man ja nie, was einen im nächsten Moment noch erwartet.«

Pünktlich rollte die Boeing 727 nach dem Anlassvorgang zur Startposition und war wenige Minuten später auf dem Weg nach Deutschland. Auf Platz 22A saß eine gefasste Frau Kramer, erleichtert, ihren Ewald unter sich verstaut zu wissen. Sie hätte Wolfgang umarmen können, aber der saß erst mal im Cockpit und genoss den Flug mit den Kollegen. Wenn er an seine letzten Stunden vor dem Abflug dachte, waren die Adrenalin pur, aber das kleine Gefühl des Triumphes ließ die verkrampften Glieder nach und nach entspannen.

Nach einer kurzen Zwischenlandung in Tunesien zum Auftanken kam Flug 477 mit nur fünfzehn Minuten Verspätung in Frankfurt an. Jetzt galt es, die deutschen Zöllner ins Boot zu bekommen. Mit Bestechungsgeld lief hier gar nichts, hier benötigte man eine andere Strategie.

Zu dieser Zeit war der Flughafen eine einzige Baustelle, und keiner wusste so richtig, was wo war und wie es funktionierte. Welches Glück für die Reisegesellschaft Kramer! Während das Gepäck der Gäste auf dem Kofferband in der Ankunft ankam, hatte Wolfgang dafür gesorgt, dass die Souvenirkiste einen anderen Weg nahm. Sie rollte Richtung Sperrgepäck. Bei der Standard-Abfertigung der Gäste bei der Pass- und Zollkontrolle gab es keine Probleme. Nun galt es, die Kiste mit Herrn Kramer im Frachtbereich abzuholen – und das möglichst, ohne großartig aufzufallen. Die Souvenirkiste stand neben einigen anderen Frachtstücken auf einem Kofferwagen – und leider Gottes der freundliche, neugierige Zollbeamte gleich daneben. Wolfgang grüßte höflich, und natürlich kam sofort die obligatorische Frage, was die Kiste denn wohl enthalte.

»Das ist jetzt ein bisschen kompliziert«, druckste Wolfgang herum. »Ich spreche wohl am besten mal mit Ihrem Chef, ich war einige Monate im Ausland. Da sammelt sich so einiges an.«

Der Zollbeamte stutzte, führte Wolfgang aber ohne weitere Diskussion zu seinem Vorgesetzten.

Wolfgang fiel dort gleich mit der Tür ins Haus: »Also, ich will hier nicht um den heißen Brei herumreden, da in der Kiste ist eine Leiche drin.«

Ungläubig schaute der Beamte Wolfgang an und wäre dann vor Lachen fast von seinem Stuhl gefallen. Solch eine Dreistigkeit gegenüber einem Beamten – das hatte er noch nie erlebt!

»Wollen Sie mich hier auf den Arm nehmen?«, fragte er bemüht ernst. »Für solche Scherze habe ich leider gar kein Verständnis. Haben Sie auch noch eine andere Erklärung?«

Wolfgang hob bedauernd die Schultern.

»Nein, habe ich nicht. Ich habe Ihnen die Wahrheit gesagt. Warten Sie bitte einen Moment, ich muss da gerade mal jemanden holen.«

Wenig später kamen Wolfgang und Frau Kramer in das kleine Büro. Dem Zollbeamten stand eine verängstigte Frau gegenüber, die fürchtete, dass ihr Mann mit der Kiste vom Zoll beschlagnahmt werden würde. Der Zöllner war sichtlich verunsichert. Was sollte er jetzt tun? War das alles ein gut inszeniertes Schauspiel, um Drogen oder anderes ins Land zu schmuggeln, oder stimmte die Geschichte wirklich?

»Hier … hier ist die Telefonnummer von unserem Hausarzt. Rufen Sie ihn an, er kann alles bestätigen.« Frau Kramer reichte dem Zollbeamten einen kleinen, tränenfeuchten Zettel. Sie sah sich inzwischen schon im

Gefängnis wegen Leichenschmuggels und fing wieder an zu schluchzen. Der Mann vom Zoll griff spontan zum Telefonhörer und wählte die aufgeschriebene Nummer.

»Muschinski hier, Hauptzollamt Frankfurt Flughafen. Bei mir stehen eine Frau Kramer und ein Herr Schwarz. Die beiden haben eine Kiste – angeblich mit einer Leiche – aus Kamerun mitgebracht. Können Sie mir vielleicht etwas dazu sagen?«

»Ja, natürlich«, ertönte Dr. Korthorns Stimme beschwichtigend am anderen Ende der Leitung.

»Die Sache ist völlig in Ordnung. Frau Kramer hat in der Kiste den Leichnam ihres Mannes transportiert, der kurz vor der Abreise in Kamerun verstorben ist. Den Totenschein stelle ich nachher aus, sobald ich die Leiche untersucht habe.«

Mit dieser Information war der aufkommende Zorn des Zöllners über die Geschichte, die ihm da aufgetischt wurde, erst mal geglättet.

»Sie wissen schon, meine Herrschaften, dass ich Sie so nicht abfertigen kann. In der Kiste kann ja kiloweise Rauschgift geschmuggelt werden. Ich muss sie daher öffnen und nachsehen.«

»Nun, das stellt doch kein Problem dar, oder etwa doch?«, warf Wolfgang ein. »Bauarbeiter gibt es hier genug. Da dürfte sich sicher auch ein Nageleisen finden lassen, mit dem Sie die Kiste öffnen und dem Gesetz Genüge tun können.«

Der Zoll hatte natürlich sein eigenes Werkzeug, und so wurde die Souvenirkiste zwecks Inspektion in das kleine Büro der Zollbeamten gerollt. Mit geübten Handgriffen entfernte man die drei obersten Bretter. Vorsichtig leuchtete der Oberzöllner mit einer Taschenlampe hinein und streckte seinen Kopf in die Kiste, um besser sehen zu können. So langsam, wie er den Kopf in das Loch gesteckt hatte, so schnell konnte er ihn anscheinend gar nicht wieder herausbekommen. Er verdrehte die Augen und hielt sich angeekelt die Hand vor die Nase. Der gute Ewald hatte in den letzten Stunden angefangen zu verwesen, immerhin hatte er bei fast 35 Grad Celsius einige Stunden am Strand gelegen, und der weite Weg vom Hotel zum Flughafen auf der Ladefläche eines Transporters hatte in der prallen Mittagssonne Afrikas sein Übriges getan. Die Gase waren durch das Öffnen der Folie, in die er zuvor fest eingewickelt gewesen war, schlagartig frei geworden.

»Ist schon in Ordnung, Sie haben recht! Ich bin mir ganz sicher, Sie transportieren nur Ihre ›Souvenirs‹ nach Hause.« Der Zöllner hielt sich angewidert die Nase zu – nicht gerade taktvoll, aber sehr ehrlich.

»Schön, dass wir uns einig sind. Dürfen wir die Kiste wieder verschließen?« Wolfgang konnte sich ein Grinsen kaum verkneifen. Frau Kramer schaute ihn fragend an.

»Selbstverständlich, hier sind Ihre Papiere. Und jetzt räumen Sie bitte schnellstens mein Büro.«

»Geschafft, draußen!«, stöhnte Wolfgang. »Das waren die heftigsten Minuten in meinem Leben. Ich dachte schon, der Zöllner lässt uns nicht mehr weg.« Trotz aller äußeren Abgebrühtheit wischte er sich erleichtert die Schweißperlen von der Stirn.

»Ich weiß gar nicht, wie ich das wiedergutmachen kann«, meinte Frau Kramer. »Aber sagen Sie, Herr Schwarz, wie kommen wir hier weg?«

»Wir leihen uns einen VW-Bus, ich bringe Sie nach Hause, und wir laden Ihren Mann ins Schwimmbad. Jetzt rufen Sie aber bitte erst mal Ihren Hausarzt an.«

Dr. Korthorn machte sich nach dem Anruf von Frau Kramer direkt auf den Weg. So kam es, dass sie fast gleichzeitig vor dem heimischen Anwesen der Kramers eintrafen.

Mit vereinten Kräften wuchteten sie die Souvenirkiste

hinunter zum Schwimmbad. Der Arzt sah sich die Leiche an und stellte kurze Zeit später den Totenschein aus. Nur wenige Stunden danach kam der Bestattungsunternehmer und holte den Toten ab. Er stellte keine weiteren Fragen. Das Trio hatte abgesprochen, dass eine Feuerbestattung unter den gegebenen Umständen wohl das Beste für Herrn Kramer war.

Und so trat Ewald seine letzte Reise in einem schwarzen Mercedes Kombi an, nachdem er unwissentlich und unbemerkt 7500 Kilometer geflogen war.

»Ewige Ruhe sei ihm gegönnt«, murmelte die Purserette betroffen und malte nachdenklich mit dem Finger kleine Kringel in den Sand. »Was für eine Odyssee!«

»Ja, das stimmt, weder Ewald noch die Witwe waren zu beneiden«, stimmte ich zu. »Immerhin ist er damals noch recht unkompliziert nach Hause gekommen. Heutzutage ist das nicht mehr so einfach.«

»Wie oft haben wir denn heute eigentlich Zinkkisten mit im Frachtraum?«, fragte eine junge Kollegin.

»Na ja, das ist schon unterschiedlich. Im Monat aber bestimmt ein halbes Dutzend«, antwortete ich.

»Ich weiß noch, wie wir die Frau an Bord hatten, deren Mann in Teneriffa vom Balkon gestürzt war. Sie hat den ganzen Flug über mit ihrem Karl geredet, für ihn ein Essen gefordert und Getränke bestellt. Das war ganz schön gruselig. Den Karl hatten wir damals auch unten im Frachtraum.«

»Mädels, vielleicht sollten wir das Thema wechseln, bevor noch einer von uns heute Nacht Albträume bekommt?«

Ich besorgte an der Strandbar einen »Absacker« für alle. Mit niederdrückenden Gedanken sollte schließlich niemand zu Bett gehen. Und sicher gab es genug andere Themen, über die wir klönen konnten.

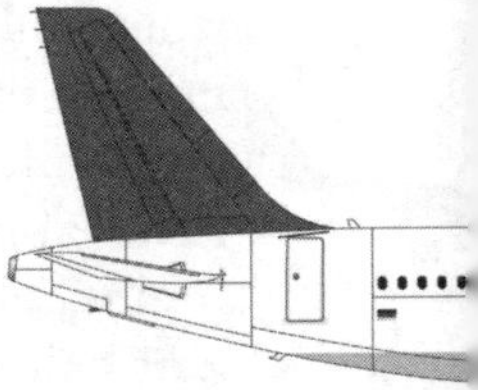

Wenn die Luft dünn wird …

Die heutige Jetfliegerei zeichnet sich durch ihre rasante Geschwindigkeit aus, große Distanzen werden nahezu in einem Augenzwinkern überwunden, manchmal fliegt man sogar seiner Zeit voraus – oder entsprechend hinterher. Die Zeit an sich wird auf einmal zu einem variablen Faktor, den der Mensch zuvor so gar nicht beeinflussen konnte. Wer heute bequem und schnell sein Ziel erreichen will, wählt den Flugweg. Okay, über das »bequem« unterhalten wir uns ein anderes Mal. Aber an dem Tempo lässt sich nichts rütteln. Andere Transportmittel wie Zug, Schiff oder Auto können mit einem Flugzeug nicht mithalten, auch wenn das bislang schnellste seiner Art, die Concorde, leider schon vorzeitig in Rente geschickt wurde.

Ein moderner Düsenjet ist mit 800 bis 900 Stundenkilometern Geschwindigkeit über Grund unterwegs und überquert den Atlantik oder den Pazifik in wenigen Stunden. Der Preis für dieses schnelle Reisen ist jedoch ein resolutes Vorwagen in äußerst menschenfeindliche Regionen. In zehn- bis zwölftausend Metern Höhe, dort, wo moderne Jets herumdüsen, ist es nicht nur unerträglich kalt, auch Luftdruck und Sauerstoffvorkommen reichen ohne besondere Schutzmaßnahmen nicht zum Überleben. Langjährige Erfahrung und neueste Technik haben Ingenieure Flugzeuge bauen lassen, die in ihrem Bauch eine moderne Fluggastkabine haben, die nicht nur über mindestens einen Sitzplatz in verschiedenster Ausführung und Qualität pro Passagier verfügt, sondern auch noch Temperatur, Druck und Sauerstoffgehalt der Umgebungsluft so raffiniert regelt, dass unbeschwertes Atmen kein Problem darstellt. Decken und Kissen werden von freundlichen Flugbegleitern zumeist nur der Behaglichkeit halber verteilt und nicht, weil auf der anderen Seite der Aluminiumhaut minus 65 Grad herrschen. Hustenanfälle riskieren Gäste eventuell wegen der trockenen Luft an Bord oder vielleicht wegen der Käsefüße des schwitzenden Sitznachbarn – für alles andere Lebensnotwendige sorgt die fleißige Druckkabine.

Die Frage, warum ein Flugzeug fliegt, wird oft gestellt. Die Möglichkeit der Herstellung und Gewährleistung einer lebensfreundlichen Atmosphäre, die vor allem das Überleben aller atmenden Mitreisenden an Bord gewährleistet, die hinterfragt jedoch kaum einer. Es scheint alles so selbstverständlich.

Paul, sechs Jahre alt, Gast an Bord von German Atlantic Airways 908 nach Miami, erklärte mir und seiner kleinen Schwester Anna das in der vorderen Bordküche letztens so:

»Ist doch ganz einfach, da gehen in Düsseldorf die Türen zu, und dann ist da Luft drin im Flugzeug. Dann fliegt das ganz schnell nach Amerika und macht die Türen nach der Landung wieder auf. Dann wird die deutsche Luft ganz warm und kann sich auch mal in die Sonne legen. Auf dem Rückweg können wir die ja wieder mitnehmen.«

Anna nickte andächtig, anscheinend hatte Paul noch den Status des stets recht habenden großen Bruders inne. Ich belohnte Pauls Einfallsreichtum mit einem Schokoladenherz. Leider konnte ich dem Ingenieur in spe nicht beipflichten, aber ich ließ ihm Zeit zu wachsen und kommentierte seine fachmännische Erklärung erst mal nicht weiter. Seine kindliche Logik machte mir Spaß, auch wenn es in der Realität ein bisschen komplizierter ist.

Ob sich deutsche Luft in Miami an den Strand legt, kann ich nicht bezeugen, die Idee gefällt mir generell aber ganz gut. Wenn sie denn auch mal nach Hause kommen würde, schön aufgewärmt bei 30 Grad und Sonnenschein! Aber das leidige Wetter ist ein anderes Thema. Obwohl wir in mehreren Tausend Metern Flughöhe reisen, entspricht der Druck in unserer Passagierkabine im normalen Reiseflug nie mehr als einer Höhe von 2000 bis 2500 Metern, das entspricht etwa dem Gipfel eines deutschen Hochgebirges. Kurz nach dem Start wird die Kabine sozusagen künstlich »aufgeblasen« und dann abhängig von der Flughöhe auf einem bestimmten Druck gehalten. Die Luft in der Kabine fliegt nicht, wie Paul meinte, komplett von Düsseldorf nach Miami mit, sondern wird fortlaufend mit Außenluft angereichert und somit Stück für Stück ausgetauscht. Durch die Triebwerke wird diese erst komprimiert, dann abgekühlt und schlussendlich in die Kabine geleitet, wo die Klimaanlage sie mit der bereits vorhandenen Kabinenluft vermischt. Da in großen Höhen die Luft nur noch wenig Feuchtigkeit halten kann, wird sie im Laufe der Reise in der Kabine immer trockener. Da helfen dann leider nur noch die bewährten Hausmittelchen wie viel trinken, eine gescheite Feuchtigkeitscreme, ein Fettstift für die Lippen und neuerdings ein Wassernebelspray für das Gesicht. Das ist wirklich empfehlenswert! So ausgerüstet übersteht man fast knitterfrei einen Langstreckenflug. Das gilt übrigens nicht nur für die holden Damen, sondern auch für ganze Kerle. Auch wenn unsere Haut nicht ganz so empfindlich ist wie die der Weiblichkeit, das Resultat von trockener Luft ist bei beiden Geschlechtern das gleiche: Kopfschmerzen, Unwohlsein, schlechte Laune – alles Dinge, die man nicht braucht und entsprechend vermeiden kann.

Sofern die Druckkabine zu unser aller Zufriedenheit funktioniert, steht einem entspannten Flug also nichts im Wege. Sollte sie einmal den Dienst versagen, weiß der versierte Vielflieger auch sofort, was zu tun ist – richtig, die gelbe Maske schnappen, die wie von Zauberhand auf einmal vor einem von der Decke baumelt, dieselbe ruckartig zu sich heranziehen und dann fest auf Mund und Nase drücken. Atmen nicht vergessen und dann bei Bedarf anderen helfen. Wer bei den ewig wiederkehrenden, lästigen Sicherheitsdemonstrationen vor dem Start lieber lässig Zeitung liest, weil ihm ja sowieso nichts passiert oder er das alles schon 100000 Mal gesehen hat, dem wünsche ich viel Glück bei der nächsten Generalprobe – oder dem Ernstfall. Die Dinger lauern schließlich nicht zum Spaß dort hinter ihren kleinen Kläppchen. Im besten Fall hat man 20 Sekunden Reaktionszeit, bis man ohnmächtig und damit handlungsunfähig wird. Davon braucht man schon mal fünf, um sich vor Angst in die Hose zu pinkeln und sich neu zu orientieren, wo denn nun diese olle Plastikmaske hängt. Und je höher der Jet fliegt, desto kürzer wird diese Zeit …

Aber ich will hier ja nicht den Teufel an die Wand malen. Wichtig zu wissen: Ohne Druckkabine ist kein Leben in den Wolken ohne direkte Sauerstoffzufuhr möglich. Heißt, wenn uns die Druckkabine während des Fluges verlässt, ist sofortiges Handeln seitens der Crew notwendig. Im Groben gibt es drei verschiedene Möglichkeiten des Druckverlustes. Es gibt zum Beispiel die leise und langsame Angleichung von Innen- zu Außendruck, vielleicht verursacht durch eine Beschädigung am Flugzeugrumpf, eine defekte Dichtung in einer Tür, einem Fenster, einem Notausstieg oder durch einen simplen Funktionsfehler in der Bedienung der Druckkabine. Diese Art Druckverlust ist nicht immer sofort eindeutig, sie kann schleichend kommen, und wie so oft sind hier die

Kabinencrewmitglieder meine Augen und Ohren: Gibt es pfeifende oder zischende Geräusche, die ungewöhnlich sind? Tauchen vermehrt Kopfschmerzen auf? Bauchschmerzen, weil sich Gase im Körper auf einmal verstärkt ausdehnen? Fällt die Temperatur ungewöhnlich schnell in der Kabine, ohne dass etwas manuell verändert wurde? Knackt es übermäßig in den Ohren? Ist den Menschen an Bord schwindelig? Sollten derlei Symptome berichtet werden, ist sofortiges Handeln angesagt. Sauerstoff in tragbaren Geräten ist an Bord zwar vorhanden, aber primär für das Cockpit und die Crew und nicht für die übrigen 300 Gäste – von medizinischen Notfällen natürlich abgesehen. Also gilt es, so schnell wie möglich die großen Höhen zu verlassen, um sicherzugehen, dass auch alle anderen Passagiere schnell wieder ein angenehmes Umfeld um sich herum haben.

Im Gegensatz zu seinem kleinen Bruder »langsamer Druckverlust« kommt bei einem rapiden Druckverlust entsprechend mehr Drama zum Einsatz. Er kann sich durch einen lauten Knall äußern, etwa ein geplatztes Fenster, einen Strukturschaden am Flugzeugrumpf oder einen massiven Fehler der Druckkabine. Die Zeit, die der Innendruck braucht, um sich dem Außendruck anzupassen, verkürzt sich auf eine Minute oder noch weniger. Die Temperatur fällt massiv ab, lose Gegenstände fliegen umher, starke Sogwirkung in Richtung des betreffenden Bereiches ist zu spüren, die Atemluft wird aus der Lunge gepresst, Dunst oder Nebel herrschen in der Kabine, automatischer Auswurf der Sauerstoffmasken … das volle Programm. Die Beleuchtung fährt auf 100 Prozent, eine automatische Ansage ermahnt lautstark, sich anzuschnallen und die Sauerstoffmasken anzulegen und natürlich nicht zu rauchen. (Als wenn man bei dem Sturm im Flieger ein Feuerzeug aus der Jacke kriegen würde.) Erst beim Erreichen von 14 500 Fuß, etwa 4500

Metern, würde sich die Außenluft mit der Innenluft wieder versöhnen, und wir könnten Entwarnung geben.

Die Krönung des Ganzen ist ein »explosiver Druckabfall«: Hier geschieht alles wie zuvor beschrieben, lediglich in dem Bruchteil von Sekunden. Da die Luft unser höchstes Gut ist – noch weit vor Geld und Ruhm, nämlich unverzichtbar! –, wird wie beim rapiden Druckverlust sofort ein Notsinkflug eingeleitet.

Im Simulator haben wir das oft geübt, doch in natura musste ich das noch nie wirklich ausprobieren. So bewundernswert das auch manche Kollegen hinbekommen haben – unvergessen ist der Flug 243 der Aloha Airlines im Jahr 1988, die nach einem rapiden Druckabfall, hervorgerufen durch einen massiven Strukturschaden, die Maschine doch noch sicher landeten, obwohl ihnen im wahrsten Sinne des Wortes das Blech, respektive das Dach weggeflogen war – auf eine solche Erfahrung kann ich gut verzichten. Aber auch in meinem bescheidenen Pilotendasein gab es Momente, die an ein solches Szenario problemlos heranreichten, zumindest, was den Adrenalingehalt im Blut anging. Einer davon war der folgende …

Wir befanden uns auf einem Flug nach Palma de Mallorca. Alles verlief ruhig, wir hatten unsere vorläufige Reiseflughöhe bereits erreicht, und mein Copilot Konrad und ich waren gerade beim Frühstück. Auf einmal knallte es ohrenbetäubend! Ich hatte das Gefühl, als hätte jemand direkt neben meinen Ohren eine Sprengladung gezündet. Das Blut schien mir im Körper zu erstarren. Reflexartig hatte ich die Hände vors Gesicht gehalten, dann wagte ich einen prüfenden Blick aus meiner Deckung auf die Instrumente – alles im grünen Bereich. Aber aus dem Augenwinkel sah ich es schon, oder vielleicht besser: Eigentlich sah ich nichts mehr. Ich blickte in eine milchige Cockpitscheibe beziehungsweise das, was noch davon übrig war. Millionen kleine Scherben waren zu erkennen, das Glas war komplett zersprungen, und nur die Verklebung hatte die einzelnen Bruchstücke der Scheibe zusammengehalten.

»Konrad, kannst du mich hören?«, fragte ich meinen Copiloten.

»Ja … denke schon. Was zum Teufel war das? Ich dachte, da schießt einer auf uns.«

»Ja, so hat sich das angehört.«

Konrads Augen fegten noch hastig über die Instrumente, auch er konnte nichts Abnormes feststellen.

»Guck mal hier«, mit dem Finger machte ich Konrad auf unseren Trümmerhaufen aufmerksam.

»Ach, du heilige Scheiße!« Konrad wurde eine Nuance blasser, sofern das bei seinem ostfriesischen Edelteint überhaupt noch machbar war. Trotzdem war er schon wieder ganz bei der Sache.

»Wir müssen runter, oder?«

»Ja, unbedingt! Wir können auf keinen Fall in unserer jetzigen Höhe von 35 000 Fuß weiterfliegen.«

»Zieh dir die entsprechende Checkliste, ich hol den Spieß nach vorne.«

Während mein Copilot in den Papieren kramte, drückte ich am Overheadpanel auf den Klingelknopf für den Kabinenchef. Kurz darauf ging der Buzzer für die Cockpittür, und Silke kam herein.

»Jungs , was war das … Ach du heilige Scheiße …«

Schön, dass wir offenbar alle dieselbe Sprache sprachen. Ich musste trotz aller Widrigkeiten grinsen.

Silke fing sich schnell. »Das ist ungünstig für einen Flug nach Palma, oder?«

»Ziemlich. Mit einer kaputten Cockpitscheibe dürfen wir nicht so hoch fliegen. Wir wollen ja nicht, dass sie uns komplett um die Ohren knallt.«

»Könnte das passieren?«

»Nicht sehr wahrscheinlich. Sie besteht aus vielen einzeln verklebten Schichten, und wie grandios die zusammenhalten, siehst du ja an diesem tollen Scherbenhaufen hier. Aber wir wollen es auch nicht herausfordern. Auf einen Flug mit Cabrio-Feeling im Cockpit kann ich gut verzichten!«

Sechs Tonnen Druck quälten jeden einzelnen Quadratzentimeter des Flugzeugs im Reiseflug. Auch unsere Cockpitscheibe. Sie war aus speziell gehärtetem Glas gefertigt, bestand aus sieben verschiedenen Schichten und war knapp fünf Zentimeter dick. In diese Schichten war auch eine Heizung eingebaut, damit sie in den großen Höhen nicht blind zufror. Aber so stabil und elastisch die gesamte Scheibe auch war – auch sie musste sich auf jedem Flug dem Kabinendruck anpassen und damit flexibel sein –, dieses Modell schien an seine Grenzen gekommen zu sein und schrie nun schlagartig und äußerst eindrucksvoll nach Austausch. Selten hatte ich mich in meinem Leben so erschrocken wie bei dem Zerplatzen dieser Scheibe und war gleichzeitig dankbar, dass gnädigerweise nur eine Schicht von ihr und nicht das komplette Teil den Geist aufgegeben hatte. Sonst wäre es im Cockpit schlagartig ganz schön windig geworden, Halleluja.

»Wir fliegen zurück nach Düsseldorf«, informierte ich die Purserette, ich sag den Gästen gleich Bescheid, warum. Seid ihr irgendwie im Service?«

»Schon fast durch, ist ja nur die Sandwichnummer. Ich sag mal den Mädels in der hinteren Kabine Bescheid, die haben das sicherlich gar nicht mitbekommen.«

»Ja, mach das. Wie sind die Gäste drauf?«

»Ich glaube nicht, dass das hier vorne jemand bemerkt hat.«

»Okay, danke. Wir landen ganz normal in Düsseldorf,

ich sag dir Bescheid, wenn ich weiß, wie lange der Flug noch dauert.«

Silke verschwand, und Konrad wedelte mit der Checkliste. Den Flug nach Palma hatte ich mir irgendwie anders vorgestellt.

In der Verklebung der äußersten Schicht war bei meiner Scheibe sehr wahrscheinlich eine kleine Luftblase gewesen, die sich in unserer Flughöhe ausgedehnt hatte. Da Glas nur beschränkt dehnungsfähig ist, hatte diese Blase einen Druck zwischen den einzelnen Schichten in der Scheibe aufgebaut, sodass die äußere davon zerplatzt war. Vielleicht hatte aber auch die Heizung ihren Geist aufgegeben, so genau konnte ich das nicht feststellen. Egal, unsere Jungs von der Technik würden das schon richten, nun galt es erst mal, den Vogel sicher heim ins Nest zu fliegen.

Da Konrad heute den Flug nach Palma durchführte, war es an mir, Checklisten zu lesen und den Funkverkehr durchzuführen. Ich nahm das Handbuch, schlug die entsprechende Seite im Kapitel für »Abnormales« auf und las den Text vor:

»*Riss in einer Cockpitscheibe*

1. Wenn die Scheibe Risse aufweist – maximale Flughöhe 23 000 Fuß.
2. Kabinendruck Wahlschalter – auf manuell schalten.
3. Kabinendruck nach Tabelle manuell einstellen.«

Einen Augenblick später waren die einzelnen Punkte erledigt. »Checkliste komplett«, meldete ich.

»Okay, dann ruf Reims Radar und bitte um eine Sinkflugfreigabe«, bat mich Konrad.

»Reims Radar, German Transatlantic Airways 186, wir müssen die Flughöhe wegen einer defekten Cockpitscheibe sofort verlassen und auf 23 000 Fuß sinken. Erbitten Freigabe zum Rückflug zum Startflughafen Düsseldorf.«

Die Antwort kam sofort, und wir erhielten zunächst die Erlaubnis, eine Linkskurve zu fliegen mit Kurs auf Nörvenich in der Eifel, von wo wir den Anflug auf die Heimatbasis durchführen konnten. Sobald wir auf Gegenkurs waren, durften wir die Reiseflughöhe von 35 000 Fuß verlassen und auf 23 000 Fuß sinken.

Silke meldete sich wieder bei uns: »In der Kabine ist alles ruhig. Sagst du den Gästen, warum wir umdrehen, oder soll ich das machen? Und wenn, wie erkläre ich das ihnen?«

»Ich mach das schon, danke dir. Wir sagen es natürlich so, wie es ist, da muss niemand drüber hysterisch werden. Und wenn, hättest du die Leute doch im Griff, oder?«

»Ich denke, da flippt heute keiner aus. Aber vielleicht drückst du dich doch lieber dezent aus? Eine geplatzte Cockpitscheibe ist schon etwas beängstigend, selbst für Vielflieger ...«

»Okay, ich geb mein Bestes. Nach meinen Berechnungen sind wir in dreißig Minuten in Düsseldorf. Die Technik weiß Bescheid, wir parken direkt vor der Wartungshalle.«

Ich informierte die Gäste über eine Funktionsbeeinträchtigung der Cockpitscheibe. Das fand ich sehr galant gewählt, nicht gelogen, aber doch viel charmanter als ein geplatztes Fenster. Wir hatten genug im Cockpit zu tun – überängstliche Passagiere, die zu viele Actionfilme gesehen hatten und meinten, an Bord ausflippen zu müssen, würden der Sache an sich nicht guttun. Wir waren alle Helden, doch am liebsten erst hinterher, und es galt wie immer, möglichst jede Aufregung zu vermeiden, aber dennoch offen und ehrlich zu sein. Eine schöne Gratwanderung, vor allem für einen Nicht-Literaten wie mich.

Heinz Ehrhardt, Gott hab ihn selig, hätte mit Sicherheit spontan einen lustigen Spruch zu dem Dilemma abgesetzt, der alle entspannte und amüsierte. Aber der Gute musste ja nicht nebenbei auch noch ein Flugzeug fliegen.

Für das Cockpit gab es bis zum Anflug nicht mehr viel zu tun, mit einer defekten Cockpitscheibe änderte sich nichts an dem Anflugverfahren. Mir fehlte lediglich die Möglichkeit, nach vorn auf die Landebahn zu gucken, aber dafür waren wir ja zu zweit. Konrad schwitzte ein bisschen, die Verantwortung von vier Augen war ihm wohl bewusst. Aber er schlug sich großartig, und der Flieger traf die Bahn wie ein Schmetterling das Blümchen – tadellos.

Nach der Landung rollte ausnahmsweise Konrad unseren Flieger über die Taxiwege. Normalerweise war dies Kapitänsaufgabe, aber ich konnte ja nichts sehen und musste mich voll auf meinen Copiloten verlassen. Unter Führung des Einweisers hielten wir direkt vor unserer Wartungshalle, wo die Gäste das Flugzeug über zwei Treppen verlassen konnten. Ihr Verhalten konnte unterschiedlicher nicht sein. Die einen waren froh, dass alles gut gegangen war, und bedankten sich bei der Crew für ihr korrektes Handeln. Die anderen meckerten nur rum, weil sie ihren Leihwagen nicht rechtzeitig abholen oder ihre Verwandten und Freunde in Palma nicht informieren konnten. Man konnte es nie allen recht machen, schade. Für uns zählte, dass wir unsere Gäste gesund und ohne Zwischenfall wieder auf den Boden gebracht hatten, getreu unserem Firmenmotto »Safety First«. Aber das ist sicherlich nicht nur bei German Transatlantic Airways so.

Während die letzten Gäste in die wartenden Busse stiegen, die sie zu einer bereitstehenden Ersatzmaschine brachten, fuhr unsere Technik eine Spezialleiter vor die

Nase des Fliegers, um sich die Scheibe näher anzusehen. Der zuständige Prüfer erklärte trocken:

»Tja, die muss raus. Wir haben schon mit dem Ersatzteillager in Frankfurt gesprochen. Die neue Scheibe ist in drei Stunden hier. Bis dahin haben wir die kaputte ausgebaut. Heute Abend ist der Flieger wieder einsatzbereit.«

Ich hatte mir das viel langwieriger und komplizierter vorgestellt, aber unsere Jungs von der Technik waren manchmal wirkliche Zauberer. Chapeau auf diesem Wege!

Unser Flugzeug fiel für den Rest des Tages aus. Das bedeutete, eine komplette Crew war aus der Bereitschaft geholt und ein Ersatzflieger organisiert worden. Mit zwei Stunden Verspätung erreichten alle Palma-Reisenden aus unserem Flieger ihr Ziel. Dieser Zwischenfall würde für uns Verspätungen bis weit nach Mitternacht nach sich ziehen. Aber am nächsten Morgen war der Flieger wieder fit, mit nigelnagelneuer Frontscheibe, bereit zu neuen Taten, neuen Flügen, neuen Abenteuern.

Ach ja, und die Druckkabine, die hat während des Vorfalls natürlich nur milde gelächelt. War ja alles ständig im grünen Bereich. Kein Druckverlust, keine gelben Plastiksauerstoffmasken aus der Deckenverkleidung … Was aber nichts heißen soll. Vielleicht schauen Sie beim nächsten Flug doch noch mal genau hin, wo die Dinger sich verbergen. Kann nicht schaden. Sie sind da nicht zum Spaß, sondern um Leben zu retten.

Epilog

Knapp drei Jahrzehnte bin ich jetzt als Pilot unterwegs, bis zur Rente habe ich noch ein paar Jahre des aktiven Dienstes vor mir. Die Zeit in der Fliegerei hat sich massiv geändert, sie ist schnelllebiger geworden, es muss alles noch billiger, noch effektiver und am besten gestern fertig sein. Die Ansprüche der Gäste konzentrieren sich nicht mehr nur auf eine sichere und gute Beförderung, sondern ob ihr Schrankkoffer noch als Handgepäck mit an Bord darf oder ob genügend Currywürste verfügbar sind. Manchmal befremdet mich das. Ich fühle mir in mein Handwerk gepfuscht durch Dinge, die ich nicht ändern kann. Dinge, denen ich auch keine Bedeutung beimesse, da sie zur Ausführung meines Jobs eine untergeordnete Rolle spielen. Aber leider ist das so, in Zeiten von hyperaktiven Mitbewerbern, vor allem aus dem günstigen Segment – da kann die Verpflegung an Bord schon einmal den Ausschlag geben, »to fly or not to fly with …«

Auch wenn mein Traumjob in den Jahren ein paar Kratzer abbekommen hat, ich schaffe es immer noch, morgens aufzustehen, in die Uniform zu springen und neugierig zum Flughafen zu fahren. Was wird der Tag bringen? Was für eine Crew erwartet mich? Was für Gäste? Wie wird das Wetter? Ich freue mich bei jeder Reise, wenn ich beim Take-off die Gase reinschieben kann, genieße den Moment, an dem sich mein fliegendes Büro vom Boden löst, aller Schwerkraft zum Trotz, und freue mich beim Anblick der Sonne, wenn die Nase des Vogels durch die Wolken stößt. Wie sang doch Reinhard Mey … Recht hatte er!

Mein großer Sohn macht gerade die Ausbildung zum Piloten, auch wenn es fraglich ist, ob er in der heutigen Situation überhaupt so schnell eine Stelle angeboten bekommt. Fliegen hat viel mit Passion zu tun, mit Perfektionismus, Idealismus, Neugier und Sehnsucht. Klingt alles sehr kitschig, aber wer die Wolken schon einmal von oben betrachtet hat, der weiß, was ich meine.

Wer dieses Gefühl noch ausprobieren möchte, den lade ich gerne mal zu einer Tasse Flugzeugkaffee in mein Cockpit ein. Ach, geht ja nicht mehr, wegen der Sicherheitsbestimmungen. Aber dann vielleicht vor oder nach dem Flug? Wir Flieger sind ja flexibel. Vor allem die bei German Transatlantic Airways.

Last but not least

Dieses Buch ist aus einer spontanen Idee heraus entstanden und hat mich die vergangenen Monate auf Schritt und Tritt wie ein Geist begleitet. Ich kann Geschichten weitaus besser erzählen als aufschreiben, daher bedanke ich mich bei all den Menschen, die meine Worte und Buchstaben in die richtige Richtung gestriegelt haben.

Mein besonderer Dank gilt den netten Damen vom Piper Verlag, meiner Lektorin Angela Kuepper und vor allem meiner Frau Karoline, ohne die dieses Buch nie entstanden wäre.

Und ich möchte mich gern bei allen Kolleginnen und Kollegen von »German Transatlantic Airways« bedanken, egal ob aus dem Bereich Kabine, Rampe, Technik, OPS, Dispatch oder Crewplanung, und natürlich all meinen Pilotenkollegen, die mit mir in den letzten 25 Jahren im gleichen »Boot« saßen, oft ihr letztes Hemd gegeben haben, damit der Dampfer rechtzeitig und vor allen Dingen sicher in die Luft kam – Zeit ist in unserem Business ja bekanntlich Geld, aber eben nicht alles. Es hat verdammt viel Spaß gemacht, wenn wir es wieder gemeinsam hingekriegt haben, besonders das Unmögliche.

Wenn ich in ein paar Jahren in Rente gehe, werde ich euch alle unglaublich vermissen. Aber bis dahin ist ja noch ein bisschen Zeit für diverse Flüge mit »GTA«.

Ich freu mich drauf!

Cornelius Maschmann

Norbert Golluch

Glücklicherweise waren nur Putzfrauen an Bord

Die schönsten sprachlichen Abstürze von Politikern, Behörden und Mediengrößen. 160 Seiten. Piper Taschenbuch

Norbert Golluch ist eine Konifere auf dem Gebiet der sprachlichen Ausrutscher. Ob Prominenz, Medien oder Politiker, er erwischt sie alle:

»Lieber Roland Kotz … ähm … Koch!«
Angela Merkel

»Und nun die Lottovorhersage.«
Jens Riewa in der Tagesschau

»Alzheimer: Bald können Sie die Angst davor vergessen.«
Freizeit-Revue

Um dieses vergnügliche Sammelsurium auf den gemeinsten kleidsamen Nenner zu bringen: »Unter den Einbeinigen ist der Blinde König!«

05/2725/01/L

Florian Bredl

Kunden aus der Hölle

Irrsinniges aus der Service-Welt. 160 Seiten. Piper Taschenbuch

Unfreundlich, unverschämt, nervig, dumm oder schlicht verrückt? Jeder Verkäufer, Berater und Callcentertelefonist kennt sie: Kunden aus der Hölle. Ihre Mission: unnütze Arbeit verursachen, Zeit stehlen, Nerven rauben. Ihre Methoden: Zermürbung, Verwirrung, Fragefolter. Das einzige Gegenmittel: Lachen. Das erste Buch, das den Irrsinn der Service-Welt aus der Sicht der Leidtragenden schildert.

05/2697/01/R

Gérard Georges

Eines Morgens auf dem Land

Roman. Übersetzung aus dem Französischen von Christiane Landgrebe. 272 Seiten. Piper Taschenbuch

Zwei stadtmüde Aussteiger, die von einem Bed & Breakfast in der Auvergne träumen, ein schießwütiger alter Bauer, acht Charolais-Kühe und ein aufgewecktes kleines Mädchen – könnte das der Beginn einer wunderbaren Freundschaft sein? Warmherzig, skurril und mit einem Augenzwinkern erzählt Gérard Georges vom Leben auf dem Land und davon, dass es nie zu spät ist für das Glück.

»Ein ganz besonderes Buch mit ganz besonderen Charakteren, das seinen Lesern das Herz öffnet.«
lovelybooks.de

05/2743/01/L

Rebecca Niazi-Shahabi

Nett ist die kleine Schwester von Scheiße

Danebenbenehmen und trotzdem gut ankommen. 288 Seiten. Piper Taschenbuch

»Weniger ist mehr« gilt vielleicht für die Farbwahl der Abendgarderobe – nicht aber für das anschließende Geschäftsessen. Wer sich immer brav im Hintergrund hält und verbindlich lächelt, hinterlässt außer einem lauwarmen Händedruck bestimmt keine weiteren Spuren. »Nett ist die kleine Schwester von Scheiße« zeigt, dass Charisma erlernbar ist, wie Charme perfekte Manieren ersetzt, und verrät die Geheimnisse prominenter Provokateure. Eine Kulturgeschichte des schlechten Benehmens, die Eindruck macht!

05/2663/01/R